SPORT
VERLAG

Titel der Originalausgabe:
Fire & Fear
The Inside-Story Of Mike Tyson
Warner Books New York 1989

Übersetzung aus dem Amerikanischen: Rus Tulburg

Prolog und Epilog der deutschsprachigen Ausgabe:
Dieter Philipp

Jose Torres

KNOCK OUT

Die Mike-Tyson-Story

Sportverlag Berlin

ISBN 3-328-00529-3

Erste Auflage
Fotos: Big Fights, Inc. (10), Greg Chamberlain (1), Ex Presse Sports (4),
New York Faily News (7), Sipa Press (1), Heidi Spitz (1)
Einbandgestaltung: Theodor Bayer-Eynck
Titelfoto: Sipa Press
Printed in Germany
Satz: IBV Satz- und Datentechnik GmbH, Berlin
Druck und Bindung: Graphischer Großbetrieb Pößneck GmbH
Ein Mohndruckbetrieb

Prolog

„Du willst doch leben, oder?
Na siehst du, Bruder, ich wußte es.
Dann tu's also: Schlag einfach zu."
(TENNESSEE WILLIAMS IN „ENDSTATION SEHNSUCHT")

Dieses Buch ist das Protokoll einer Vernichtung.
Mike Tyson wurde Opfer eines Lebens, von dem er nichts hatte als Hoffnung auf ein bißchen Unsterblichkeit. Aber die so oft geballte Faust konnte nichts festhalten. Schon gar nicht die Millionengagen. Am Ende hat sich die zur Schau gestellte Bösartigkeit ins Leben gekehrt, dorthin, wo alle ihre Wurzeln liegen. Aber wer zieht in dieser Welt noch die Grenzen zwischen Show und Schuld? Dem Jubel über weltmeisterliche Gewalt folgte der schöne stille Schauder über eine Vergewaltigung; ja, das Publikum ist immer das gleiche geblieben, auch wenn aus dem Ring nun ein Käfig wurde, aus dem Kampfrichter ein Bundesrichter.
Mike Tyson, bereits im Jahre 1987 mit damals 20 Jahren der jüngste Champion der Boxgeschichte, wird in einer makabren Mischung von offener Häme und psychogrammatischer Genauigkeit gern „Dampfhammer-Baby" genannt. Er ist der Naive, dessen Mission seine Muskeln sind. Die Gnadenlosigkeit eines kindlich zurückgebliebenen Gemüts findet seine Entsprechung in einer maschinenartigen Motorik des Boxens, die nur den bedingungslosen Crash kennt. Tyson war nie ein Stratege; Eleganz war ihm so fremd wie federnde Männlichkeit. Er drosch drauflos. Er siegte in blutigen Blitzkriegen. Er rammte sich wie ein Rächer seiner selbst durch alle Championate. Ihm galt das Entertainment ebenso nichts wie die Öffentlichkeitschance eines „Schwarzen Botschafters". Tysons Philosophie war seine Rechte. Über 40 Siege künden von einem unbarmherzigen Drang zum schnellen K.o. Eddie Richardson, einer der Männer, die Tyson im wahren Sinne des Wortes umnietete, antwortete auf die Frage, ob er jemals so hart getroffen worden sei: „Ja, ungefähr vor einem Jahr, als mich ein Lastwagen rammte."
„Ich mag es einfach nicht, verletzt zu werden." – „Ich war sehr schüchtern und immer sanft, sehr sanft." Das sind Tyson-Sätze, deren entwaffnende Einfalt genau ins Strickmuster einer sozialen Situation passen, die Erniedrigte und Beleidigte in geradezu fanatische

Streber wandelt, weil sie nichts weiter wollen als rauskommen aus unverschuldetem Elend. Aus dem jüngsten von drei vaterlosen Kindern im tiefsten Dreck New Yorks – Brooklyn, Brownsville – wurde ein wendiger Straßenbandit, der nach Aufenthalt in mehreren Heimen in einer Erziehungsanstalt für hoffnungslos verlorene Straftäter auf einen ehemaligen Boxer traf. Tysons Rettung hieß Cus D'Amato, ein Weltmeister-Macher, der Floyd Patterson und auch José Torres, den Autor dieses Buches, zu Champions trainiert hatte. Vielleicht war dies einer der wichtigsten Gedanken, die Tyson von D'Amato hörte und den er verstand: „Angst ist entweder dein bester Freund oder dein ärgster Feind. Sie ist wie das Feuer. Wenn du sie kontrollieren kannst, kann sie für dich kochen, dir dein Haus wärmen. Wenn du sie nicht kontrollieren kannst, wird sie alles um dich herum verbrennen und dich zerstören."

Mike Tyson ist Musterbild eines Athleten, dem der soziale Hintergrund seines sportlichen Ehrgeizes systematisch ausgetrieben wurde. „Betreut" von Managern wie Don King, vorbestraft wegen Totschlags, formte sich ein Athlet, der Reichtum mit Popularität gleichzusetzen und das Tierische auch im Smoking zu präsentieren hatte – als besondere Form exklusiver Sinnlichkeit in Kreisen der High Society.

Das Beispiel Tyson zeigt, woran Amerika leidet. Weil die amerikanische Phantasie die Uramerikaner so weitgehend ausgeblendet hat, scheint es, daß der ungebändigte schwarze Amerikaner, zum unsäglichen Leidwesen der Republik, immer noch die unverdauliche Zutat im amerikanischen Omelett ist. Mehr nicht. Schwarzer Anspruch auf Zivilisation – das war einst das Brandeisen mit dem Namen des jeweiligen Herren. Aus dem Brandeisen wurde soziale Autonomie. Aber die war immer nur insoweit erwünscht, als sie demütig in Anspruch genommen wurde und in eine beruhigende Imitation der weißen Lebensart mündete.

Dieses Land Amerika tut noch immer genau das, was es sich vorgenommen und was es schon seit Generationen getan hat: Es schafft sich zu allen Zeiten nur denjenigen „Nigger", den es sehen will. Und dann zeigt es überschwengliches Mitgefühl mit dieser verwirrten, bedauernswerten Kreatur, die ein (vaterloses) Baby bekommt (man weiß ja, wie die sind) oder vorzeitig die Schule verläßt oder eine Hure wird (ah! man weiß ja, wie die sind), wenn solche Kreatur einer alten Dame (schwarz oder weiß) die Handtasche stiehlt und sich den ersten Schuß setzt und im Gefängnis zerbricht oder an einer Überdosis stirbt oder davon träumt, Gaddafi zu werden oder tränenblind und von Liebe träumend vom Dach springt.

Der „Nigger“, den Amerika sehen will, jedenfalls für eine gewisse Zeit: Sein Name ist auch Mike Tyson. Und das Perverse: So einer wird derart lange „amerikanisiert“, bis er eines Tages soweit ist, daß weiße Eltern ihre Kinder vor genau diesem Prototyp eines Schwarzen warnen können.

„Ich sehe mir gern Western an, im Western steckt das eigentliche Amerika.“ Wahrscheinlich war das einer der klügsten Sätze, die Tyson je über die Lippen brachte. Tatsächlich ziehen Psychologen wie Prof. John Dervett von der Harvard University treffende Vergleiche zwischen der fiktiven Konstruktion des Cowboys und markanten Symbolen des US-Showgeschäfts.

Des Cowboys/Boxers natürlicher Zustand ist die Einsamkeit. Er überlebt, weil er von der Welt erwartet, daß sie genauso grausam und böse ist, wie sie auch ohne seine Gegenwart wäre. So verschwinden die Skrupel gegenüber der eigenen Brutalität. Erfolg ist das Zeichen der Errettung. Die erbarmungslose Tendenz gegenüber jeder Form der Niederlage entspricht der dem Western innewohnenden Philosophie, daß jegliches Versagen, auch körperliches, immer auch mit moralischem Versagen zu tun hat. Gottes Gnade zeigt sich im Sieg, und der Erfolg durch die richtigen, schnellen Reflexe.

Sowohl die Lehren des Thomas Hobbes als auch die Sigmund Freuds, darauf verweisen US-amerikanische Psychologen gerade im Hinblick auf die Entwicklung des Profiboxens, haben Einfluß auf die fatale Sinngebung, mit der das Geschäft des „Schmutzigen Lorbeers“ gern versehen wird. Hobbes’ Auffassung, daß „alle Menschen den Drang und den Willen haben zu verletzen“, verweist auf seine Theorie, nach der des Menschen dringendstes Bedürfnis sei, mit der Freiheit stets auch Macht über andere zu erlangen. Damit werde „der Schicksalsschlag, der einem anderen zugefügt“ werde, ein natürlicher Zustand. Individuelles Recht steht höher als das Gesetz. Tyson in einer Gerichtsverhandlung: „Ich weiß nicht, was Gesetz ist und was nicht. Aber ich weiß, wie ich gehandelt habe. Und nur mir vertraue ich.“

Die eigentlich klar geordneten Verhältnisse zwischen Ego und staatlicher Ordnung werden zum Verwirrspiel, aus dem der zum fanatischen Einzelkämpfer Gewordene nicht mehr herausfindet – es sei denn: Er fightet sich frei von allem und jedem, er bricht das Gesetz. So wird die Welt wieder überschaubar.

Schwächliche Buch- und Gesetzesweisheit wird gesundem Pferdeverstand gegenübergestellt (wie beim Western!). Auch dort hängen die schnellsten Revolvermänner der Vorstellung nach, immer und zu jeder Gelegenheit der Schnellste zu sein. Bis sich einmal Zweifel melden. Dann aber werden Mißerfolge möglich. Dieses Versagen bedeutet in der sozialdarwinistischen Welt, in die auch das Profiboxen eingebettet ist, nichts anderes als das Aus, vielleicht sogar den Tod. Nicht zufällig ist Boxen die Sportart mit dem größten Strafregister. Sträflinge lernen im Gefängnis boxen und werden Champion – wie einst Sonny Liston. Weltmeister werden kriminell und verschwinden hinter Gittern – wie eben Mike Tyson. Oder Idole zerstören nach ruhmreicher Karriere ihr späteres Leben – wie Gustav Scholz und Carlos Monzon, die in Suff und Streit ihre Frauen töteten. Rocky Graziano, Charly Graf, Norbert Grupe, Graciano Rochigiani – das sind weitere Namen im Teufelskreis von Ruhm und Ruch, Sport und Crime.

Mike Tyson, der im Ring seinen Weltmeistergürtel an einen Niemand im Februar 1991 verlor, sitzt im Gefängnis. Die Anklage, im September 1991 das Model Desiree Washington vergewaltigt zu haben, brachte dem Berufsschläger eine Strafe von sechs Jahren Haft und die Häftlingsnummer 922335 im Staatsgefängnis von Idiana in Plainfield. Die Berufungsanträge laufen. Auch wenn die Strategie von Tyson-Manager King, den Boxer als eine von fraulicher Aufdringlichkeit verführte Kreatur hinzustellen, schon sehr früh versagte. Nicht zuletzt, weil sich Amerikas Gerichtsreporter in ihren Vorverurteilungen sowieso einig waren. Der Mann, dessen erbarmungslosen Fäuste ihm 85 Millionen Dollar eingebracht haben sollen, war für die öffentliche Meinung nur noch das brutale Monster, das man auf die Titelseite knallt. Bis zum endgültigen KNOCK-OUT...

Noch im Gefängnis offenbart sich übrigens die Wahrheit jenes Satzes, nach dem man zwar einen Boxer aus einem Ghetto, aber das Ghetto nicht aus einem Boxer herausbekomme: Tyson hat den Wunsch geäußert, während der Haft Tauben zu züchten. Das ist Reflex auf ein traumatisches Kindheitserlebnis, als ein Junge Mikes Lieblingstaube vor dessen Augen den Kopf abriß. „Als er das tat, begann mein erster Kampf. Ich habe die Scheiße aus ihm herausgeprügelt. Als ich anfing, auf ihn einzuschlagen, spürte ich, wie sehr ich es genoß. Ich habe all meine Frustrationen herausgelassen."

1. Kapitel

Am 30. Juni 1966 gebar die 36jährige Lorna Smith im Cumberland Hospital im Stadtteil Fort Greene von Brooklyn einen Jungen. „Er sieht aus wie ein Mike!“ rief Jimmy Kirkpatrick, als er das dritte Kind sah, das er mit seiner Exfreundin hatte. Dieser Ausruf war der Ursprung des Namens Michael Gerard Tyson. Der Name Tyson stammt aus einer kurzen Ehe zwischen Lorna Smith und Percel Tyson. Lorna behielt den Namen Tyson bis zu ihrem Tode 1982. Kurz nach Mikes Geburt lebte sie mit Edward „Eddie“ Gillison. Ihre drei Kinder bekamen den Familiennamen Tyson.

Damals wohnte die Familie Tyson in der Union Street, Ecke Marcy Avenue, in Bedford-Stuyvesant, dem Herzen Brooklyns. Die Wohnung war zwar ziemlich geräumig, und es gab keine Geldsorgen, doch mußte Lorna nach Mikes Geburt eine bessere Wohnung suchen. In den nächsten sieben Jahre führten sie und ihre Kinder ein nomadisches Dasein. Sie wechselten in der Umgebung mehrere Wohnungen, zogen dann in die nördlich gelegene Stadt Fort Greene, Williamsburg, danach wieder zurück in den Ostteil New Yorks und zum Schluß nach Brownsville, wo Lorna endlich eine Sechszimmerwohnung in der Amboy Street fand. Die Kinder waren davon nicht begeistert. Damals war Mike Tyson bereits sieben Jahre alt, er war nicht groß, aber für sein Alter ungewöhnlich stark.

Brownsville war kaum der geeignete Ort für das Aufwachsen eines Kindes. Dieser Teil Brooklyns, der an Queens grenzte, war zum klassischen Slumgebiet geworden. Hier bauten 1897 Grundstücksmakler mit politischen Beziehungen billige, minderwertige Mietshäuser und bewegten jüdische Immigranten, die durch den Bau der Williamsburg-Brücke und der überirdisch verlaufenden U-Bahnlinie in der Fulton Street verdrängt wurden, dazu, von Lower East Side nach Brownsville zu ziehen. Den Juden folgten Italiener und Osteuropäer. Zur Jahrhundertwende beheimatete Brownsville fünfzehntausend Lohnsklaven und ihre großen Familien – ein Slum ohne Kanalisation und ungepflastert. Es gab eine einzige öffentliche Badeanstalt.

Zwischen den beiden Weltkriegen schienen sich die Bedingungen zu verbessern. Die Pitkin Avenue wurde zur wichtigsten Geschäftsstraße, in der Belmont Avenue entstand ein Straßenmarkt. In der Nähe des Abstellgleises boten Verkäufer, Ibero- und Afroamerikaner, die in das Gebiet so schnell zogen, wie die Weißen es verließen, billige Ware und Reste aus dem Obst- und Gemüsemarkt in der Junius Street an.

Brownsville hatte auch seine Schriftsteller – Alfred Kazin und Norman Podhoretz –, hier wurden Kinder mit Schauspielerambitionen groß. Danny Kaye, Phil Silvers, Steve Lawrence und Sol Hurok wie auch der Boxsportpublizist Irving Rudd kamen aus Brownsville. Dieser Stadtteil brachte auch Profiboxer hervor, unter ihnen „Bummy" Davis, Bernie „Schoolboy" Friedkin, Lew Feldman, Herbie Katz, George Small und die Gebrüder Pal, Joe und Marty Silver. Diese Boxer haben Brownsville zu einem Begriff der Boxsportwelt gemacht. Die meisten von ihnen trainierten in der Sporthalle in der Georgia Avenue, Ecke Livonia Avenue, gleichermaßen bekannt wie berüchtigt durch die Killer der Mörder-AG.

Verbrechen, Armut und Verzweiflung florierten vor fünfzig Jahren in Brownsville, und als Tyson anfing, auf diesen Straßen herumzulaufen, hatte sich die Lage hier unendlich verschlimmert. Rückblickend auf sein Leben in Brownsville und Bedford-Stuyvesant, zwei Brooklyn-Slums, die wie zwei armselige Asteroide um die große Metropole New York City kreisen, erinnert sich der Champion nur an „schreckliche Lebensbedingungen, Armut und Not".

Einige seiner frühesten Erinnerungen stammen aus der Zeit, als er in der Franklin Avenue 203 in Brooklyn wohnte, und aus einem Krankenhausaufenthalt. „Ich kann mich weder genau erinnern, warum ich dort war, wahrscheinlich wegen Bronchitis oder etwas ähnlichem, noch wie alt ich war, wahrscheinlich drei oder vier. Aber ich kann mich daran erinnern, wie mir meine Großmutter eines Tages eine Spielzeugpistole und eine Puppe schenkte und wie ich unmittelbar danach versehentlich die Pistole kaputt machte und dann so wütend wurde, daß ich anfing zu weinen. Ich hab' lange geweint und war derart erzürnt, daß ich die Puppe auf den Fußboden schmetterte und ihr den Kopf abriß."

Tyson erzählte mir diese Geschichte, als ich ihn in einem Penthousekomplex im Ocean Club in Atlantic City besuchte, wo er jedesmal wohnte, wenn er in diesem Teil New Jerseys (auch bekannt als Garden State) kämpfte. Er blickte ins Leere. Seine Erinnerungen schienen ihn zu erheitern. „Das ist lange her, aber ich kann mich genau an eines erinnern: Ich verspürte eine sehr starke Erregung, als ich den Kopf der Puppe abriß. Es war wie ein Orgasmus."

Er war noch zu jung, um die Schule zu besuchen. Seine einzigen Freunde waren Kinder der Freunde seiner Mutter, die die Familie Tyson am Wochenende besuchten.

„Weißt du", sagte er mit einer Andeutung von Verdruß, „als Kind hab' ich nie ein Buch gelesen oder Schule gespielt. Ich hatte keine Beziehung dazu. Ich kann mich entsinnen, daß ich meiner Schwester Denise nahestand. Nur zu ihr hatte ich eine Beziehung."

Denise Anderson ist zwei Jahre älter als Mike. Sie ist groß und schwer, über zweihundertzweiundsechzig Pfund. Sie besuchte ein Jahr lang das Kingsborough Community College und zwei Jahre lang die Royal School of Business. Mit Roger Anderson ist sie verheiratet und hat sie zwei Kinder: Roger Jr., sechs Jahre, und Erica, drei Jahre.

Eines Tages, als Mike fünf Jahre alt war, verbrachten er und Denise die Zeit damit, aus dem Fenster im ersten Stock auf die Straße zu schauen. Ein paar Minuten zuvor hatten sie einen Zeichentrickfilm gesehen und etwas gehört, was wie ein Schuß klang, ein Geräusch, das fast jedes Kind vom Fernseher ans nächste Fenster ziehen würde.

„Schau mal", rief Mike erfreut seiner Schwester zu, „eine Pistole, eine Pistole. Ich will meine auch holen."

Aus dem Fenster sah er, wie ein Mann mit einer Pistole den Lebensmittelladen verließ. Der Mann mußte das von oben kommende Kichern gehört haben, hatte wahrscheinlich sogar nach oben zu den beiden lächelnden Kindern geschaut, bevor er in ein altes, nicht weit entfernt geparktes Auto einstieg und davonraste. Der kleine Mike lief in sein Zimmer, um *seine* Pistole dort zu suchen, aber bevor er sie gefunden hatte und anfing, „peng! peng!"... zu schreien, gingen seine Schreie im Sirenengeheul der Polizeiwagen unter. Bald darauf erschienen unten mehrere Polizeiautos und ein Krankenwagen, aus dem zwei ganz in Weiß gekleidete Männer ausstiegen. Polizisten hielten die neugierige Menge zurück. Mike und Denise schauten fasziniert zu, als die beiden weißgekleideten Männer in den Laden gingen und eine mit einem Laken zugedeckte Leiche auf einer Trage herausholten.

Ähnliche Szenen wiederholten sich regelmäßig in dem vorwiegend von Schwarzen bewohnten Bedford-Stuyvesant-Viertel, mit dem

Harlem vergleichsweise eine Insel guter Kameradschaft zu sein schien.
Als die Mutter nach der Arbeit nach Hause kam, fand sie am Nebeneingang einen Anschlag mit der Information vor, daß im Lebensmittelladen ein Verbrechen verübt worden ist. Sie eilte die Treppe hinauf und stellte fest, daß Mike und Denise den Mörder beim Verlassen des Tatorts beobachtet hatten.
„Hat der Killer euch gesehen?“ fragte sie. Sie las die Antwort in den erschrockenen Gesichtern ihrer Kinder.
„Scheiße!“ sagte sie, und ein panischer Ausdruck überzog ihr Gesicht. „Er könnte zurückkommen und euch auch umbringen. Er will sicherlich keine Zeugen haben, die ihn erkennen könnten.“
Mike begann zu weinen. „Ab heute“, sagte er Denise, „müssen wir unter dem Bett schlafen. Dort sind wir sicher.“ In den folgenden drei Monaten haben Mike und Denise die Wohnung nicht verlassen.
Aber ihre Angst war nicht derart überwältigend, daß sie keine Ablenkung fanden. Mike fing an, unterm Bett ein Loch in den Fußboden zu meißeln. Bald hatte er einen Durchbruch zum Lebensmittelladen geschaffen, der nach dem Mord geschlossen worden war. Mike und Denise hatten nun ihr Geheimnis, und mit einer ähnlichen Situation spielt jedes Kind in seiner Phantasie: Ein geheimer Zugang zu einem Raum mit unbeschreiblich vielen Süßigkeiten, mit Eis, Brause, Lakritze und anderen Leckereien. „Wir hatten einige Tage ein Bombenleben, und das ist nie rausgekommen“, erinnert sich Denise. „Und das war die erste kriminelle Tat des Herrn Mike Tyson.“
Doch Mikes Art von Späßen wurde finsterer. Denise fiel dazu eine seiner etwas bizarreren Ideen ein. „Es war todlangweilig in der Wohnung, und unser älterer Bruder Rodney war bei einem Trickfilm auf der Couch eingeschlafen. Michael und ich aber wollten etwas Spaß haben. Es war Vormittag, und den Trickfilm hatten wir schon am Tag zuvor gesehen. Da kam Michael auf eine geniale Idee.“ Denise konnte ihr zufriedenes Lächeln nicht verbergen, als sie ihre Erinnerung zum besten gab.
„‚Spielen wir Doktor‘, sagte Michael, ‚aber wir brauchen einen Patienten.‘ – ‚Doktor, möchten Sie hier operieren?‘, fragte ich und zeigte auf Rodney, der auf dem Sofa fest schlief. Michael sagte: ‚Nehmen wir seinen Arm.‘
‚O. k., nehmen wir seinen Arm.‘
‚Also los.‘
Michael nahm ein Rasiermesser und eine Flasche Alkohol und

machte einen Längsschnitt an Rodneys Arm, es war ein ganz dünner Einschnitt. Der ‚Patient' blieb ruhig. Er lag völlig reglos, obwohl der Schnitt fast zwanzig Zentimeter lang war. Doch als Michael den Alkohol auf die Schnittwunde goß, sprang Rodney fast an die Decke und brüllte: ‚Ich bring' euch um! Ihr verdammten Schweine!' Rodney war erst elf oder zwölf Jahre alt, wog aber 254 Pfund.
Michael und ich huschten hinter den Kühlschrank, wo wir über fünfzehn Stunden lang versteckt blieben. Wußten wir doch, daß Rodney uns kriegen würde, falls wir rauskämen. Und meine Mutter hat sich nicht eingemischt. Es war ein Problem, das wir unter uns lösen sollten. Aber sie brachte uns das Essen und, da wir nicht auf die Toilette gehen konnten, einen Topf."
Währenddessen saß Rodney, der zu groß war, die beiden hinter dem Kühlschrank zu erreichen, und nicht stark genug, ihn wegzuschieben, auf einem Stuhl und wartete darauf, daß Denise und Mike hervorkommen würden. Endlich wurde es ihm zu langweilig und er verließ wütend die Wohnung.
„Dem Benehmen meiner Mutter nach", so Denise, „war der Streich, den wir Rodney gespielten hatten, so schlimm nun auch wieder nicht. Wir wurden nicht einmal bestraft."
Die schlimmste Strafe, die es von ihrer Mutter je gab, war die Ankündigung: „Keine Trickfilme am Wochenende." Das war, als Mike drei oder vier Jahre alt war. Zwei, drei Jahre später entdeckten er und Denise andere Zerstreuungen. Eine davon war, Tauben zu stehlen.
„Wir haben das zusammen getan", erzählte mir Denise in Mikes alter Wohnung in Manhattan. Mike zahlt immer noch die Miete. „Da ich älter war als er, mußte ich ihn immer überallhin begleiten. Ich weiß nicht, warum ich das mit den Tauben mitmachte, denn anfangs mochte ich sie nicht. Wir kletterten spät in der Nacht auf die Dächer und öffneten die Taubenschläge von oben und wählten die Vögel aus, die uns gefielen, verstehen Sie...
Damals nannte man das nicht Vögel stehlen, sondern tackin' coops, Taubenschläge mopsen", sagte die große Frau, die immer noch so resolut und energisch war, wie sie damals gewesen sein muß. „Die anderen haben unsere Taubenschläge geöffnet, und wir taten das gleiche mit ihren. Letztlich blieb die Anzahl der Vögel in den Taubenschlägen unverändert. Alles spielte sich in einem Umkreis von fünf Häuserblöcken ab. Man ging also zu einem beliebigen Taubenschlag, erkannte seinen Vogel und sagte: ‚Das ist mein Vogel, ich will ihn zurückhaben'."

Da sich die Taubenschläge gewöhnlich in verlassenen Häusern befanden, wurde Denise mit der Zeit auch weniger ängstlich. „Nach einer Weile wurde das dennoch unheimlich“, bekannte sie, „denn ich war ein ängstlicher Typ. Ich wußte, daß Mike uns beschützen würde, falls uns jemand etwas antun wollte. Er war immer hart. Aber ich war sehr vorsichtig. Mike und Rodney kämpften darum, wer mich beschützen durfte. Das einzige, was mir dabei nicht gefiel, war, daß Mike sich auch aus anderen Gründen in der Gegend herumprügelte und in den meisten Fällen den anderen den Arsch versohlte. Da sie aber gegen ihn keine Chance hatten, stellten sie mir nach, um mich zu verdreschen.“

Sie knöpften sich Denise einige Male vor. „Das war der hauptsächliche Grund, warum ich mich nicht aus dem Haus traute“, sagte sie lachend. „Aber Mike hat sie zum Schluß immer gekriegt.“

Angst wird im Ghetto oft mit Respekt gleichgesetzt. Sicherlich traf das auch für die Tysons zu. Und Denise war stolz auf Mikes hartes Leben auf der Straße. „Gewissermaßen war ich stolz auf ihn, ja, das war ich“, sagte sie. „Wenn man in den Straßen von Brooklyn lebt, ist man entweder ein „braver“ Mensch, der ständig ausgeraubt oder verprügelt wird, oder man ist ein Draufgänger, und man wird respektiert. Sehen Sie, Rodney war ein braver Mensch. Keiner hat ihn je kommen oder gehen sehen, aber alle wußten, daß er dort wohnte. Die Polizei hat nie nach ihm gesucht.“ Sie sprach schnell und mit der gleichen Selbstsicherheit, die der Champion im Ring zeigte. „Andererseits“, fuhr sie fort, „war Michael, als er neun oder zehn war, ein Bösewicht. Keiner traute sich, mir oder meiner Mutter etwas Gemeines zu sagen. Es gab Teenager in der Straße, die jeden beraubten oder bestahlen, der gerade vorbeikam. Aber keiner erdreistete sich, meine Mutter anzurühren, wenn sie mit Geld in der Hand vorbeiging. ‚Das ist Mike Tysons Mutter‘ oder ‚das ist Mike Tysons Schwester, laß sie in Ruhe‘, würde einer warnen. Das war einer der Vorteile davon, daß Michael auf der Straße als schwerer Junge galt. Wenn meine Mutter mit vielen Einkaufsbeuteln auf dem Heimweg war, geschah es nicht selten, daß Teenager ihr ihre Hilfe beim Hochtragen der Sachen anboten, ohne daß sie befürchten mußte, daß dabei etwas aus den Beuteln verschwinden würde.“

Denise seufzte und schaute auf ihren Sohn, Roger, der im Wohnzimmer herumtollte.

„Auch ich profitierte davon. War ich mal spät abends nach Hause unterwegs, kamen die bösen Typen aus der Straße, die mich als Tysons

Schwester erkannten, und begleiteten mich, damit ich auch sicher zu Hause ankam. Dabei war ich selbst noch ein Kind. Und wissen Sie, warum? Sie fürchteten sich alle vor Michael, der sie alle verprügelt hatte, um sie zu bewegen, gut zu seiner Familie zu sein. Heiliger Josef, wenn sich Mike einen vorknöpfte, hatte der nichts zu lachen."

Feurige Auseinandersetzungen zwischen Denise und Mike waren unvermeidlich. „Ich trat ihm sogar ins Gesicht", fuhr Denise triumphierend fort. „Er war ein großer Fighter auf der Straße, aber Sie müssen wissen, um ein großer Kämpfer draußen zu sein, mußte er zu Hause verdroschen werden."

Damals war Mike acht, Denise zehn und Rodney dreizehn Jahre alt. Rodney war zwar groß für sein Alter, aber von Natur aus nicht aggressiv. Unter den Kindern war er der Boß.

„Rodney ist zwar mittlerweile leidenschaftslos und ruhig geworden", sagte Denise, „aber damals war er ein Tyrann. Da er der älteste war und wir keinen Vater hatten, dachte er, daß er diese Rolle übernehmen müßte. Das war der Hauptgrund, weshalb er zu Hause so hart war und uns schlug."

Denise lehnte sich zurück, versuchte sich an Einzelheiten aus jener Zeit zu erinnern, in der Gewalt für so aufregende Abwechslung sorgte.

„Sobald meine Mutter einkaufen ging, verdrosch uns Rodney. Bis er es eines Tages übertrieb und wir uns sagten: ‚Nun reicht's. Wir müssen es ihm geben, damit er uns endlich in Frieden läßt.' Und das taten wir – wir schlugen auf ihn ein mit Händen, Schuhen, Besen, Mop, mit Töpfen und allem, was wir fassen konnten; wir traten ihn in den Hintern und überall hin. Ich war zwölf, als das geschah."

Trotz solcher gewaltsam ausgetragenen Rivalitäten unter den Geschwistern gab es in der Familie viel Liebe und Zuneigung. Bis zum heutigen Tage ist Denise überzeugt, daß eine geheimnisvolle dynamische Kraft sie alle zusammenhielt.

„Wissen Sie", sagte sie, „jetzt sind wir nur noch zu dritt. Es gibt keine Cousinen, keine Onkel oder Tanten. Mutter hat uns großgezogen, es gab nur uns vier. Sie sagte immer, falls wir uns trennen sollten und einer von uns zu Schaden kommen würde, würden es die anderen spüren. Und das ist wirklich so.

„Als Mike das erste Jahr weg war, mit Cus D'Amato auf dem Land lebte, wachte ich eines Morgens auf und stellte fest, daß ich Windpocken hatte. Außerdem war ich deprimiert, weil ich urplötzlich das Gefühl hatte, Michael ginge es nicht gut. Ich rief ihn an, und wissen

Sie was? Auch er hatte die Windpocken! Wir hatten beide die gleiche Scheiße, dabei waren wir 150 Meilen voneinander entfernt. Wir stehen halt einander nah, haben nur uns auf dieser Welt."

Denise bedauert es, daß weder ihre Mutter noch Rodney noch sie selbst Cus D'Amato kennengelernt haben. „Wir haben aber oft mit ihm telefoniert und dadurch das Gefühl", sagte sie, „uns schon lange zu kennen."

2. Kapitel

Mike Gerard Tyson hatte in der Schule einen guten Start. Sein Betragen war gut, und es gab keine Schwierigkeiten mit seinem Lehrer, den Mitschülern oder mit sonst irgend jemandem in der 54. Public School in Bedford-Stuyvesant. Die Schwierigkeiten begannen erst, als die Familie nach Brownsville zog und der untersetzte Mike, damals acht Jahre alt, in die 178. Public School wechselte.

„An der 54. Public School war ich ein guter, aufgeweckter Schüler“, erinnert sich Tyson. „Weil ich wußte, Schulbildung ist wichtig, und weil die Lehrer gut und rücksichtsvoll waren und ich mit allen gut auskam.“

Mikes Mutter, Lorna, versuchte ihrem jüngsten Sohn klarzumachen, wie wichtig es war, gut zu sein in der Schule. Die Wege der beiden trennten sich, als er mit elf Jahren in eine Besserungsanstalt kam; sie starb 1982 an Krebs. Später sorgte D'Amato in Catskill für seine Erziehung. Mike über seine Mutter: „Sie war lieb und klug. Ich glaube, sie war gut in der Schule. Sie war verdammt redegewandt und hatte Format. Ich glaube, ich habe ihren Mut durch meine Boshaftigkeit und Aufsässigkeit gebrochen.“ Ungewollt beschwor sie Mikes erste Schwierigkeiten in der neuen Schule herauf.

Lorna, selbst Brillenträgerin, beschloß, Mikes Augen zu untersuchen, wie sie das Jahre zuvor mit Rodney und Denise getan hatte. Es war eine einfache Prüfung. Sie bat Mike, kleine Gegenstände in der Wohnung zu identifizieren, z. B. den Rumflaschenkorken unter der Couch. Lornas Meinung nach war die Prüfung absolut zuverlässig. Wie Denise einige Jahre vor ihm bestand auch Mike die Prüfung nicht. Ein Augenarzt bestätigte den Befund, und einige Tage später erschien Mike zur Freude seiner Mitschüler mit einem zweiten Augenpaar, einem abnehmbaren mit großem Gestell. Damit wurde er zur Zielscheibe grausamer Hänseleien, wie das bei jungen Kindern üblich ist.

„Ich fing an, anderen Schülern zu folgen und zu bestimmten Stunden nicht zu erscheinen, und später machte es mir Spaß, die Schule zu schwänzen und für meine Mutter Geschichten zu erfinden", erinnert sich Mike. „Ich erzählte ihr, wie gut ich in der Schule war."

Mike schwänzte den Unterricht so beharrlich, daß er in eine aus seiner Sicht „verrückte" Schule, eine der „Programm-600"-Schulen kam. Das „Programm 600" war für verhaltensgestörte Kinder ins Leben gerufen worden, also für solche, die die Schulbehörden am liebsten vergessen hätte. Als sein Leben auf den Ghettostraßen von Brownsville immer gewagter, immer gefährlicher wurde, sah ihn seine Familie immer seltener, die Schule aber kaum noch. Er erinnert sich, daß er in dieser Zeit immer „schöne" Unterwäsche, gute Schuhe und saubere Kleidung trug, eine Aufmachung, die seine Mutter für ordentlich und modisch hielt. Er aber fand sich darin komisch.

„Es war nicht meine Kleidung, über die die Jungs immer wieder spöttelten, obwohl sie für den Geschmack meiner Freunde zu ordentlich war", sagte er schüchtern. „Es war eher diese verdammte Brille."

Tysons Ärger darüber, daß er zum Gespött seiner Mitschüler der zweiten Klasse geworden war, steigerte sich noch, als man anfing, ihn auf der Straße zu hänseln. Nie wird er vergessen, wie ihm seine Brille immer wieder weggeschnappt und in vorbeifahrende Autos oder in einen Benzinkanister oder gegen eine Wand geworfen und zerschmettert wurde oder wie einer sie mit dem Fuß zertrat. „Sie schnappten mir einfach die Brille immer wieder von der Nase weg, und ich stand da wie eine blöde Schaufensterpuppe und tat nichts. Einige knufften und stießen mich, und ich wehrte mich nicht."

Die älteren Jungen fingen an, ihn „Prügelknabe" und „Muttersöhnchen" zu nennen, da er keine Anstalten machte, sich zu verteidigen. „Ich hatte einfach Schiß, mich zu prügeln", sagte er. Aber bald hatte er es satt, Prügelknabe zu sein.

„Ich war damals in der ersten oder zweiten Klasse. Ich fing an, mich mit den Typen aus der vierten oder fünften zu keilen. Mann, hab' ich die zur Sau gemacht. Sie waren größer als ich, aber ich dachte, verflucht, so kann's nicht weitergehen, und polierte ihnen die Fresse."

Danach hat Mike nicht mehr gewartet, bis er provoziert wurde. Jetzt war er es, der die Initiative ergriff. „Mir war es scheißegal, wer mir jetzt gegenüberstand", sagte er. „Ich hab' Freunde und Feinde auf die gleiche Art und Weise verdroschen. Ich habe mich sogar mit Kerlen geprügelt, vor denen ich Angst hatte, weil ich kleiner und viel jünger war. Aber ich hab' sie trotzdem zusammengeschlagen." Solche Straßensiege stärkten sein Selbstvertrauen, aber keiner war mehr überrascht von seiner plötzlichen Dominanz als Mike selbst.

„Als in Brooklyn bekannt wurde, daß mir Prügeleien sogar Spaß machten, wollten alle plötzlich meine Freunde werden. Ich war der einzige Junge aus Atlantic und Sutter, der Freunde aus der anderen Seite der Stadt hatte, aus Brownsville und Crown Heights, den schlimmen Orten, wo die ganz schweren Jungs lebten."
„Von diesem Zeitpunkt an", meinte seine Schwester Denise, „nannte man meinen Bruder Mike Tyson – nicht Little Mike oder Big Mike oder sonstwie... Mike Tyson! Punkt. Name und Vorname. Sogar seine Lehrer nannten ihn Mike Tyson."
Je mehr er heranwuchs, desto auffälliger wurden seine Gewalttaten, sein asoziales Verhalten. „Wir hatten keine Probleme, jeden Tag Essen auf den Tisch zu bekommen", sagte Mike. „Ich aß viel Leber, Hühnerfleisch, Schweinefleisch – Koteletts, Spitzbeine und ähnliches sowie viel Grünzeug. Vielleicht ist das der Grund, warum ich die ganze Scheiße heute so hasse. Eigentlich hielt ich uns nicht für arm. Ich dachte, alle leben so wie wir. Das einzige Problem war das Leben auf der Straße. Zu Hause wußte keiner, welchen Mist ich dort anstellte. Sie dachten einfach, ich sei ein kleiner Spitzbube."
Sein Bruder erinnert sich an einen Tag auf der Atlantic Avenue. Als er sich der Utica Avenue näherte und an einer großen Bäckerei vorbeikam, blieb er stehen, um den dort sich ausbreitenden Duft von Frischgebackenem zu genießen. „Da stand ich also und sah plötzlich, wie Mike das Zeug klaute. Er hatte schon etliche Beutel mit Krapfen und anderem Gebäck in den Händen. Ich rannte hinein und schnappte auch einige Beutel. Da tauchten urplötzlich mehrere Arbeiter und Verkäufer auf und hielten mich fest, aber den Michael, der immer noch die Beutel hielt, haben sie nicht gekriegt. Ich wurde verhaftet – meine Mutter mußte mich vom Polizeirevier abholen. Und was tat Mike? Er ging nach Hause und aß mit meiner Schwester die Krapfen."
Als ich Mike an diesen Vorfall erinnerte, lachte er herzlich: „Ja, das war wirklich zum Lachen."

„Es begann", erinnert sich Mike, „als ich aus einem Obstwagen in meiner Nachbarschaft etwas klaute." Er holte tief Luft und griente. „Es war ein Apfel oder eine Orange, ich weiß nicht mehr. Du kannst dir nicht vorstellen, wie besessen dieses Arschloch mich jagte, nur wegen dieser einen lausigen Frucht. Man sollte denken, mag sich doch der Junge einen Apfel oder eine Apfelsine greifen, wenn er Hunger hat. Aber dieses puertoricanische Miststück konnte ich eine

ganze Weile nicht abhängen, nur wegen dieser einen lächerlichen Frucht. Nach der vergeblichen Hatz durch einige Straßen gab er auf, und ich dachte: ‚Was muß das doch für ein Affe sein, der einen wegen dieser beschissenen Frucht durch die ganze Gegend hetzt'."
Das Stehlen wurde für Mike zur Gewohnheit. Es machte ihm Spaß, Obst oder Süßigkeiten zu stehlen. Aber schon bald langweilte ihn dieses „Kinderspiel". Er war knapp neun Jahre alt, als er aufhörte, zur Schule zu gehen. Nun konnte er seine Zeit mit den älteren Jungs verbringen, die bereits in der neunten oder zehnten Klasse waren. Seine Missetaten wurden immer raffinierter, aber auch gefährlicher.
„Ich hatte nie Angst vor den Polypen", erzählt Mike. „Aber es wurmte mich, wenn sie mich erwischten. Von den Scheißtypen erwischt zu werden, bedeutete zu blöde zu sein", erklärte er mit einem Stolz, den viele Jungen aus Brooklyn besaßen und deren einzige Perspektive die Slums von New York City waren. Als Zehnjähriger hatte er einen Lebensstil, der einem geistigen und sozialen Selbstmord gleichkam.
Ungläubig den Kopf schüttelnd, sagte er: „Getrunken hab' ich Mad Dog, 20/20, Bacardi 151, Don ‚Q', Brass Monkey, starkes Zeug, billiges starkes Zeug, Benzin. Und das unverdünnt. Ich wurde nicht wirklich besoffen, aber ich war wie von Sinnen.
Ich habe auch lange geraucht, wenn auch mehr aus Jux, Zigaretten, die ich gepumpt oder geklaut hatte. Die Leute lachten, als sie mich rauchen sahen, schließlich war ich gerade zehn..."
Mit elfeinhalb war sein Alter das einzige, was von seiner unschuldigen Jugend übriggeblieben war. „Damals", fährt Mike fort, „war ich bereits in den Verbrechervierteln von Brownsville, East New York und Crown Heights als Raufbold bekannt. Schon mit zehn gehörte ich einer großen Verbrecherclique an. ich kannte viele, viele Kriminelle, und sie waren meine Freunde. Wir haben viele verrückte Dinger gedreht."
Sie haben sich stundenlang Superhelden-Geschichten „und ähnliches Zeug" erzählt. „Meist ging es um die großen Fische, die Gangster und die schweren Jungs in der Gegend. Wir dachten, die Zuhälter und Dealer seien cool. Wir haben damals nicht viel gesprochen. Wir handelten." Er reckte sich, gähnte und gab dabei einen Laut von sich, der an ein Dschungeltier erinnerte.
„Wir waren verdammt wild damals", schildert er lachend. „Wir machten ernst. Wir waren ein Haufen Wahnsinniger. Manchmal wur-

den wir richtig verrückt, wir drehten durch. Wir holten uns Schießeisen und ballerten einfach in der Nachbarschaft herum. Wir sprangen auf unsere Maschinen und fuhren zu den verschiedenen Jam Sessions, Sie wissen schon, Diskotheken... Kiezpartys. Wir fuhren langsam zwischen den Gästen umher und klopften sie ab nach Schmuck, Uhren und Geld. Normalerweise stand einer von uns, ein Schwarzer, Schmiere. Wenn etwas schief ging oder die Meute unruhig wurde, zogen wir unsere Schießeisen und ballerten drauflos."

Mike hustete, räusperte sich und versetzt sich wieder zurück in seine bewegte Kindheit.

„Zuerst hab'ich sie gereizt, geärgert. Ich mußte sie irgendwie herausfordern, provozieren, damit sie wütend wurden und auf mich einschlugen. Sobald sie mich angriffen, waren sie verloren. Meine Freunde kamen dann mit den Knarren und sagten: ‚Keine Bewegung', und wir nahmen ihnen ihre Sachen weg. Viele der Älteren liefen davon, ließen die Kinder zurück, und wir fingen an zu schießen. Peng! Peng! Wenn ich daran zurückdenke – das war wirklich schlimm."

Einmal, als sich seine Bande an einem großen, kräftigen Jungen rächen wollte, der sich mit ein paar Jungs aus Brownsville geschlagen und sie verprügelt hatte, erfuhr Tyson, daß der große Junge irgendwo in East New York Basketball spielte: „Ich ging zu meinem Freund, der ein Moped besaß", schildert Mike, „wir holten uns Pistolen und fuhren zum Park. Wir sahen den großen Kerl mit den anderen Jungs Basketball spielen und ballerten einfach auf ihn los. Alle liefen davon. Ich sprang auf den Sozius, und wir rasten davon. Ich weiß nicht, ob wir jemanden getroffen haben, aber wir schossen, um zu treffen."

Am nächsten Tag kam ein Junge namens Remy aus der Rutland Road zu Rodney Tyson und erzählte ihm, daß Mike auf ihn und seine Freunde geschossen habe. Was Mike nicht gewußt hatte: Die Kerle gehörten der Puma-Boys-Bande an, einer Bande von etwa 40 bis 50 Mann, deren Anführer mit Mike früher Tauben geklaut hatte.

„Ich sagte: ‚So ein Mist: Diese Typen sind doch meine Freunde, mit denen ich einst Tauben klaute, und jetzt werden sie mich umbringen'", erinnert sich Mike. „Die Schweinehunde waren bereit, mich einfach kalt zu machen. Sie spaßten nicht, sie brachten Menschen um. Ich wußte es!"

Einer der Jungs in der anderen Bande, erzählt mir Mike, sei ein oder zwei Jahre zuvor einer seiner besten Kumpels gewesen, mit dem er

damals Tauben gestohlen hatte. Die beiden hatten gemeinsame Erlebnisse, für Mike zu wichtig und zu wertvoll, um sie wegen eines Ereignisses, bei dem keiner zu Schaden kam, einfach zu vergessen.
„Eines Nachts wurden wir, ich und dieser Bursche, beim Taubenklauen ertappt“. Wir konnten nicht weg, und diese Männer fingen an, uns fürchterlich zu verbimsen. Ich dachte, sie würden uns umbringen. Wir fingen an zu schreien, doch sie stopften uns Lappen in den Mund. Mir banden sie die Hände hinter den Rücken und schlugen voller Kraft auf mich ein. Ich heulte, bekam aber kaum Luft. Meinen Freund hängten sie am Kragen an einer Feuerleiter auf; er pißte und schiß sich in die Hose. Mir gelang es, das Zeug, das sie mir in den Mund gestopft hatten, auszuspucken, und ich schrie so laut ich konnte. Nachbarn hörten meine Schreie und retteten uns buchstäblich das Leben.“
Als Rodney nach Hause kam, stellte er Mike wegen der Schießerei zur Rede.
„Ich sagte ihm, der Kerl habe gelogen“, erzählte Mike. „Ich hatte Schiß. Verstehst du, ich wohnte an der Grenze zwischen Brownsville und Crown Heights, gleich neben diesen Typen. Ich mußte die Sache irgendwie in Ordnung bringen. Diese Schweinehunde hätten es doch glatt fertiggebracht, mich abzumurksen. Aber mein Bruder, der sich in solchen Mist nicht reinziehen lassen wollte, deichselte das Ganze. Ich weiß nicht, wie zum Teufel er das schaffte, aber er schaffte es. Dazu kam, daß mein Bruder mit Remys Schwester ging, und ich weiß, daß es Rodney gelang, Remy an meiner Beteiligung an der verfluchten Schießerei zweifeln zu lassen.“
Aber einige Tage später, als Mike und sein Bruder eine Tanzveranstaltung im nahegelegenen Park besuchten, erschienen die Puma Boys, alle vierzig oder fünfzig. „Mein Bruder machte sich einfach aus dem Staub und tauchte in der Menge unter, während ich mich von den verrückten Saukerlen umzingelt fand. ‚Wir wissen, daß du's gewesen bist‘, sagten sie. ‚Nun mußt du dafür büßen.‘ Ich wollte gegen sie antreten, aber ich war absolut chancenlos. Sie freuten sich, mich gefunden zu haben.“
Da sah Mike das grienende Gesicht seines Bruders und erkannte aufatmend, Rodney und die Puma Boys trieben nur Späßchen mit ihm.
„Es war schwierig rauszukriegen, welchen Einfluß mein Bruder auf die Puma Boys hatte“, sagt Mike. „Er gehörte nicht zu ihnen. Sie waren ein Haufen Verrückter, und ich glaube, Rodney machte nichts Krummes während meiner Verbrecherzeit. Vielleicht haben sie ihn

einfach gemocht und geachtet, weil er älter und zu allen freundlich war." Oder weil Mike Tyson Rodneys Bruder war.
1977 war Marihuana die Droge, die „in" war in Tysons Kreisen, die Droge, „die jeder nahm, der cool und im Einklang mit der Welt bleiben wollte". Mike zog es vor, sich mit Rum und billigem Schnaps in eine „gute und verrückte" Laune zu versetzen. „Ich hab' auch Marihuanazigaretten geraucht, aber ich hab' nie harte Drogen benutzt – nur Marihuana und Alkohol. Ich mochte das harte Zeug aus deinem Land, ich hab' das mengenweis geschluckt."
Tyson konnte sämtliche Rum-Sorten aufzählen, die in Puerto Rico hergestellt wurden. Er legte Wert darauf, daß ich ihn nicht einfach für einen billigen Taschendieb hielt, der damals Vagabunden und Frauen in dunklen Ecken seines Reviers nachstellte und Kleingeld klaute, oder daß er und seine Freunde nur aus einer Laune heraus Leute überfielen und ausraubten.
„Wir waren schlau", meinte er. „Wir haben die Dinge geplant. Wir haben sogar Mädchen benutzt, um Kerle aus anderen Vierteln anzulocken und zu berauben. Nicht um sie zu verletzten, es ging nur um ihre Sachen und um ihr Geld. Auf diese Weise haben wir eine Menge Kerle überfallen. Wir haben sie auch mit Schießeisen bedroht. Aber wir haben nie geschossen, um jemanden umzunieten."
Einige Minuten zuvor hatte mir Tyson erzählt, daß sie, als sie auf die Puma Boys geschossen hatten, dies taten, „um sie zu treffen". Aber Widersprüche waren in den Erinnerungen des Champions nicht selten. Die Übel der Slums erzeugen Verteidigungsmechanismen, die zur Gewohnheit werden und denen ähneln, die man bei guten Profiboxern beobachten kann. Boxen ist ein Sport der List und Täuschung. Tyson ist ein besserer Boxer, weil er besser lügen kann.
Das Gesetz des Slums hat seinen wachsenden Zorn genährt. Ihn ärgerte es, bei Besuchen seiner Freunde außerhalb seines Reviers schweigen zu müssen, wenn er Drohungen gegen seine Nachbarn anhören mußte. Es machte ihn verrückt.
„Manchmal ging ich zu den Typen in Crown Heights, und sie sprachen über Kerle in Brownsville und sagten: ‚Ich werde diesen Webb umlegen. Ich werde diesen Mistkerl ermorden, ja, er ist ein toter Mann.'
Ich tat so, als wüßte ich nicht, von wem sie sprachen. Dabei ging es um den Typ, mit dem ich gerade einen gehoben hatte, einen Freund. Ich kannte ihn und seine Familie, und diese Schweinehunde wollten ihn fertigmachen.

‚Kennst Du einen Nigger namens Webb in deinem Revier?‘ fragte einer.
‚Wie sieht er denn aus?‘
‚Er ist klein, trägt Schmuck... so ein Abgebrochener.‘
‚Ich darauf: Ja, ich glaub', ich hab' ihn mal gesehen. Ja, dieser Nigger geht mir auf den Docht, ich werd' ihn ausrauben.‘ Ich erzähle denen das, damit sie nicht denken, ich sei auf der anderen Seite – sie würden mich erledigen. Weißt du, damals wußte ich's nicht, aber ich spielte die Rolle eines Doppelagenten, und ich glaub', der einzige Grund war, ich wollte auch in Crown Heights Kohle machen, auch dort ungestört rauben. Und diese Arschgeier in Crown Heights hatten immer Schießeisen. Die Jungs in Brownsville nur gelegentlich. Aber die Kerle in Crown Heights waren schon weiter, mehr wie Profis.“
Tyson gab zu, von den jungen Gaunern in Crown Heights mehr Tricks gelernt zu haben als von seinen eigenen Kumpanen in Brownsville. Dank seiner Lehrer auf der anderen Seite der Bezirksgrenze wurde Mike bereits mit elf Jahren ein bewunderter Taschendieb, dessen Versiertheit mindestens bei einem Mitglied seiner Familie einen tiefen Eindruck hinterlassen hat.
„Mein Bruder Michael Tyson“, sagte Denise, „war der beste Taschendieb der Welt. Er konnte Ihnen sagen: ‚Prüfen Sie Ihre Taschen, ich hole das Kleingeld da raus.‘ Wenn Sie dieser Aufforderung folgten, war es bereits zu spät – das Geld war weg. Es war in Michaels Händen. Er hätte Ihre Unterwäsche stehlen können, ohne dabei Ihre Hosen zu beschädigen. Er war einfach der beste Taschendieb auf der ganzen weiten Welt.“
„Wir bestahlen die Leute gern“, bestätigt er. „Die Überfälle machten uns Spaß. Wir gehörten zwar verschiedenen Banden aus verschiedenen Revieren an, aber wir haben einander nicht bekämpft: Wir raubten und stahlen gemeinsam.“
Er erinnert sich an die Tage, als er und seine Freunde einen übervollen Bus in der Hauptverkehrszeit bestiegen und ihre Schülerkarten zeigten. Der Busfahrer warnte dann die Leute: Achten Sie bitte auf Ihr Geld! Seien Sie vorsichtig.“
Aber die Warnung nutzte nicht viel. Die Jungen und Tyson verließen den Bus immer mit genügend Geld, um puertoricanischen Rum zu kaufen. Manchmal reichte es sogar noch für modische Kleidung. „Nichts befriedigte mich mehr, als unbehelligt davonzukommen, obwohl die Menschen gewarnt wurden“, berichtet Mike. „Sie paßten

auf ihr Geld gut auf, aber ich hab's trotzdem gekriegt. Ich trickste sie aus."

In seinem Milieu – und für Tyson – galten Verbrechen als eine Art Zerstreuung. Er wußte, daß Erfahrung und Wissen für den „Kampf ums Überleben" wichtig war. Die Fluchtversuche von zu Hause wurden immer häufiger. Die Warnungen seiner Mutter und selbst Prügel bewirkten bei ihm absolut nichts.

„Ich wurde immun gegen die Prügel", sagte Mike, „sie machten mir nichts aus. Ich wollte mit meinen Freunden zusammen sein, weil sie mir beibrachten, wie man am besten raubt." Er wurde nach dem neuesten Stand kriminellen Wissens unterrichtet, wie man in ein Haus eindringt und wo man Wertsachen findet. „Ich lernte, wie man ein Türschloß mit einem beliebigen Schlüssel knackt. Wir spielten mit jedem Schlüssel so lange herum, bis das Schloß aufging. Ich war in der Lage, über 90 Prozent der Schlösser zu öffnen. Nur die kompliziertesten widerstanden mir.

In einem Haus fanden sie antike Schußwaffen, in einem anderen einen achtunddreißiger Revolver, ein Armeegewehr M1 mit einem Bajonett, dazu Geld und Schmuck.

Je raffinierter seine Diebstähle wurden, desto größer wurde das Risiko, erwischt zu werden. Er behauptet, sich nicht erinnern zu können, wann er das erstemal festgenommen wurde. „Es geschah so oft, daß ich wirklich nicht mehr weiß, wo und warum ich das erstemal hops genommen wurde", sagt er. „Es muß wegen Diebstahl gewesen sein, als ich um die neun, zehn Jahre alt war."

Eine Festnahme, das war für ihn eine Niederlage, die ihn zornig machte. Daher nahm er eine Festnahme nicht widerstandslos hin. Heute hält er eine Aufrechnung, wer damals besser abgeschnitten hat, für müßig. „Aber ich glaube", sagt er, und dabei ist ein gewisser Stolz auf seine Untaten als Gangster im Kindesalter unüberhörbar, „eine Analyse würde beweisen, daß ich viel, viel besser abgeschnitten habe."

Mike, Rodney und Denise werden diese Zeiten nie vergessen. „Die Bullen kamen und weckten uns, und meine Mutter mußte zum Polizeirevier, um Michael abzuholen", erzählt Denise. „Sie kamen ziemlich oft und meistens in der Nacht."

„Ich glaube, mich haben sie ungefähr fünfundzwanzig bis dreißig Mal erwischt", erzählte mir Mike, lange bevor er Champion wurde. Später allerdings räumte er ein, vor seinem zwölften Lebensjahr etwa

vierzig Mal verhaftet worden zu sein. Seine Schwester hingegen glaubt, die reale Zahl liegt noch darüber.
„Die ersten paar Male holte mich meine Mutter noch in der Nacht ab. Mitunter aber wurde ich auch über Nacht festgehalten. Sie behielten mich auch mehrmals in Spofford in Bronx“, erinnert sich Mike. Jugendlichen wurde oft von Jugendrichtern mit Spofford, einer Jugendstrafanstalt in Bronx, gedroht. Spofford war für jugendliche Delinquenten von New York City das, was ein Grundausbildungslager für Rekruten ist. Danach kam das Gefängnis Riker's Island, in dem die Kriminellen ihren letzten Schliff erhielten. Mike hatte solche Drohungen im Jugendgericht schon früh gehört, nahm sie aber mit Gelassenheit hin. „Der Richter hat zu oft ‚Haltet den Dieb!‘ geschrien, als daß ihm irgend jemand glauben würde“, meint er. Er wurde immer wieder festgenommen, und eines Tages besprach der Richter sein bizarres Verhalten mit seiner Mutter, Lorna, und seinem Stiefvater, Eddie Gillison. Er sagte ihnen, daß Mikes Leben auf der Straße gefährdet sei und daß er nicht wisse, was er mit dem Elfjährigen machen soll; er war zu jung für die übliche Behandlung. Alle waren der Meinung, daß ihm eine Nacht in Spofford Furcht einflößen und ihn vielleicht sogar wieder auf die richtige Bahn bringen würde.

Später Samstagabend. Die Luft in der Stadt war heiß und schwül. Mike, seine beiden Freunde Spike und Scarface aus der Bronx und ein paar andere kamen zum Times Square, um ein Ding zu drehen. Sie hatten Schwierigkeiten, die „richtige Stelle“ zu finden. Mike war beunruhigt, da es „überall von Bullen wimmelte“. Unerschrocken, aber „nicht so dumm, sich erwischen zu lassen“, lauerten sie auf die „richtige Gelegenheit“. Bald bot sich ihnen eine.
„Wir befanden uns vor einem Kino in der Fortysecond Street“, erzählt Mike, „als wir eine Frau sahen. Ich glaub', es war eine Nutte. Sie zeigte gerade jemandem ein Bündel Dollarscheine. Einer meiner Freunde nannte sie ‚dreckige Hure‘, schlug auf sie mit seinem Kofferradio ein, riß ihr das Geld aus der Hand – etwa vierhundert Dollar, keine fette Beute – und machte sich davon. Ich blieb cool und blieb da. Die Frau schlug mir weinend und schreiend ins Gesicht. Da erst machte ich mich aus dem Staub und tauchte mit meinen Kameraden in einem Pornokino unter.“
„Die Frau jagte uns hinterher und schrie: Polizei!, Polizei! Binnen kurzer Zeit wurden wir zusammengetrieben. Ich sagte: ‚Mann, ich hab' doch nichts getan. Schauen Sie doch mal den an, er, mein

Freund hat's getan, nicht ich.' Dann mußte ich lachen", erzählt Tyson.
Ihm und seinen Kumpanen wurden Handschellen angelegt. Noch bevor man sie wegbrachte, kam die Frau zu Mike, der im Polizeiwagen saß.
„Dieses verdammte Weibsstück steckte ihre häßliche, gemeine Visage ins Fenster, packte mein Gesicht mit ihren schmutzigen Krallen und zerkratzte es kreuz und quer. Ich beschimpfte die verfluchte Hure, während das Blut mein Gesicht völlig verschmierte. Der Polizei fiel nichts besseres ein als mir zu sagen: ‚Halt die Schnauze.' Also spuckte ich ihr ins Gesicht."
Mike wurde dem Jugendrichter vorgeführt und mußte einige Tage in Spofford verbringen. Es war sein erster von acht oder neun Aufenthalten dort. „Ich war erst zwölf, und ich fand es nervenaufreibend dort", erinnert sich Tyson. „Die jungen Insassen waren Schwarze und Iberoamerikaner, sie waren kreuzgefährlich, aber ich dachte mir: ‚Du bist selbst ein harter Bursche, also was soll's.' Wir waren alle verrückte, gefährliche Kerle." Nicht ganz sicher, was er zu erwarten hatte, entschied sich Tyson, einfach abzuwarten. Er brauchte nicht lange zu warten.
„Diese Banditen machten den Eindruck, es wäre ihnen alles schnuppe. Einer von ihnen sah auf meine Turnschuhe und fragte: ‚Welche Größe?' Ich sagte: ‚Acht oder neun.' Sie wollten sie anprobieren, und ich willigte ein. Ich glaubte wirklich nicht, sie würden sie mir wegnehmen. Dann sagte einer: ‚Mann, hast du aber große Füße', und gab sie mir zurück. Mir war es zwar nicht anzumerken, aber ich muß zugeben, ich hatte Schiß."
Am nächsten Morgen sprang Mike panisch aus dem Bett. Er hatte einen bösen Traum gehabt und schwitzte aus allen Poren. Die Unsicherheit seiner neuen Umgebung bedrückte ihn. Aber als er zum Speisesaal frühstücken ging, schwand seine Beklemmung.
„He, Mike Tyson", rief jemand. „Mike Tyson!"
„Mike Tyson", schrie ein anderer, „hier bin ich!"
„He, Mike Tyson!"
Michael Gerard Tyson schaute sich um. „Ich sah diesen Haufen – meine Freunde aus Brooklyn –, sie alle riefen mich. Sie schienen hier das Sagen zu haben – große Bonzen. Aber ich dachte, Mensch, du hast ihnen da draußen die Fresse poliert, und hier sind sie die Bosse. Mir war klar, daß sie allen erzählen würden, daß ich zu ihnen gehöre und daß man Mike Tyson in Ruhe lassen soll."

Tyson erkannte sofort, daß Spofford für ihn keine Gefahr darstellte, zumal es eine Regel gab, die alle Insassen respektierten: Es darf nur Mann gegen Mann gekämpft werden.

„Wenn man sich mit einem fair prügeltc", erläutert Mike, „durfte sich kein anderer einmischen, um einem der beiden zu helfen. Ich hab' auf diese Weise viele zur Sau gemacht. Nur einmal hat einer mich verprügelt. Er verpaßte mir eins aufs Auge. Ich glaube, er war Boxer, ein Puertoricaner. Der boxte verdammt gut, dagegen kam ich nicht an. Dennoch sagte ich: ‚Du Miststück, ich bring' dich um.' Meine Freunde wollten mir helfen: ‚Mike, wenn du ihn nicht kriegen kannst, dann werden wir's machen.' Ich aber sagte ihnen, das sei nicht das gleiche. Eines Morgens paßte ich einen günstigen Augenblick ab und versetzte ihm eine, als er gerade die Zahnbürste im Mund hatte. Ich schlug ihm eine runter, und er war fertig. Danach wurden wir gute Freunde. Es ist komisch, wie sich manche Menschen Respekt verschaffen. Meine Freundschaften in Brownsville entwickelten sich ganz ähnlich. Sie respektierten mich, nachdem ich sie verprügelt hatte."

Andere zur Verteidigung der eigenen Würde zu verletzen, war immer legitim – eines der ungeschriebenen Gesetze des Ghettos.

„Wollte dich jemand vergewaltigen oder berauben oder dir sonst was antun", erläutert Mike, „so konntest du ihn zur Schnecke machen, oder noch besser, deine Freunde warnten ihn davor, dich zu belästigen: ‚Das ist einer von uns, Freundchen.'"

„Er war nur ein paar Tage dort", schaltet sich Denise ein, „bevor sie ihn erneut dem Richter vorführten. Wir waren alle da, die ganze Familie – meine Mutter, Eddie (Gillison), Rodney und ich –, und ich kann mich noch entsinnen, daß der Gerichtssaal zum Bersten voll war." Denise wußte, wie ihre Mutter unter Mikes Aufenthalt in Spofford litt. „Meine Mutter weinte viel, als sie sich ausmalte, wie schlimm es Mike in diesem schmutzigen Loch ergehen würde. Aber machen konnten wir nichts dagegen." Verwundert registrierte sie, daß Mike lächelte, als er den Gerichtssaal in Handschellen betrat. „Da saßen wir nun alle, nervös, Mutter weinte, und er kommt herein mit diesem blöden Lächeln auf seinem frechen Gesicht."

Die Worte des Richters an ihren Bruder wird Denise nie vergessen: „Junger Mann", sagte er im feierlich stillen Gerichtssaal, „dank der Gutherzigkeit des Gerichts hast du nur wenige Tage in Spofford verbringen müssen. Das nächste Mal lassen wir dich dort viel, viel länger bleiben."

Mike schaute auf den Richter mit dem Blick eines hungrigen Kindes und bettelte: „Ich will zurück. Bitte, schicken Sie mich zurück. Alle meine Freunde sind dort. Sie fehlen mir."

„Im Gerichtssaal brach schallendes Gelächter aus", berichtete Denise, „und viele fingen an zu klatschen. Das war irre, wie Mike den Richter bat, nach Spofford zurückgebracht zu werden."

Die Sorgen, die sich die Mutter um die Zukunft ihres jüngsten Sohnes machte, bedrückten sie unsagbar. Die Kontrolle über ihren zwölfjährigen Sohn war ihr entglitten. Er hatte sich seine eigene Welt auf der Straße geschaffen, mit der er völlig zufrieden schien. Trotzdem beeindruckte dieser erste Aufenthalt in Spofford Mike nachhaltig. Er hatte festgestellt, daß das Leben dort angenehmer war als auf den Straßen von Brownsville und Crown Heights. Danach nahm die Anzahl seiner Festnahmen sprunghaft zu, und die „Dummheit, mit der er sich von den Bullen erwischen ließ", war damit für jeden erklärlich, der seine Gedanken nachvollziehen konnte.

„Danach kam ich etwa acht Mal nach Spofford", berichtet Mike. „Meistens für Raub... ich hab' das sehr oft gemacht. Weißt du, nachdem ich erfuhr, daß alle meine Freunde dort waren, hatte ich überhaupt keine Angst mehr davor. Für mich war es wie ein Klub, in dem ich mir wie ein Stammitglied vorkam." Mike strahlte, wenn er über seine Kindheitserinnerungen sprach: „Immer wenn ich nach Spofford kam, war das Personal so nett zu mir. Sie gingen in den Laden draußen und kauften Zeug. Nachts brachten sie's auf mein Zimmer."

Tysons Schwester erinnert sich an den Tag, an dem sie alle – Lorna, Eddie, Rodney und sie – nach Spofford fuhren, um Mike zu besuchen, und wie bedrückt sie alle waren zu sehen, unter welchen „Tieren" er dort war.

„Wir stiegen unzählige Male auf der U-Bahn um", erzählt Denise, „und als wir müde und niedergeschlagen zu Hause ankamen, hörten wir, daß der Fernseher an war. Wir trauten unseren Augen kaum. Mike saß davor, als wäre nichts passiert. ‚Wie zum Teufel kommst du her?' – ‚Ich hab' mich gelangweilt und bin einfach abgehauen. Mir gefällt's da nicht mehr.' Er war schneller in der Wohnung als wir, und bis heute weiß ich nicht, wie er das geschafft hat."

In Mikes nächster Station, der Tryon Reform School in Johnstown, sah es anders aus. Das war kein „Klub" mehr für Mike. „Am Anfang war es schwierig", erinnert sich Tyson. „Aber dann wurde es langsam besser. Doch im Gegensatz zu früher wollte ich einen anderen Lebensstil. Ich hab' gesehen, daß es etwas Besseres gibt."

Das „etwas Bessere“ war Boxen.
Boxen oder nicht, meint Denise, die Mutter glaubte Mike hinter Gittern tausendmal sicherer als auf der Straße. „Meine Mutter sagte: ‚Ich würde ihn lieber in der Anstalt als auf der Straße sehen‘“, erzählt Denise. „Sie hatte große Angst, daß er auf der Straße jemanden umbringen oder selbst umgebracht werden würde.
Während Mike verschiedene Strafanstalten durchlief, hatte Lorna Schwierigkeiten mit ihrem Freund. Lorna und Eddie hatten mehrere Jahre zusammengelebt; da sie jedoch beide starke Charaktere waren, kam es oft – und ohne Rücksicht auf die Kinder – zu Konfrontationen und heftigen Handgreiflichkeiten zwischen beiden, die für Lorna mit blauen Flecken und oft auch blutig endeten. „Gewalt wurde akzeptiert“, sieht Tyson rückschauend seine frühe Kindheit. „Sie war ein Bestandteil unseres Lebens. Einen Menschen, den man liebt, sieht man nicht gern leiden, aber mir war solche Art Gewalt nicht fremd. Sie war akzeptabel.“
Tyson war erst sieben Jahre alt, als Eddie derart wütend auf Lorna wurde, daß er ihr einen Goldzahn ausschlug, den ihr Vater ihr zum Abitur spendiert hatte. Der Verlust des Goldzahns, im Slum ein wertvolles Statussymbol, machte Mikes Mutter wahnsinnig vor Wut. Mike und Denise wohnten solchen Szenen zumeist aus sicherer Entfernung bei. Sie empfanden sie als normal, und manchmal genossen sie sie sogar.
„Dieses Mal waren wir im Bett“, berichtet Mike. „Wir sahen, wie sie in die Küche lief, einen Topf mit kochendem Wasser vom Herd nahm und Eddie damit spritzend durch die ganze Wohnung jagte; schreiend vor Schmerz lief er davon. Auch meine Schwester und ich weinten, da wir von dem verdammten Wasser auch was abgekriegt hatten.“
Denise präzisiert noch: „Wir steckten unsere Köpfe unter der Decke hervor, um mehr zu sehen. Dabei kriegten wir von der kochenden Brühe, die sie auf ihn schleuderte, auch etwas ab. Er lief schreiend umher, und wir taten das gleiche. Meine Mutter rief: „Oh, mein Gott, jetzt hab’ ich euch auch bespritzt!‘“
Einige Jahre später wurde den Kindern bewußt, daß sie groß genug waren zu verhindern, daß ihre Mutter oder gar Mike unter Eddies Fuchtel leiden mußten.
„Rodney war groß für seine dreizehn Jahre, ich war groß für meine zehn und Michael – nun, Michael war eben Michael. Jedenfalls beschlossen wir, uns nichts mehr gefallen zu lassen. Er sollte unsere

Mutter nicht mehr schlagen. Beim nächsten Streit schlug ihn meine Mutter zu Boden. Ich weiß nicht, wie ihr das gelang, aber es gelang ihr." Denise holte tief Luft und lächelte. „Rodney hatte ein Paar Schuhe mit Plateausohle. Die Sohlen waren so dick, daß selbst ein Kleiner damit fast zu einem Riesen wurde. Mike schnappte sich einen davon, ich den anderen; Rodney hatte einen Labradorhund, einen richtigen Killer. Nachdem Mutter ihn niedergeschlagen hatte, gingen wir alle auf Eddie los und schlugen ihm die Schuhe auf den Kopf, während Rodney ihm mit einem Baseballschläger auf die Knöchel drosch. Selbst der Hund beteiligte sich an dieser Tortur. Seit jenem Vorfall hat er Mam nie wieder angerührt."

Eddie Gillison hatte seine Fehler, aber Denise konnte nicht umhin, einen Menschen zu respektieren, der mit zwölf angefangen hatte zu arbeiten, der keinen einzigen Tag gebummelt hatte, den einzigen Mann, der von Mike Tyson während seiner Brooklyn-Zeit als Vater akzeptiert wurde.

„Weißt du was? Als wir den Transportarbeiter-Streik hatten und keine Busse oder U-Bahnzüge fuhren, stand er entsprechend früher auf und lief zu seiner Arbeitsstelle in der Innenstadt. Dadurch hatten wir Essen auf dem Tisch. Er hatte schon seine guten Seiten. Nachdem wir ihm so handgreiflich klargemacht hatten, daß er unsere Mutter nicht mehr schlagen durfte, sagte er einfach: ‚Ich bin noch da, ihr seid noch da, wir werden alle das Beste aus unserem Leben machen.' Wenn wir mal nichts zu Essen hatten, sagte er: ‚Ich geh' jetzt mal raus, ich werd' schon was zu essen bringen.' Es gab Zeiten, besonders kurz bevor der Scheck von der Sozialhilfe kam, wo wir außer Mehl nichts im Haus hatten. Aber wir waren eine Familie, also nahmen wir das Mehl und machten Kekse. Wir taten das gemeinsam. Wir waren eben eine Familie."

Am 17. November 1987 wurde Eddie Gillison unweit unserer Wohnung in Brownsville von einem ins Schleudern geratenen Polizeiauto erfaßt; er war auf der Stelle tot. Da war er sechsundfünfzig Jahre alt und Mike bereits einer der berühmtesten Männer der Welt.

Tysons leiblicher Vater, Jimmy Kirkpatrick, hatte so gut wie keine Beziehungen zu seinen Kindern. Allein Denise empfindet noch Liebe für ihn.

Mike hingegen: „Ich habe keine Gefühle ihm gegenüber, weder so noch so. Sollte er um Hilfe bitten, würde ich ihm wahrscheinlich helfen. Aber Liebe für ihn empfinde ich nicht."

„Michael und Rodney", so Denise, „waren die Männer des Hauses,

deswegen haben sie sich mit ihm nie verstanden. Aber er ist mein Vater, und ich besuche ihn, so oft ich kann. Es geht nicht darum, daß er uns verlassen hat... es ist nicht so, als hätten wir nicht gewußt, wo er ist. Aber Rodney und Michael haben diesen gewissen Machostolz. ‚Nein, soll er doch kommen, wenn er will. Wir brauchen nicht hinzugehen, um ihn um irgendwelche Scheiße zu bitten.' Das war schon immer ihre Einstellung."
Kirkpatrick, ein fast 210 Pfund schwerer Kriegsbeschädigter, wohnt in einer Sozialwohnung in Bedford-Stuyvesant.
„Ich will Mikes Geld nicht", sagte er einem Zeitungsreporter unlängst. „Und ich möchte auch nicht, daß Mike das denkt. Es ist nicht so, daß ich's nicht nehmen würde, daß ich's nicht brauchen könnte. Aber ich würde es nur nehmen, wenn es mir Mike von sich aus geben würde. Ich werde nicht mit ausgestreckter Hand zu Mike gehen. Manche Leute sagen: ‚Wie kann Ihr Sohn Sie in diesem Loch hausen lassen?' Aber das stört mich nicht. Es wäre schon schön, wenn Mike mich mal besuchen würde. Wir könnten Freunde werden. Wir könnten uns hinsetzen und miteinander reden."

3. Kapitel

Der größte Boxsport-Professor der Welt, Constantine D'Amato, war einmal ein junger, ungeduldiger Manager-Trainer. Aufgewachsen ist er in South Bronx in den Jahren, als in den Mietshäusern nicht nur Afro- und Iberoamerikaner, sondern noch Italiener und Juden wohnten. Mit einundzwanzig hatte er bereits graues Haar; er konnte nur auf einem Auge sehen und war farbenblind. Als er zweiunddreißig war, ließen bei ihm Geruchs- und Geschmackssinn sowie Seh- und Hörvermögen nach. Er hatte sich als Kind in den Boxsport verliebt und war – nach eigener Definition – „ein Straßen-Fighter". Mit zwölf hatte er gegen einen Mann gekämpft, der doppelt so alt war wie er. Ein Schlag mit „einem Gegenstand" ins Gesicht hatte zur Folge, daß er auf dem rechten Auge praktisch erblindete. Bei einer anderen Straßenschlägerei hatte ihn ein Schwergewichtsboxer so kräftig am Kopf getroffen, daß er zwei Wochen lang wie ein Betrunkener durch die Gegend getorkelt war.

Mit zweiundzwanzig tat er sich mit Jack Barrow zusammen; sie gründeten den Empire Sporting Club zur Ausbildung junger Boxer. Der Club befand sich in der Gramercy-Turnhalle neben Luchow's Restaurant in der 14. Straße, ganz in der Nähe des Union Square in Manhattan. Mindestens drei Weltmeister, Floyd Patterson, Rocky Graziano und ich, bekamen dort ihren letzten Schliff. In diesem Club wurden Floyd und ich praktisch von Null an aufgebaut.

Cus ging Mitte der dreißiger Jahre zur US-Armee und wurde Boxtrainer. Kurz vor dem zweiten Weltkrieg wurde er als Sergeant entlassen.

Nicht zu groß, nicht zu stark, fast glatzköpfig mit einigen wenigen weißen Haaren, die sich auf seinem starken Schädel verloren, war Cus D'Amato ein unabhängiger Mann, getrieben nur von seinen eigenen Ideen. Die verteidigte er mit einer eisernen Unerbittlichkeit. Seine Philosophie im Boxsport bestand darin, daß Sieg oder Niederlage im Ring im höheren Leistungsbereich nicht vom physischen Zustand, sondern von der geistigen Einstellung abhängen.

„Boxen“, wiederholte er immer wieder, „ist ein Kampf des Charakters und der Geschicklichkeit. Der Boxer mit mehr Willensstärke, Entschlossenheit, Zielstrebigkeit und Intelligenz wird immer derjenige sein, der den Sieg davonträgt.“ In der Turnhalle benahm er sich wie ein Hauptfeldwebel, der seine Soldaten herumkommandiert. Cus beriet seine Fighter nicht, er erteilte Befehle.

Bereits lange vor 1979 hatte sich Cus entschlossen, nicht einfach nur so durch das Leben zu eilen. Boxen – für ihn Triumphe, Träume und Enttäuschungen –, das war seine Welt. In diesem Jahr begegneten sich Mike Gerard Tyson und Cus D'Amato zum ersten Mal, in diesem Jahr lernte auch ich Mike Tyson kennen. Cus und ich waren praktisch Nachbarn. Wir wohnten in zwei unweit voneinander gelegenen Kleinstädten nördlich von New York. Seit 1962 wohnte Cus dort in einem großen Haus außerhalb der Stadt, zusammen mit Camille Ewald, mit der ihn eine lebenslange Freundschaft verband, mit Jay Bright, einem jungen, vielversprechenden Schauspieler, der für ihn wie ein Stiefsohn war, und einer kleinen Armee junger Boxer. Ich pachtete ein altes Sommerhaus etwa anderthalb Meilen nördlich davon, in Athens, einem Ort mit etwa zweihundert Einwohnern. Cus betrieb die einzige Boxsporthalle in dieser Gegend. Dort managte ich ein paar junge Boxer, die er trainierte. Der alte Mann war glücklich und sehr unabhängig damals, obwohl er finanziell nicht besonders gut dastand. 1971 machte er bankrott. Unterstützt wurde er da von seinem engen Freund und ehemaligen Zimmergenossen Jim Jacobs, einem vielseitigen Athleten, der äußerst stark am Boxsport interessiert war. Jacobs war es gelungen, seine ererbten Millionen gewinnbringend anzulegen.

Cus und ich hatten eine Vater-Sohn-Beziehung, und wir unterhielten uns mehrmals im Laufe einer Woche. Er hatte meine insgesamt elf Jahre währende Karriere als Profiboxer (1958–69) bis zur Meisterschaft im Halbschwergewicht gemanagt. Cus hatte mit hunderten jungen Menschen gearbeitet, darunter zwei Meister der letzten Jahre, Wilfredo Benitez und Edwin Rosario. Er half ihnen beim Training, war aber nicht derjenige, der sie von Anfang an betreute. 1979 war es fünfzehn Jahre her, daß Cus selbst einen Meister hervorgebracht hatte.

Eines kühlen Morgens im Februar, während eines meiner häufigen Besuche, schien der alte Mann sehr aufgeregt zu sein; er wolle mir einen neuen Jungen vorstellen. Wir unterhielten uns im Vorderhof und genossen den frischen Waldduft, als aufgeregtes Hundegebell Be-

such ankündigte. Es war ein stämmiger, kräftig aussehender Junge mit zwei Goldzähnen, die irgendwie nicht zu den harten Zügen seines Gesichts paßten: Mike Tyson.
„Dieser Junge“, sagte Cus, „wird eines Tages Weltmeister im Schwergewicht sein, wenn sein Interesse und sein Engagement so lange vorhält.“
Der Junge, sichtlich verwirrt von diesen Worten, schüttelte verlegen meine Hand und starrte auf den Boden. Ich betrachtete den Jungen genauer und kam zu dem Schluß, daß er zu klein für einen Schwergewichtler (1,68 m), zu stark für einen Boxer (169 Pfund kompakten Babyspecks und Muskeln) und zu schüchtern für sein ungehobeltes Aussehen war. Mike war noch nicht dreizehn Jahre alt, aber wie ich später erfahren sollte, hatte er bereits viel Ärger mit der Polizei gehabt. Er wohnte in der Tryon School, einer Besserungsanstalt für verhaltensgestörte Jugendliche im nahegelegenen Johnstown im Staate New York. Nach Einschätzung Bobby Stewarts, Betreuer und Sporttrainer in dieser Anstalt, war der Junge ein der Gesellschaft völlig entfremdetes grausames Raubtier. Für Cus war das eine Herausforderung, ganz nach seinem Geschmack.
„Eines Tages“, sagte Mike demütig, sein Blick immer noch auf den Boden fixiert, „will ich so sein wie Sie ... wie Sie gewesen sind ... ein Weltmeister“. Da seine Stimme weich war und er etwas lispelte und Cus nicht besonders gut hörte, mußte der alte Mann seine rechte Hand als Ohrmuschel an sein rechtes Ohr halten. Derweil hatte Mike Schwierigkeiten, sich richtig auszudrücken, und es war offensichtlich, daß das verlorene Kind aus Brooklyn sich die größte Mühe gab, ehrerbietig und höflich zu sein. Ich war wahrscheinlich der erste Boxmeister, mit dem er je gesprochen hat, obwohl er einmal den Ex-Champion Muhammad Ali während eines seiner Besuche in der Besserungsanstalt gesehen hatte. Einmal kam er im Laufe des Gesprächs bescheiden zu mir herüber und befühlte meine Bizepse, die nicht so groß und stark wie seine waren.
„Die Kraft ist nicht dort“, belehrte ihn Cus. „Sie ist hier“, und tippte dabei mit dem Finger an seine Schläfe, „genau hier.“ Ich schaute auf Mikes Augen, und mir war klar, daß er Cus das nicht abnahm. Ein schüchternes Lächeln umspielte Mikes Lippen.
„So ist es“, stimmte ich Cus zu. Ich starrte ihn an, in seinem Gesicht eine unausgesprochene Antwort suchend – Boxer beherrschen die Körpersprache meisterhaft –, aber ich konnte nichts entdecken. Cus und ich wußten, daß den Burschen etwas beschäftigte, womit er nicht

herauswollte – was hinderte ihn daran: Argwohn? Zynismus? Oder was?
„Bobby Stewart wollte, daß ich vorzeitig aus der Besserungsanstalt entlassen werde, da er meinte, ich sei so talentiert“, offenbarte mir Mike Jahre später. „Er sagte mir: ‚Du bist so intelligent, es wäre reine Zeitverschwendung, wenn du wieder auf der Straße landen würdest. Geh zu Cus D'Amato. Er ist ein großartiger Trainer, der aus dir einen Champion machen könnte.‘ Ich wiederum dachte: ‚Ja, diese Bonzen in Tryon, die die Anstalt leiten, werden sich denken, wie nett es doch wäre, wenn ein Weißer sich eines schwarzen Jungen annehmen würde. Außerdem sind wir den schwarzen Jungen dann los.‘ Ich glaube, damals wußte keiner, wie ernst Cus die Sache nahm. Nicht einmal ich.“
Einige Tage davor hatte Cus Mike zum ersten Mal in Aktion beobachtet. Der alte Mann war verblüfft. Er erzählte mir damals von dem jungen Knaben, der sich im Ring wie ein erfahrener Boxer bewegte. „Ich verstehe nicht, was hier vorgeht“, sagte Cus. „Er sieht älter aus, als man mir gesagt hat. Zwölf soll er sein.“ Er war sich ganz sicher, daß dies nicht stimmte, daß jemand ihn im Hinblick auf die Boxreife dieses Jungen hinters Licht führen wollte. Mit vierundsiebzig und mit seinem Ruf, weltweit einer der weisesten Männer des Boxsports zu sein, ging der alte Mann vorsichtig an die Sache heran.
Jahre später berichtete mir Stewart: „Als Cus mich zum ersten Mal mit Mike sparren sah, schien er schockiert. ‚Dieser Junge kann nicht zwölf Jahre alt sein‘, sagte Cus. ‚Nicht bei seinen Bewegungen, nicht bei seiner Geschwindigkeit.‘ Man konnte sehen, daß er zweifelte, aber gleichzeitig hoffte, sich zu irren.“
Der Plan ging auf. Stewart wußte längst, daß einer seiner unbeugsamsten Insassen ein unheimlich talentierter Faustkämpfer war. Einer Anstaltslegende zufolge verbrachte Tyson seine Freizeit damit, andere mit seinen bloßen Fäusten k. o. zu schlagen. Das hatte auch seine Verlegung aus einem weniger strengen Teil der Besserungsanstalt in die Elmwood Cottages zur Folge, einen Trakt der mittleren bis erhöhten Sicherheit, in den die renitentesten und undiszipliniertesten Jungen von Tryon kamen.
Stewart war ein Weltergewicht aus dieser Gegend, sein Trainer Matt Baransky, einer von Cus' Assistenten, der das Trinity Boxing Gym in Albany, New York, leitete.
„Bobby Stewart lernte ich in Elmwood kennen“, erinnert sich Tyson, „wo er die Jungs trainierte, ich meine, nicht wirklich trainierte; er ließ

sie miteinander sparren, um ihren Frust abzubauen. Er ließ die Nörgler und Gestreßten einfach Boxhandschuhe anziehen und im Ring einander bearbeiten. Richtige Faustkämpfe waren dort verboten, und wer das Verbot mißachtete, bekam Schwierigkeiten und durfte monatelang keinen Besuch empfangen.
Es war richtig komisch, die Jungs mit Bobby Stewart beim Boxen zu beobachten. Sie schlugen wild auf ihn ein, während er sich lediglich verteidigte. Manchmal ließ er auch einen Schlag durch, und das half den Jungs, die unter starkem Druck standen, ihren Frust abzubauen."
Eines Tages ging Mike Tyson auf Bobby Stewart zu: „Ich glaub', das kann ich auch mit Ihnen machen." Darauf der Trainer: „Jeder hier will ein Punk sein."
„Als er das zu mir sagte, war ich verblüfft. Ich hatte einen Ruf dort, und alle hatten Angst vor mir, aber jeder wußte, daß ich in Elmwood Cottages keinen schlagen würde, da ich meine Einstufung, die dort bestimmte Privilegien regulierte, nicht gefährden wollte, also redeten sie manchmal Mist. Aber die Jungs achteten mich, da sie meinen Ruf aus den anderen Anstalten kannten."
Der Junge verlor nicht viel Zeit, die Boxhandschuhe anzuziehen und mit Stewart in den Ring zu steigen. „Es war das erste Mal in meinem Leben, daß ich boxte", sagte er. „Ich schlug wild auf ihn ein. Ich wollte diesen weißen Dandy fertigmachen, der obendrein kleiner war als ich. So ging ich also auf ihn los, während er gelassen und entspannt meine wilden Schläge abwehrte. Plötzlich landete er einen Schlag auf meine Körper, und krach! lag ich unten."
Tyson stand nach zwei oder drei Sekunden wieder auf und setzte seinen Angriff fort, allerdings weit vorsichtiger. Mike war sich damals dessen nicht bewußt, aber Stewarts Bewunderung für seinen Mut, seinen harten Stil und seine Schlagkraft hätte damals nicht größer sein können. Stewart erinnert sich noch, daß seine Seiten noch etliche Tage nach Mikes Schlägen schmerzten.
„Er hat mich zur Sau gemacht, und das war mir peinlich", sagt Tyson. „Es war Bobbys Absicht, mich vor den anderen Jungs zu blamieren. ‚Dieser kleine weiße Mann hat ihm die Fresse poliert', sagten sie. ‚Mike Tyson kann sich ja gar nicht prügeln.' Erniedrigung, das war es, was ich empfand."
Als Stewart die Boxhandschuhe auszog, schaute ihn der Junge bittend an: „Können Sie mir das Boxen beibringen? Ich will boxen, ich will ein Fighter werden."

„Das sagen alle“, erwiderte Stewart.
„Du willst also ein Fighter werden?“ fragte Stewart Mike einige Tage später. „Wenn du’s wirklich willst, dann sieh zu, daß du bessere Noten bekommst und daß du dich hier in Elmwood Cottages richtig benimmst, und wenn ich gute Berichte über dich bekomme, bin ich dein Trainer. Du mußt im Unterricht nicht lauter Einsen haben und auch nicht gerade der beste Schüler sein, aber ich erwarte, daß du dich anständig und würdig benimmst.“
„Ungefähr drei Wochen später“, erzählte mir Stewart, „rief der Lehrer mich an: ‚Was ist bloß mit dem Jungen los? Plötzlich benimmt er sich, gibt sich echt Mühe zu lernen.‘ Also holte ich einige Jungs in den Unterricht, schwarze Jungs, zu denen er leichter eine Beziehung aufbauen konnte, denn wissen Sie, er war schüchtern und fühlte sich unwohl beim Lesen, Schreiben und solchen Dingen. Also holte ich diejenigen, die Mike einschüchterte, damit sie ihm beim Lernen helfen.“
Drei Wochen danach bekam er durch sein gutes Benehmen die Möglichkeit, die ihm so viel bedeutete. „Und in drei Monaten“, sagte Stewart, „hatte er seinen Leistungsstand, der der zweiten Klasse entsprach, auf den der siebenten Klasse gebracht – in drei Monaten! Eine derartige Leistung hat in der Besserungsanstalt vor ihm noch keiner vollbracht. Dumm war er auf keinen Fall. Aber als er nach Tryon kam, kannte er nicht den Unterschied zwischen seiner linken und seiner rechten Hand, vom Boxen ganz zu schweigen. Alles was ich ihm gezeigt habe, hat er danach allein immer wieder geübt. Noch um drei Uhr morgens konnte man ihn in seinem Zimmer üben hören – einfach toll. Das Nachtschichtpersonal mußte seinen Eifer oft unterbrechen.“
Stewart erinnerte sich, daß ein Betreuer, der einige Wochen krank war, aus dem Staunen nicht mehr heraus kam: „Er kam auf den Hof und sah Mike in Aktion. ‚O mein Gott!‘ sagte er. ‚Ist Ihnen bewußt, welche außerordentlichen Fortschritte Mike gemacht hat?‘ Ihm fiel Mikes Verbesserung mehr auf als mir, weil er eine Zeitlang nicht da war.“
Bald war Tyson als Sparringspartner anerkannt, und nach einem täglichen Übungsprogramm wurde er systematisch mit einigen Grundlagen des Boxsports vertraut gemacht. Stewart war von Mikes Art zuzuschlagen so beeindruckt, daß er zu intensivem Training mit harten Sparringsrunden zwischen ihm und dem starken Jungen überging. Er war sich bewußt, daß Tyson ein Schwergewichtler war (knapp 160

Pfund) und einen Vorteil von siebenundzwanzig Pfund hatte, glaubte aber, seine Erfahrung im Ring würde diese Diskrepanz mehr als ausgleichen. Stewart hatte Anfang 1970 gewonnen, kurz bevor er Profi wurde. Als Weltergewichtler verlor er nur drei von sechzehn Kämpfen.

Tyson machte sich nun mit seinem neuen Umfeld in Elmwood sowie mit den Führungsstufen eins bis vier vertraut.

„Ich hatte den Ruf eines Killers", erinnert sich Mike. „Wie es dazu kam? Eines Nachts wurde ich von Spofford in eine weiter nördlich gelegene Anstalt verfrachtet, aus der es kein Entkommen gab. Also entschloß ich mich, in dieser weit entfernten Anstalt Terror zu machen. Ich machte, was mir gerade einfiel: Ich warf mit Flaschen, schlug das Personal, prügelte die Mitinsassen, ich spielte einfach verrückt und war tückisch und gemein gegenüber allen, die mir begegneten. Also brachten sie mich zurück nach Elmwood." Tyson holt tief Luft. „Es war eine verschlossene Bude, in der man nicht frei war, eine Bude mit erhöhter Sicherheit", fuhr er fort. „Es war wie, nun... man mußte dort schwer arbeiten. Der Schwerpunkt lag auf Disziplin. Die Räume – wie geleckt. Man mußte arbeiten, schwer arbeiten, um eine bessere Einstufung zu bekommen, selbst um nur reden zu dürfen. Man durfte nicht sprechen, wenn man nicht entsprechend eingestuft war."

Die Anstalt hatte ein System, das genauestens vorgab, wer was durfte; es wurde bestimmt durch Führung und Verhalten jedes einzelnen Insassen. „Hattest du die Stufe eins, warst du beschissen dran", weiß Tyson noch ganz genau, „du durftest dich nicht einmal bewegen. Hattest du die Führungsstufe zwei, durftest du wenigstens reden. Mit Stufe vier durftest du allein in der Hütte auf der anderen Seite der Straße wohnen. Das System war auf Vertrauensbasis aufgebaut."

Die Hütten und die Führungsstufen waren Teil des therapeutischen Systems, das den Jugendlichen helfen sollte, Erfahrungen und Informationen auszutauschen und voneinander zu lernen.

„Man sprach dort über sein persönliches Leben", sagte Mike. „Wofür man saß, was man gemacht hatte. Auf diese Weise sollte jeder die Probleme der anderen kennenlernen. Das war wie dieser Bewußtseins-Trip-Mist, aber es war für die Jungs gut. Wir alle sprachen unsere Probleme offen aus, und nach einer Weile schwand alle Scham. Wir wußten, daß wir alle ähnlich sind, schwarze Jungs, weiße Jungs, Puertoricaner. So etwas gab es nur in Elmwood. Und über die Einstu-

fung entschieden wir Insassen selbst", fuhr Mike fort. „Wenn die Mehrheit sagte, daß du zu einer bestimmten Stufe gehörst, dann war das eben so – eine Volksabstimmung. Nicht das Anstaltspersonal, sondern die Mitinsassen waren vierundzwanzig Stunden pro Tag um einen herum. Die Jungs wußten Bescheid über den Mist, den du angestellt hattest, und sagten: ‚Du hast deine Stufe nicht verdient, weil du dies und das falsch gemacht hast.'
Also bildeten die Gerissenen eine Art Interessengemeinschaft, eine Clique, um das System zu unterlaufen. Zum Glück durchschaute das Betreuungspersonal diese List und legte sein Veto ein gegen eine ganze Latte von höheren Einstufungen, die einige Burschen ihren Kumpels zukommen lassen wollten."
Nach einigen Wochen Sparring mit Tyson begann Stewart zunehmend Schmerzen und aufkommende Müdigkeit zu empfinden. Er war – trotz seiner Boxerfahrungen und -fähigkeiten – Mikes ungestümen Angriffen nicht mehr gewachsen.
„Ich konnte es kaum glauben", sagte Stewart später, „der Junge war extrem stark, sehr klug, und seine Schläge waren wie Pferdetritte."
Stewart nahm sich vor, Cus D'Amato einen Besuch abzustatten, um ihm den Jungen vorzustellen. Da ihm die kompromißlose Art des alten Mannes bekannt war, ließ Stewart seinen jungen Schützling vorher einige harte Trainingsproben absolvieren.
„Aus persönlicher Erfahrung wußte ich, welche physischen und geistigen Eigenschaften Cus in einem Neuling sucht", griff Stewart den Faden der Erinnerung wieder auf. Daher übte er mit Tyson Bewegungen und Schläge, die, so hoffte Stewart, die Aufmerksamkeit des alten Mannes erregen würden. Dazu gehörten vor allem blitzschnelle Meidbewegungen. Um sicher zu gehen, daß sich Cus den Jungen auch wirklich ansieht, rief Bobby seinen alten Lehrer Matt Baransky an, der einer der Assistenten von D'Amato in der Trainingshalle von Catskill war.
Mike und Stewart führten ihren Plan dann dort auch durch, dreißig Meilen nördlich von Albany. Die schwierigste Hürde war, Cus zu überzeugen, daß Mike wirklich erst zwölf war. Cus war überwältigt von der natürlichen Begabung des Jungen und von seinen Fähigkeiten im Ring, und er entwickelte seinen eigenen Plan, dessen Vollendung er allerdings nicht mehr erlebte.
„Wenn Sie ihn bei mir lassen", sagte Cus dem Boxtrainer von Tyron, „mach ich den Jungen reich und glücklich. In wenigen Jahren wird er Weltmeister im Schwergewicht." Tyson schaute ehrerbietig auf die-

sen weißhaarigen Fremden und wollte nicht glauben, was er da hörte. Nach all seinen Erfahrungen war es nicht leicht für Mike, jemandem zu vertrauen, dazu noch einem weißen Außenseiter mit einem italienischen Namen. „Vertrauen“ gehörte nicht zu Tysons Vokabular, und in seiner Welt gab es nur wenig Kontakt zu Weißen.

Cus, ein kluger Beobachter, verstand die abwartende Haltung des Knaben. Aber er wußte auch, daß dieser Junge eigentlich keine Wahl hatte: Er konnte das Angebot annehmen oder weiter in Tryon bleiben.

Unfähig, seine Vorfreude zu verbergen, fing Cus an, alles an Energie und Einfluß einzusetzen, um Mike zu gewinnen. Das dauerte Wochen; ein Wort hier, ein Telefonat dort. Während dieser Zeit blieb der Junge in Tryon, trainierte unter Stewarts Anleitung und wartete ungeduldig auf seine Freiheit.

Camille Ewald war Mike ein paarmal begegnet, und eines Tages fragte Cus sie, was sie denn von dem Jungen halte.

„Ein ganz lieber Bursche“, antwortete sie, „sehr freundlich.“

„Ich werde versuchen, ihn hierzubehalten“, sagte er. „Ich glaube, er wird Weltmeister im Schwergewicht werden.“

Nach langen Wochen bürokratischen Gerangels erteilte die New Yorker Behörde für Besserungsanstalten Tyson die Genehmigung, bei Cus zu bleiben.

„Ich weiß nicht, ob es Zufall war oder nicht“, erzählte mir Camille, „aber in der Woche, in die Mikes dreizehnter Geburtstag fiel, kam er zu uns.“ Doch weitere fünf Jahre vergingen, bevor Cus die Vormundschaft über Mike übertragen wurde.

Ein Jahr, nachdem Mike in das Haus gekommen war, erinnert sich Camille, malte ein Freund der Familie ein Bild des Jungen und gab es ihr. „Cus gefiel es so außerordentlich, daß er es mit der Inschrift ‚Der nächste Weltmeister im Schwergewicht‘ versah und mir sagte: ‚Zeig es Mike, wenn er die Krone nach Hause bringt‘.“

4. Kapitel

Im Jahre 1950 hatte Cus D'Amato den jungen Floyd Patterson aufgenommen. Er brachte ihm so viel bei, das der die Goldmedaille im Halbschwergewicht bei den Olympischen Spielen 1952 in Helsinki erkämpfte. 1956 wurden seine anspruchsvollen Ausbildungsmethoden erneut von Erfolg gekrönt, als Patterson der jüngste Schwergewichts-Weltmeister in der Geschichte des Profiboxens wurde.
Nur ein Jahr später, als Puerto Rico noch immer die Silbermedaille feierte, die ich bei den Olympischen Spielen 1956 in Melbourne gewonnen hatte, kam ein Nachbar zu mir mit einer Zeitungsmeldung: „Cus D'Amato interessiert daran, Torres' Manager zu werden". Eine Woche später flog ich mit meinem Vater nach New York und wurde in D'Amatos „Stall" aufgenommen. Zwanzig Jahre alt war ich damals. Bevor Gus zu verhandeln begann, machte er mich mit dem Weltmeister bekannt. Nachdem ich Patterson kennengelernt hatte, war ich mit Cus schnell einig. Eine schriftliche Vereinbarung hielt er nicht für nötig – ich könne seine Schule jederzeit verlassen.
„Solltest du je das Gefühl haben, ich mache die Sache nicht richtig", sagte Cus, „brauchst du nur deine Sachen zu packen und zu gehen." So einfach war das. Wir haben nie auch nur ein Stück Papier unterzeichnet!
Mein Wandel vom Amateur zum Profi vollzog sich dort, wo dies seinerzeit auch mit Patterson geschah, nämlich im Gramercy Gym, wo Cus mit seinem deutschen Schäferhund glücklich zusammen lebte (Camille Ewald, die es vorzog, nicht im Scheinwerferlicht der Öffentlichkeit zu stehen, lebte im Norden des Staates).
Eine der vielen seltsamen Eigenschaften von Cus war seine Abneigung gegen üppigen Lebenswandel. Er war kein religiöser Mensch, aber er war davon überzeugt, Geld sei eine Erfindung des Teufels. Gene Fowlers Wort „Geld ist etwas, was man hinten aus einem fahrenden Zug hinauswirft" war einer seiner Lieblingssprüche. Was er durch den Boxsport verdiente, investierte er gleich wieder in den Boxsport. Er half jungen Boxern mit bescheidenem Talent, lieh in fi-

nanzielle Schwierigkeiten geratenen Ex-Meistern Geld und zahlte über fünfunddreißig Jahre die Miete für die alte Gramercy-Turnhalle.

1979 war sein Blick auf den nächsten Kandidaten gerichtet. Er hatte geschworen, noch einen Jungen bis an den Punkt zu führen, den Patterson und ich erreicht hatten. „Dieser junge Tyson kann einfach nur gewinnen", sagte er immer wieder, als der Junge Tag für Tag besser wurde. „Du mußt ihn im Auge behalten, der schafft es bis ganz oben."

Der junge Tyson war sich seiner Sache nicht so sicher.

„Vom ersten Augenblick an zweifelte ich an Cus, aber irgendwie vertraute ich Camille von Anfang an."

Mehr als fünfundvierzig Jahre lang war Camille Ewald Cus' Lebensgefährtin. Diese blasse Ukrainerin, die dreiundsiebzig Jahre alt war, als sie Tyson kennenlernte, unterstützte Tysons Ausbildung tatkräftig.

Mikes neues Zuhause war ein großes, im englischen Stil um die Jahrhundertwende erbautes Haus mit sieben Schlafzimmern. Das prächtige weiße Haus stand am Ufer des Hudson zwischen Athens und Catskill. Mike sah sein neues Heim und nannte es „ein Schloß". Nur zwei Meilen waren es bis zur Turnhalle, die sich in der oberen Etage des Polizeireviers in der Main Street in Catskill befand.

Die neue Lebenslage veränderte Mikes Leben radikal. „Das ist jetzt auch dein Haus, und du mußt darauf aufpassen und es bis aufs letzte verteidigen", sagte Cus zu Mike.

Camille war sich vollauf bewußt, daß die Erziehung von Mike viel Energie und Geduld erfordern würde. „Nach einigen Tagen mit Mike sagte sie: „Es wird nicht einfach sein, Mike geradezubiegen, aber ich habe viel Vertrauen in Cus. Er lebt sein Leben in der Überzeugung, daß jedes Problem lösbar ist."

Weder Mikes Schwester Denise noch sein älterer Bruder Rodney oder seine Mutter Lorna hatten bis dahin eine Lösung gefunden.

Mike Gerard Tysons boxsportliche Erziehung bestand im wesentlichen aus physischen Übungen und vielen Gesprächen mit Cus. Mike vertrug das nicht ohne zumindest phasenweise Frustration. Er arbeitete unter der Anleitung eines Mannes, der von ihm Schwerstarbeit und Perfektion erwartete – keine leicht zu erfüllende Forderung für einen Jungen, der gewohnt war, seine eigenen Wege zu gehen. Da Mike an das häusliche Leben gewöhnt werden mußte, enthielt sein vielfältiger Unterricht auch das Fach »Zähmung«. Es war nichts

Neues für den alten Mann; seit Jahren arbeitete er daran, jungen Männern Disziplin beizubringen.
Jeden Abend verwickelte Cus den Jungen in ausgedehnte Dialoge mit dem Ziel, seine Intelligenz zu prüfen. Boxtechnik war dabei kaum Thema, denn Cus hielt die Entwicklung der physischen Seite eines Champions in der ersten und letzten Stufe seiner Laufbahn für „nebensächlich". Die ersten Worte, die Cus an mich richtete, als wir uns kennenlernten, waren: „Jemandem beizubringen, wie man zuschlägt und Schlägen ausweicht, ist nicht schwer, das könnte jeder. Sieg oder Niederlage wird nicht durch Kraft, Geschwindigkeit oder physisches Leistungsvermögen, sondern vom Gehirn bestimmt." Er sagte das ohne jedes Lächeln. Er meinte es todernst.
Es war nicht leicht für Tyson, die von Cus gesetzten Prioritäten zu akzeptieren. Der Junge hat sich zwar nie über die abendlichen Gespräche beschwert, es war klar, daß er das Boxtraining der Charakterbildung und der Psychotherapie vorzog. Es bedurfte wenig Ansporns, ihn um fünf Uhr morgens aus dem Bett zu bekommen für den obligatorischen Sechs- oder Siebenmeilenlauf in der ländlichen Hügellandschaft, zusammen mit den anderen. Er verbrachte jeden Nachmittag in der Halle beim Training am Sandsack, an den anderen Geräten sowie mit Seilspringen, Schattenboxen und spezieller Gymnastik. Mikes Trainingseinstellung stimmte Cus ausgesprochen optimistisch. „Wenn er so weitermacht, wird er den Meistertitel eher früher als später erringen", meinte Cus schon nach einigen Monaten. Ich hatte Cus seit Jahren nicht so fröhlich gesehen.
Dieser veränderte Cus amüsierte Camille und Jay. Ein glücklicher Cus D'Amato bedeutete ein glückliches Heim. Nun, da Mike in das Haus gezogen war, schien es so, als wäre die Familie komplett.
„Mike hatte noch nie eine Fledermaus gesehen", amüsierte sich Jay, „und Camille hatte ein Nest voller Fledermäuse an der Wohnzimmerdecke. Sie hätten sein Gesicht sehen sollen, als er sie erblickte. Wir mußten das Nest beseitigen."
„Ja", fügte Camille hinzu, „es gab viele Fledermäuse in dieser Gegend. Wir ließen die Fenster offen, und sie flogen ein und aus. Wir hatten viel Spaß mit ihnen. Das erste Mal, als Mike sie sah, sagte er: ‚Ein Vogel fliegt im Haus herum!' Er war sehr aufgeregt. ‚Mike, was für ein Vogel?' fragte ich, er erwiderte: ‚Er ist schwarz und ganz schnell.'"
Haupttrainer zu dieser Zeit war bei Cus ein ehemaliger Straßenjunge mit einer gestörten Vergangenheit; auch er war von dem alten Mann

auf die gerade Bahn gebracht worden. Er hieß Teddy Atlas, ein ehemaliger Boxer, der genau wie alle anderen durch Cus' Schule gegangen war, wegen einer Augenverletzung aber den Ring aufgeben mußte. Danach vermittelte er die von Cus mit großer Sorgfalt entwikkelten Trainingsmethoden.

Atlas wurde Mike Tysons erster Trainer. Gemeinsam mit dem alten Mann überwachte er jede seiner Bewegungen. Da Cus überzeugt war, Tyson habe wie die meisten Jungen von den Straßen des Ghettos eine Abneigung gegen geistiges Training, beauftragte er Atlas, sich mit ihm intensiver zu befassen.

Seit der Eröffnung des Gramercy Gyms erhielten einige hundert Jungen solch einen Unterricht von Cus. „Nicht jeder von ihnen wurde ein Meister", sagte er, „aber die Boxdisziplin beim Training wird ihnen geholfen haben, das Leben außerhalb des Boxrings besser zu bewältigen." Es war ein Ausnahmefall, wenn ein Junge, der zu Cus in die Lehre kam, seine Ghettomentalität nicht ablegte.

Also machte sich D'Amato daran, Tysons Lebensanschauung zu verändern. Der Junge war zornig, mißtrauisch, wild – gute Eigenschaften für einen Jungen, der es sich in den Kopf gesetzt hat, vom Boxen zu leben. Er sollte aber noch lernen, daß alles zur richtigen Zeit und am richtigen Ort geschehen muß...

„Boxen ist eine Sportart der Selbstbeherrschung", sagte Cus zu Mike. „Du mußt Angst begreifen, um mit ihr umgehen zu können. Angst ist wie Feuer, du kannst es für dich arbeiten lassen: Es kann dich im Winter wärmen, dein Essen kochen, Licht in die Dunkelheit bringen und Energie produzieren. Verlierst du aber die Kontrolle darüber, kann es dir Schaden zufügen oder dich sogar töten. Für außergewöhnliche Menschen ist Angst ein Freund."

Mike hat diese Lektion beherzigt. Nach seinem ersten Profikampf – einem beeindruckenden K.o.-Sieg über Hector Mercedes in der ersten Runde – wurde er von einem jungen Reporter, der für eine kleine Vorstadtzeitung arbeitete, gefragt: „Waren Sie besorgt, als der Gong ertönte und Sie diesen großen Mann auf sich zukommen sahen?"

„Nein, ich war nicht besorgt", sagte Mike. „Ich hatte Angst. Kein normaler Boxer betritt den Ring ohne Angst. Angst ist ein Freund eines jeden guten und denkenden Sportlers." Die Sportjournalisten jedenfalls waren verblüfft.

Eines Abends, als die ritualähnliche Therapie-Lektion vorbei war, ging Mike in sein Zimmer. Er hatte immer noch Schwierigkeiten mit D'Amatos Begriff von Feuer und Angst. Das Telefon klingelte, und Cus nahm den Hörer ab. Mike ging auf Zehenspitzen die Treppe hinunter und hörte, was Cus sagte. Jahre später erzählte mir Mike: „Ich weiß nicht, mit wem er sprach, aber er sagte: ‚Ich habe hier einen Jungen, der ganz nach oben kommen wird. Er ist noch ein Knabe, aber eines Tages wird er Weltmeister im Schwergewicht sein.' Alle waren bereits zu Bett, es hörte also niemand zu. Da sagte ich mir: ‚Dieser Cus spinnt also nicht. Der Kerl meint es ernst.'"
Nach einigen Wochen Training entschloß sich D'Amato, Mike in der Schule anzumelden. Doch schon nach wenigen Schultagen hatte er ein Mädchen geohrfeigt, zwei oder drei seiner Klassenkameraden verprügelt und ein Buch nach einem Lehrer geworfen. Doch immer verteidigte Cus seinen Schützling geschickt und leidenschaftlich.
„Bevor Cus zum Schuldirektor ging", erfuhr ich von Tyson, „schaute er jedesmal in juristische Ratgeber und Gesetzestexte – von Clarence Darrow oder so – um sich gut verteidigen zu können. Derweil betete ich, er möge doch den kürzeren ziehen, damit sie mich aus der Schule rausschmeißen." Das nämlich wollte Mike mit seinen Grobheiten erreichen. „Mich kotzte die verfluchte Schule an. Ich war gut in der Turnhalle."
Immer wenn Cus nach einem Disput mit dem Schuldirektor erfolgreich heim kam, war Mike enttäuscht. „Er benahm sich wie ein verdammter Rechtsanwalt in einem Mordprozeß. Er ging hin und her wie ein hochkarätiger Strafverteidiger, blieb manchmal stehen und zeigte mit dem Zeigefinger auf den Ankläger, als wäre der es, der die Schwierigkeiten verursacht.
Wenn es etwas gab, was Cus mir mehr wünschte als den Meistertitel, dann war es ein erfolgreicher Schulabschluß. Ist das nicht eine verdammte Scheiße? Er wünschte das mehr als den Meistertitel. Wer soll das begreifen?"
Cus hatte auch eine ganz exquisite Schulabschlußfeier für Mike geplant. Die aber fand nie statt. Die Häufigkeit der Besuche D'Amatos beim Direktor stieg mit jeder Woche. Schließlich blieb ihm nichts anderes übrig, als einen Privatlehrer für mich zu engagieren. Die Leute, die D'Amatos Finanzen verwalteten, akzeptierten diese Entscheidung als eine Notwendigkeit; Jim Jacobs und sein Partner Bill Cayton vertrauten dem alten Mann bedingungslos.
Nach einigen Wochen, ausgefüllt mit Gesprächen und Training, be-

gann das ernste Sparring. Es war nun an Mike, die Theorie in die Praxis umzusetzen. Gleichaltrige mit vergleichbarer oder selbst mehr Erfahrung konnten Mike nicht Paroli bieten: Seine Schläge waren zu hart und zu schnell, und er war zu klug – was Cus am meisten schätzte.

Willie Campudoni, dreiundzwanzig Jahre alt, hatte die Muskeln eines gut geschulten Athleten und das Aussehen eines Filmstars. Der Schwergewichtler brachte 172 Pfund auf die Waage, war italienischer und puertoricanischer Abstammung und wohnte mit mir, meiner Frau und meinen zwei Kindern zusammen in Athens. Er besaß den schwarzen Karate-Gürtel. Mike schätzte er als einen gewöhnlichen schweren Jungen ein, als einen Ghettoschläger aus Brooklyn. Campudoni sagte: „Ich glaube, er leidet an dem ‚Napoleon-Syndrom'. Er hat einen Komplex wegen seiner Größe – zu klein für einen Schwergewichtler."

Campudoni nahm sich vor, Tyson als eine Fälschung zu entlarven. „Die Gelegenheit wird sich eines Tages bieten, wenn ich mit ihm sparre." Der Einsneunzig-Hüne konnte überzeugend reden. Einige Monate zuvor waren die Manager der Atari Games von ihm und seinem Auftreten derart beeindruckt, daß sie sich entschlossen, seine Ausbildung bei uns zu finanzieren. So wurde ich sein Manager.

Mike und Campudoni fingen bereits an, sich gegenseitig bei jeder Bewegung zu beobachten. Ungefähr einen Monat später rief mich Cus an, die Zeit für Tyson und Campudoni sei gekommen: „Laß sie miteinander sparren." Zu jener Zeit war ich mit meiner Familie wieder nach New York gezogen, von wo aus ich an den Wochenenden nach Catskill pendelte. „Ich gab ihnen genaue Anweisungen, aber Sie wissen, wie begierig die beiden sind, miteinander in den Ring zu steigen", sagte Cus.

Noch am gleichen Abend rief Cus wieder an. „Sie benahmen sich erstaunlich gut", sagte er, „ich bin stolz auf die beiden. Wissen Sie, wenn Willie sich Mühe gibt, kann er ein guter Fighter werden."

Die Sparringsfähigkeiten der beiden waren viel ausgewogener, als jeder von ihnen einzugestehen bereit war. Die beiden Schwergewichtler waren die Stars des Trainingslagers. Obwohl Kevin Rooney der einzige Preisboxer war, der seinen Lebensunterhalt mit Boxen bestritt, hielten wir es für wenig wahrscheinlich, daß er die Spitze erreichen würde. Sein Interesse am Boxsport begann bereits nachzulassen, und Cus fing feinfühlig an, ihn auf eine Trainerlaufbahn vorzubereiten.

Mike und Willie sparrten fast jeden Tag, dabei lernten die beiden voneinander. Einen Monat später besuchte ich das Lager und beobachtete den jungen Mann und den Jungen in der Halle beim Sparren, beim Üben an den Boxgeräten sowie beim Seilspringen und Schattenboxen. Als ich sah, mit welcher Gewalt Mike auf den schweren Sandsack einschlug, wie er sich zur Seite bewegte und erneut darauf einschlug, wurde mir bewußt, wie außerordentlich schwierig es sein würde, diesen Hieben, die mit einer vorschlaghammerartigen Wucht auf dem Sandsack landeten, standzuhalten.
Ich schüttelte ungläubig den Kopf.
D'Amatos Generalplan bestand darin, Tyson weit außerhalb von New York City in der Amateurrangliste eintragen zu lassen, obwohl sein erster echter Kampf in Bronx stattfinden sollte. Würde man Mike in einem der Boxprogramme von New York City eintragen, müßte er gegen jeden beliebigen Boxer antreten, den die Mühlen der Bürokratie dafür vorgaben. Dem Zufall derart ausgeliefert zu sein, war für Cus unerträglich. Die Auswahl von Mikes Gegnern sah er allein in seiner Verantwortung. Daher zog er es vor, Mike an Orten nördlich der Großstadt boxen zu lassen sowie in Kleinstädten und Ortschaften der angrenzenden Staaten Massachusetts und Connecticut, wo es weniger Boxveranstaltungen und die Überwachung weniger streng war. Dort konnte er Mike Tysons Interessen besser vertreten – auf seine Weise.
Die ersten Siege über Unbekannte bei „inoffiziellen“ Wettkämpfen stärkten Mikes Selbstvertrauen und seine Kampflust außerordentlich, und er lernte, unter Druck zu agieren. Training in der Halle ist halt nur Übung. Trainingsleistung und Wettkampfleistung sind ganz verschiedene Dinge; nicht selten klaffen sie weit auseinander. Cus D'Amato war sich dessen stets bewußt, zumal das den Unterschied zwischen Wettkämpfen im Amateur- und im Profibereich betraf.
Er behauptete oft: „Amateurwettkämpfe werden durchgeführt, um festzustellen, wer der beste Boxer zu einem bestimmten Zeitpunkt ist. Es macht nichts, wie sich die Gegner im Ring benehmen, solange sie die Regeln nicht verletzen. Ein Amateur kann einfach zuschlagen und wegrennen, zuschlagen und wegrennen, und viele machen das und gewinnen trotzdem. Auf der Profi-Ebene bemühen sich die Promoter, die Fans mit einer spannenden Vorstellung zu beeindrucken.“
Was ein Profiboxer dazu an Fertigkeiten braucht, das sollte Mike Gerard Tyson sich systematisch aneignen – darauf arbeitete Cus hin.
Unter D'Amatos Anleitung übersprang Mike Amateurkurse, und

man lehrte ihn statt dessen, wie man zuschlägt, sich im Ring bewegt, sich dreht, Angriffe abblockt und pariert, bis sich all das bei ihm als völlig normale Reaktion manifestiert. Er sollte ein Boxertyp werden, der seinen Gegner im Ring bedrängt und kaum zum Zuge kommen läßt, der überlistet, täuscht und fintet.
Tyson war dreizehn Jahre alt, als er zum ersten offiziellen Boxkampf antrat. Das war in einer Turnhalle in Bronx. Eigentümer und Betreiber war Nelson Cuevas, ein ehemaliger Klubboxer, den Cus früher gemanagt hatte. „Ich mußte die Formulare für Mike ausfüllen", erzählte Atlas. „Als ich angab, daß er dreizehn Jahre alt ist, 172 Pfund wiegt und noch nicht an Kämpfen teilgenommen hätte, lachten die Kerle. ‚Hör auf mit der Alberei, Teddy', sagten sie. ‚Wir lieben dich und alles, aber das geht zu weit.' Die Kerle schauten auf Mike und dachten, ich treibe Späßchen mit ihnen."
Das war nicht Mikes erster echter Kampf. Davor hatte ihn Atlas gegen andere Jungen seines Alters in kleinen Schaukämpfen boxen lassen, die nicht unter der Schirmherrschaft der United States Amateur Boxing Federation standen. Aber der Kampf in Bronx war sein erster offizieller Auftritt. Und den bestand er überzeugend: Er schlug einen vier Jahre älteren Jungen in der dritten Runde k.o. „Er sah aus wie ein kleiner Henry Armstrong", sagte Atlas, womit er den ersten Boxer meinte, der drei Titel gleichzeitig innehatte – Federgewicht, Leichtgewicht und Weltergewicht; das war in den dreißiger und vierziger Jahren – und dessen Stil an einen Panzer erinnerte, der im höchsten Gang aus allen Rohren feuernd vorprescht.
Bald darauf nahm Mike an den Junior Olympics teil, einem Wettkampfprogramm für Kinder, die nicht älter als sechzehn sind. Da gibt es drei Altersgruppen: zehn bis zwölf Jahre, dreizehn bis vierzehn und vierzehn bis sechzehn Jahre. Mike qualifizierte sich in der mittleren Altersgruppe, aber als die Offiziellen ihn sahen, trauten sie ihren Augen nicht und prüften mehrmals Mikes Alter und Erfahrung, während er seine Konkurrenten übel zurichtete. Er wurde zum Buhmann der Junior Olympics. Er war zu stark, zu kräftig und beherrschte zu viele taktische Züge.
Mike Tyson erreichte bei den Junior Olympics 1981 problemlos die Runde der letzten vier im Schwergewicht. Die beiden anderen Boxer im Halbfinale boten einen ziemlich ausgeglichenen Kampf, und als die Entscheidung verkündet wurde, sprangen beide, Sieger und Verlierer, freudig im Ring herum.
Atlas hörte, wie der Verlierer zum Gewinner sagte: „Du denkst, du

bist schlauer als ich, weil du gewonnen hast. Sieh dir mal deinen nächsten Gegner an, das schwarze Tier dort. Herzlichen Glückwunsch!"
Einige der jungen Männer in Catskill waren von Mikes schnellem Aufstieg nicht begeistert. Auch Campudoni nicht, war er doch von einem geachteten Schwergewichtler mit guten Aufstiegschancen zu einem passablen Sparringspartner für Mike geworden, um nicht „abgestiegen" zu sagen.
Eines Abends rief mich Cus an: „Willie hat gezeigt, daß er die Fähigkeit hat, ein guter Fighter zu werden", wobei er nur mühsam sein schelmisches Lachen unterdrückte, „aber die breite Publicity für Mike hat ihn eingeschüchtert. Am Montag landete Mike einen linken Haken auf den Körper. Willie ging unter mächtigem Getöse zu Boden. Am Dienstag traf ihn Mike mit einer Rechten am Kopf, Willie ging zu Boden und blieb eine ganze Weile liegen, sich über den Schlag beschwerend. Gestern landete Mike eine gerade Linke – es war kein starker Schlag, doch Willie ging erneut zu Boden. Aber das ist noch nicht alles. Heute Nachmittag verfehlte Mikes rechter Kinnhaken Willies Kinn um zehn bis fünfzehn Zentimeter, doch Willie ging zu Boden. Du solltest mal herkommen und mit ihm sprechen."
Am nächsten Tag fuhr ich nach Catskill und ging unangemeldet in die Trainingshalle, wenige Minuten bevor Tyson und Campudoni miteinander zu sparren anfingen. „Hallo", grüßte mich Willie, „was gibt's Neues?"
„Ich hab' für dich einen Kampf organisiert", antwortete ich, „wir müssen miteinander reden."
„Ja", sagte Willie, bevor ihm ein Betreuer ein Mundstück in den Mund schob und gleich darauf der Gong ertönte. Tyson ging auf Willie zu, und ich sah drei wunderbare Übungsrunden zweier großer Boxhoffnungen, wobei der eine etwas überlegen, beide aber ausgezeichnet waren. Cus schaute mich an und schüttelte ungläubig den Kopf. „Eine Metamorphose", stammelte er. „Und glaub mir, Mike sah gar nicht so schlecht aus." Im Klartext: Willie sah gut aus.
Am gleichen Abend hatten Willie und ich ein langes Gespräch. Er sagte, er müsse sich entspannen. „Ich muß nach Hause und einiges durchdenken."
„Aber du sahst heute gut aus", versicherte ich.
„Ich fühl mich hier nicht wohl", sagte er, dabei fast jedes Wort betonend. „Jedesmal, wenn wir gemeinsam essen, nervt mich dieser verdammte Mike Tyson. Er weiß, daß ich gern Schenkel esse, wenn Camille Huhn mit Spaghetti serviert. Wissen Sie, was dieser Schweine-

hund tut? Er wartet, bis ich nach einem Schenkel greife, und schnappt ihn mir vor der Nase weg. Dann sagt mir dieses Miststück: ‚Morgen werden wir boxen.' Er sagt mir das, während er Spaghetti einsaugt. Wissen Sie, was in mir vorgeht, wenn er das tut? Ich sag Ihnen die Wahrheit: Ich bekomme Dünnpfiff auf der Stelle.
Und ich sage Ihnen noch etwas, ich fang an, diesen … Ledergeruch zu hassen."
Eine in Leder verpackte Faust sollte nie wieder Willie Campudonis Nase berühren. Er war nicht der einzige Fighter, dessen Laufbahn im Ring durch Mikes Schlagkraft vorzeitig endete.

5. Kapitel

Mike Tyson war nicht unschlagbar. D'Amatos Boxunterricht und der von Atlas zielte darauf ab, ihm zu einer erfolgreichen Profilaufbahn zu verhelfen. Paradoxerweise schadete ihm das bei Amateurkämpfen, wo Täuschung und Finten – zwei Hauptbestandteile von D'Amatos Boxkunst – kaum von Nutzen waren.

Es gab einen weiteren Unterschied zwischen Amateur- und Profiboxen, der dazu führte, daß Mike seine erste Niederlage erlitt. Amateurwettkämpfe sind auf drei Dreiminutenrunden oder fünf Zweiminutenrunden begrenzt – eine Zeit, die kaum dazu ausreichte, seine geistige Überlegenheit auszuspielen.

Im November 1981 trat Mike in Rhode Island gegen den erfahrenen Amateurboxer Ernie Bennet an. Da Mike erst fünfzehn Jahre alt war, konnte der Kampf nicht als offizieller Wettbewerb ausgetragen werden. Mike hatte einen Gewichtsvorteil von knapp sieben Kilo. Der Fight war ausgewogen und nicht leicht zu bewerten. Mike setzte Bennet mit unbarmherzigem Tempo zum, bombardierte ihn aber nur sporadisch, während Bennet sich geschickter bewegte und Tyson ständig mit leichten Jabs bearbeitete, die ihn kaum störten. Die Punktrichter sahen Bennet als Sieger.

„Der Kampf war sehr ausgeglichen", urteilte Teddy Atlas, „aber meiner Meinung nach lieferte Mike einen großartigen Kampf, besonders in Anbetracht der langen und erfolgreichen Laufbahn seines Rivalen."

Das war der einzige von einundzwanzig Kämpfen, den Mike unter der von Atlas sorgfältig überwachten Ausbildung verlor.

Mike war vor diesem Kampf sehr nervös, und er merkte selbst, daß er seine Angst nicht unter Kontrolle hatte. Auch Monate später gab es eine ähnlich dramatische Situation, in der es Mike wiederum mit der Angst zu tun bekam, als er seinen bei den Junior Olympics gewonnenen Titel verteidigen mußte. Einige Minuten vor seinem Kampf gegen Celton Brown bekam Mike einen Angstanfall. Er begann zu schluchzen und seinen Trainer Atlas zu umarmen, bevor er die

Kampfarena in Colorado Springs betrat. Eine Fernsehkamera hielt diese Episode damals für die Nachwelt fest.

„Keiner wird mich mögen, wenn ich verliere", klagte Mike und verbarg sein Gesicht an Teddys Schulter. Der Rest seiner Worte ging in heftigem Schluchzen unter.

Teddy beruhigte ihn: „Du hast es schon hundert Mal geschafft in unserer Halle in Catskill." Allmählich bekam er seine Angst unter Kontrolle, riß er sich zusammen, und seine Angst wurde zu gezähmter Wut. Er schlug seine Boxhandschuhe aneinander und machte sich auf den Weg zum Ring in der für Brooklyn typischen, einseitig tänzelnden Gangart. Tysons Tränen waren noch nicht getrocknet, da war Brown bereits vernichtend geschlagen, und das in der ersten Runde.

Bald darauf, nach einem Streit mit Cus, verließ Teddy Catskill. Ohne viel Zeit zu verlieren, betraute D'Amato Kevin Rooney mit Mikes weiterer Ausbildung. Mike machte Fortschritte. Nach einigen weiteren unbedeutenden Siegen fuhren Mike, Cus und Rooney nach Birmingham, New York, wo Al Evans Tyson in der zweiten Runde mit einer Kombination linker Haken – rechter Cross zum Kopf traf. Mikes Knie wurden weich, was den Kampfrichter veranlaßte, die Boxer zu trennen und den Kampf für beendet zu erklären. Das war Mikes erste und einzige Niederlage, die er durch eine kurze leichte Ohnmacht hinnehmen mußte, obwohl dies nur als technischer K. o. gewertet wurde. Mike war nicht verletzt, aber in seinem Alter hätte ihn kein Amateurkampfrichter einer weiteren, unnötigen Gefahr ausgesetzt.

Cus war von der voreiligen Entscheidung des Kampfrichters nicht erbaut, hatte aber Verständnis dafür. Er und Rooney waren trotz Mikes Niederlage mit dessen Leistung zufrieden.

„Er hatte den Burschen unter Kontrolle, bevor er den Kampf verlor", meinte Cus.

„Es war eine wichtige Erfahrung", fügte Rooney hinzu, „sie wird ihm helfen, ein besserer Fighter zu werden."

Tyson setzte seine Siegesserie bei den Junior Olympics auf Landesebene fort, wobei er die meisten seiner Gegner k.o. schlug. Daneben zwang er Erwachsene in illegalen Kämpfen in die Knie. Aber diese Siege machten es schwer für Cus D'Amato, Mikes Überlegenheit geheimzuhalten. Mikes Ruf als „wildes Tier" wuchs und verbreitete sich in Boxsportkreisen wie ein Buschfeuer. Viele Trainer begannen bereits, ihre Jungen von Turnieren fernzuhalten, um Begegnungen mit diesem unheimlichen Burschen zu vermeiden.

Mike war bereit, gegen die besten Amateur-Schwergewichtler anzutreten, aber D'Amato konnte für ihn keine Sparringspartner finden. Er entschloß sich, seine Mäzene Jacobs und Cayton um Rat zu bitten.

„Wir brauchen Sparringspartner", flehte er Cayton an. Sogar die Sparringspartner des Schwergewichtlers Larry Holmes weigerten sich, nach New York zu kommen und mit dem Teenager zu sparren. Sie wollten mehr Geld, als Holmes bereit war zu zahlen.

„Wieviel wollen die?" fragte Cayton D'Amato.

„Eintausend die Woche... jeder."

Diese Freischärler waren die einzigen, die bereit waren, gegen Mike anzutreten. Er benutzte 20-Unzen-Handschuhe, während seine Sparringspartner normale 14-Unzen-Handschuhe trugen.

„Keiner kann etwas gegen ihn ausrichten", berichtete D'Amato Cayton.

Cayton, im Laufe der Zeit durch D'Amato mit vielen Raffinessen des Boxsports bestens vertraut, zögerte nicht, die zusätzlichen Kosten zu übernehmen. Jacobs, der sein Metier ebenfalls gründlich beherrschte, hatte einen kleinen Stall von Boxern, darunter den Weltergewichtsmeister Wilfredo Benitez und Edwin Rosario, Meisteranwärter im Leichtgewicht. Beide Partner wußten, daß Mike kein gewöhnlicher Kandidat war.

„Jimmy (Jacobs) und ich würden nie zögern, Cus alles zu geben, was er verlangt", sagte Cayton später. „Wir wußten ja, wie sparsam und vorsichtig er mit Geld umgeht."

Den meisten Schätzungen zufolge hatte Mike damals zweiundfünfzig Amateurkämpfe hinter sich, von denen er fünf verloren hatte, einen davon durch technischen K. o. „Keiner weiß genau, wie viele Kämpfe es wirklich waren", meinte Bruce Silverglade, Landesbeauftragter für die Junior Olympics, „da Cus D'Amato mit ihm viele Gebiete im Norden des Staates New York sowie in Massachusetts, Connecticut und einige Sporthallen in der Bronx, in denen es keine offizielle Überwachung gab, bereiste und ihn an nicht legalisierten Boxveranstaltungen teilnehmen ließ."

Anfang 1983 erreichte Mike ein neues Niveau. Wie viele Amateure haben schon Sparringspartner, die eintausend Dollar pro Woche verdienen? Diese beiden Boxgehilfen kamen mit einem Rucksack voller Weisheiten über Selbstverteidigung und mußten feststellen, daß sie damit gegen den Teenager nichts ausrichten konnten, wenn der mal richtig loslegte. Sogar die besten Preisboxer, die auch Schwierigkeiten hatten, Sparringspartner zu bekommen, pilgerten bald nach Catskill, um dort kostenlos zu üben. Darunter befand sich der Meister im Halbschwergewicht Carlos de Leon – „Ich vermisse meine Familie in Puerto Rico zu sehr“, sagte er nach nur zwei Tagen mit Mike – und Carl „the Truth“, Williams, der meinte: „Gegen diesen Jungen werden wir sehr, sehr bald antreten müssen.“

In dieser Zeit rumorte die Vergangenheit wieder in Mike. Irgendwie zog es ihn zurück in jene Zeit der Ungebundenheit. Obwohl sich seine Leistung von Tag zu Tag verbesserte, wurde er von einem Gefühl der Fremdheit geplagt, empfand er Stagnation und sein derzeitiges Leben frustrierend.

„Ich bin nun mal kein gutaussehender Bursche“, vertraute er D'Amato in einer abendlichen Therapiesitzung an.

„Mike“, erwiderte D'Amato, „ich werde dir einen Baseballschläger kaufen, damit du alle Frauen vertreiben kannst, die darum betteln werden, mit dir zusammensein zu dürfen.“

D'Amato kaufte Mike einen Baseballschläger, und obwohl Mike in den nächsten Jahren oft Anlaß gehabt hätte, ihn zu benutzen, stellte er bald fest, daß es Angriffe gibt, die er gar nicht abwehren wollte.

Eines Tages packte Mike seine Sachen und fuhr nach Brownsville. Vier Tage nach Mikes Verschwinden rief mich D'Amato an. Keiner wußte, wo er war. Angeblich wollte er zum Wochenende seine Mutter besuchen und in zwei Tagen zurück sein.

„He, mach keine Panik“, sagte Mike zu D'Amato, als er am Dienstag zurückkam. „Ich hab doch nichts Schlimmes angestellt, ich hab bloß meine Familie und meine Freunde besucht. Wenn du mir öfter gestatten würdest, meine Mutter und meine Familie zu sehen, hättest du keinen Grund zur Sorge.“

Einige Tage später. D'Amato, Camille und ich saßen unten im Wohnzimmer, abends, es war noch nicht mal acht Uhr, und wir unterhielten uns. Mike war in seinem Schlafzimmer oben, wo er sich Boxfilme ansah. Die anderen Jungens waren in die Stadt gegangen. Nur Hector Espada war noch im Haus, ein Leichgewichtstalent aus Puerto Rico.

„Ich weiß nicht“, sagte Camille, „aber das war nun schon das zweite Mal, daß Mike in der Stadt war und wie verwandelt zurückkommt. Er spricht anders. Er benimmt sich seltsam.“ D'Amato legte seine rechte Hand ans Ohr, um besser hören zu können, und starrte vor sich hin. „Mir gefällt das gar nicht“, fuhr Camille fort.

Hector schaute herein und lächelte. Ich vermutete, daß er etwas wußte, was wir nicht wußten. Später fuhren Hector und ich nach

Athens, und ich erzählte einige Witze, um ihn aus der Reserve zu locken. „Ich nicht wissen, wohin Mike gehen und was machen, ich nur wissen, er kein Engel“, sagte Hector in seinem taufrischen Englisch. „Er raucht Joints und trinkt Bier“, diesmal in klarem Englisch, „und das oft.“

Hector ist in Ponce, Puerto Rico, groß geworden, und ebenso wie Mike war er Drogen und Alkohol ausgesetzt, bevor er damit aufhörte und sich dem Boxsport zuwandte. Ich half, Hector zu managen, der manchmal bei mir zu Hause in Athens blieb. Wie bei D'Amato galten auch bei mir strikte Hausregeln: auf dem Gelände weder Frauen noch Drogen noch Alkohol. Ich sagte meinen Sportlern: „Wer gegen diese Regeln verstößt, ist draußen.“ Ob sie die Regeln tatsächlich einhielten, habe ich allerdings nie nachgeprüft.

Einige Wochen danach bekam ich einen anonymen Hinweis, daß es in meinem Haus Aktivitäten gäbe, die für Boxer schädlich sind. Darauf machte ich einen Überraschungsbesuch und entdeckte tatsächlich mehrere leere Schnapsflaschen, eine Frau und Marihuanazigarettenkippen. Ich gab den beiden – einer von ihnen war Hector – den Laufpaß und machte einige Tage später den Laden für immer dicht. Ramona, meine Frau, weinte; sie mochte Hector.

Als ich das D'Amato erzählte, bat er mich nachzuforschen, ob auch Mike damit zu tun hätte.

„Ja“, bestätigte Hector, „Mike kifft Marihuanazigaretten wie verrückt. Mehr als wir alle zusammen. Er trinkt auch wahnsinnig viel Bier. Und wenn er in die Stadt geht, wird er wild; das ist die Wahrheit, du kannst es mir glauben.“

Darüber informierte ich D'Amato, nicht um Mike zu schaden, sondern um ihm zu helfen. „Ich glaube, die Zeit ist gekommen, dieses Problem anzupacken“, sagte ich, „der Junge muß damit konfrontiert werden.“

Cus schien meine Meinung zu teilen. Danach fiel mir auf, daß Mike anfing, sich in der Nähe des Hauses aufzuhalten und Boxsportbücher und -illustrierte zu lesen.

„Es gab eine Zeit, da versuchte Cus mich aus dem Haus zu werfen“, erzählte mir Mike am Abend vor dem Spinkskampf. Robin Givens, seine Frau, war mit ihm nach Atlantic City gekommen. „Zuerst überzeugte er mich“, fuhr er fort, „mein ganzes Tun und Denken auf das Boxen zu konzentrieren. Das tat ich auch. Dann änderte er seine Meinung. ‚Geh hinaus und such dir eine Freudin‘, empfahl er mir. Ich dachte, er will mich verarschen. Er war doch immer gegen jegliche

Ablenkung, warum sollte ich mir plötzlich ein Mädchen holen? Sind Frauen etwa keine Ablenkung?“

Mike überlegte einen Augenblick. „Weißt du, als ich fünfzehn oder sechzehn war, wollte Cus, daß ich Angie, eine Freundin, die ich damals hatte, heirate. Sie war ein sehr liebes, kluges Mädchen. Robin erinnerte mich sehr an sie. Daher weiß ich, daß Cus Robin gemocht hätte. Er mag diesen Typ – gescheit, nicht naiv. Ein Mädchen, das um ihren Mann kämpfen würde. Genau wie deine Frau Ramona. Er sagte: ‚Mike, ich glaube, du solltest sie heiraten‘, worauf ich antwortete: ‚Glaubst du, das ist eine gute Idee?‘ Dabei dachte ich: ‚Bist du denn total verrückt?‘ “

Mike erzählte Camille, was ihm D'Amato geraten hatte. Sie sah das anders: „Sei vorsichtig, vertrau den Frauen nicht und hör um Gottes willen nicht auf Cus, gleich irgendwen zu heiraten. Geh aus mit so vielen Mädchen wie du willst, und dann such dir die beste aus.“

Als D'Amato eines Tages Mike den Rat gab, sich für *ein* Mädchen zu entscheiden, konterte Mike: „Camille meint, ich soll mit vielen Mädchen ausgehen.“

Mike lachte, als er darüber nachdachte. „Mann, Cus wurde absolut verrückt. ‚Camille, komm sofort mal her!‘, schrie er. ‚Stopfe Mikes Kopf nicht mit derartigem Unsinn voll, von wegen mit vielen Mädchen ausgehen!‘ “

„Weißt du“, fuhr Mike fort, „Angie war meine erste Freundin, aber das Boxen veränderte mich... Ich war nicht mehr nett zu ihr, ging auch mit anderen Mädchen aus, und Cus erboste das. Er sagte: ‚Du wirst dich noch ins Unglück stürzen. Wenn man schon ein Mädchen hat und dann anfängt, sich mit anderen herumzutreiben, den großen Mann zu spielen, und das erste Mädchen sitzenläßt, dann stimmt etwas mit deinem Charakter nicht.‘ Ich solle mich ändern, meinte er. Und weißt du was? Er hat meine Einstellung geändert; eine Zeitlang ging ich nicht mehr mit einem anderen Mädchen aus.“

Augenrollend brach er in Gelächter aus.

„Das ist weit hergeholt, aber die Wahrheit ist, wenn Cus noch leben würde und Robin kennengelernt hätte, Mann, das wäre der Gipfel. Er würde immer auf ihrer Seite stehen. Er hätte Robin aus dem gleichen Grunde gemocht wie Angie: Sie hat Mumm.“

Leider dauerte der spartanische Lebenswandel, den Cus Mike verordnet hatte, nicht lange an. Sechs Monate später durfte Mike seine Familie in Brooklyn besuchen. Cus hielt Camilles Sorgen über diese Abstecher für verrückt und unbegründet.

„Wenn er bloß gewußt hätte“, gab Mike zu, „was für ein verhätschelter Balg ich war. Ich konnte alles von Cus haben, was ich wollte, und ich hatte ein großes Zimmer in einer wunderschönen Villa. Ich find’s komisch, wenn die Leute sagen, ich hätte ein schweres Leben gehabt. Als Kind hatte ich ein schweres Leben, aber ich war so jung damals. Nachdem ich Cus kennengelernt hatte, führte ich das Leben eines reichen Jungen. Ich war ein ganz verwöhnter Bursche, das ist mir völlig klar, noch dazu mit den Erfahrungen eines verwöhnten Jungen aus einer reichen sowie aus einer armen Familie. Ich wurde hier wie da verwöhnt.

Einer, der gern bei Mikes Trinkgelagen mitmachte, war Rory Holloway, ein pausbäckiger, introvertierter Junge, vier Jahre älter als Mike. Geboren in Hartford, Connecticut, und aufgewachsen in Albany, arbeitete er als Betreuer im Berkshire Farms Juvenile Detention Center, einer Jugendhaftanstalt bei Albany, mit einem Gehalt von 12000 Dollar jährlich, als er Mikes Bekanntschaft machte. Sie lernten sich über Rorys jüngeren Bruder kennen, damals Mikes bester Freund.
„Damals saß ich fast immer in einem Hinterzimmer zu Hause vor dem Fernseher“, sagte Rory. „Und jedesmal, wenn Mike meinen Bruder Todd besuchte, hat er mich da sitzen sehen. Eines Tages sagte er zu meiner Mutter: ‚Ma’am‘ – meine Mutter nannte er immer Ma’am‘ –, ‚was ist mit dem Jungen los? Warum sitzt er immer im Dunkeln?‘ Und meine Mutter antwortete: ‚Er ist nun mal ein ruhiger Junge. Er macht nicht viel.‘ “
Dann fing Todd an, mit einem Mädchen auszugehen, und Mike freundete sich mit mir an. „Er besuchte uns fast täglich“, sagte Rory, „und holte mich aus der Wohnung raus. ‚Ma’am, Rory sitzt immer zu Hause. Ist er krank oder was?‘ So war das mit uns.“
Mikes Treffpunkte in Albany und Catskill, die sie gemeinsam aufsuchten, ließen bei Rory Zweifel aufkommen, ob Mike der richtige Freund für ihn war. „Ein wilder Typ“, sagte Rory, „war Mike... ein wilder Typ! In solchen Absteigen wie *September’s* und *The Playroom* hieß es: ‚Mit Mike ist nicht zu spaßen.. Wehe dem, der sich mit ihm anlegt!‘ Ich fragte mich: ‚Wer ist dieser fürchterliche Bursche?‘ Ich sah ihn jeden Tag, und ich hatte Angst vor ihm – nicht wegen dem, was er tat, sondern wegen seines Rufes. Aber er war sehr nett zu mir. Ich hörte auf zu zweifeln, und wir wurden gute Freunde.“
Mike hatte zwar keinen Führerschein, aber er lieh sich öfter einen al-

ten Wagen von einem Nachbarn aus. Meist kam er dann zu Rory, warf ihm die Schlüssel zu und sagte: „Fahren wir." Sie besuchten Klubs und Bars, Orte, wo der Eintritt für Jugendliche unter achtzehn nicht gestattet war. Mike war erst sechzehn. „Da Mike so groß war", sagte Rory, „hat man ihn auch in *The Playroom*, wo man es mit der Kontrolle eigentlich sehr genau nahm, nie nach seinem Alter gefragt. Wir fuhren oft dorthin. Mike bestellte Bier. Er trank gern Bier. Dann wurde er wild. Schon nach einem Bier fing er an, laut zu werden. Dann rief er den Mädchen irgendwelchen Stuß zu wie: ‚He, Baby, he, komm mal her.' Dabei wollten sie mit ihm gar nicht reden. Einige nannten ihn ‚Großkopf' oder ‚Fettboy'. Ein Mädchen sagte mal zu ihm: ‚Du stinkst.' Da regte sich Mike dann echt auf und sagte etwas wie: ‚Ich trete euch allen in den Arsch. Wenn ich erst Champ bin, werd ich's euch zeigen!'"

Rory war sehr beeindruckt von Mikes Hilfsbereitschaft. „Sobald sich ein Typ an Mike ranmachte, wurde er verwundbar", sagte Rory. „Mike ließ sie in ein Auto steigen und fuhr mit ihnen herum. Oft sogar, weil er sich, wenn er mich zu Hause nicht antraf, jemand anderen holte, mit dem er dann in der Gegend herumkutschte. Diese Leute taugten nichts, sie beeinflußten Mike negativ, sie nahmen Drogen und Crack.

Rory bereitete das Sorgen, und er wollte ihn beschützen. „Ich ging zu ihm", so Rory, „und sagte: ‚Mike, du darfst das nicht tun, du darfst das einfach nicht tun.' Ich war wie Mikes Aufseher. ‚Mike, diese Kerle sind Arschlöcher. Du kannst zu ihnen freundlich sein, aber treib dich nicht mit ihnen herum – geh ihnen aus dem Weg.'"

Als Rory dann sein schlimmstes Erlebnis mit Mike schilderte, war ihm – an seinen Augen und seinen Gesten – anzusehen, wie stark die Bindung zwischen ihnen war. Eines Abends waren sie mit zwei Mädchen ausgegangen, und Mike hat sich mit Bier vollaufen lassen.

„Ich werde diesen Abend nie vergessen", sagte Rory. „Als Mike dann sternhagelvoll war, versuchte ich, ihn in seinen Wagen zu kriegen. Er zerrte an mir, schlug mich und schimpfte: ‚Bring mich nicht nach Hause, du Arsch, willst wohl Prügel?' Ich bugsierte ihn in den Wagen und wir fuhren eine Weile umher. Da erinnerte er sich plötzlich an die Mädchen: ‚Wir müssen aussteigen und sie holen!'

Als ich an einer Ampel halten mußte, lief er davon. Ich stieg auch aus und lief ihm hinterher. ‚Sei doch vernünftig, Mike', flehte ich ihn an. Er aber lief weiter und rief: ‚Zieh Leine, du Scheißkerl, du fährst mich nicht nach Hause.' Dann stürmte er in einen Lebensmittelladen, in dem er einige Mädchen entdeckt hatte, und scheuchte die vor ihm Flüchtenden durch den Laden. Die Besitzerin wollte ihn beruhigen, bat ihn, den Laden zu verlassen. Wissen Sie, was Mike da sagte? ‚Eines Tages werd ich diesen Scheißladen kaufen.‘ Um ihn etwas zu ernüchtern, stellte ich einen Becher Kakao aufs Armaturenbrett, nachdem ich ihn mit großem Aufwand in den Wagen gesetzt hatte. Als ich dann Gas gab, fiel der volle Kakaobecher auf seinen Schoß, und er wachte nicht einmal auf, so besoffen war er.“

Mikes Dämonen zerrten an ihm, und er schien nie den Versuch zu machen, sich aus ihrem Griff zu befreien. Aber er hatte große Träume.

„‚Nur du und ich, Mann‘“, erinnert sich Rory an Mikes Pläne für ihre gemeinsame Zukunft. „‚Eines Tages bin ich reich, und wir brauchen uns dann von keinem etwas bieten zu lassen.‘ Das sagte er vor seinem ersten Profikampf. Es war ein kalter Januartag, und ein Schneesturm tobte durch die Straßen. Wir hatten einen Mietwagen ausgeliehen von einem Typ, der uns immer den gleichen Wagen spottbillig vermietete. Der normale Preis war wohl einhundert Dollar pro Woche, aber mir gab er ihn für die Hälfte.“

Das Auto hatte große Löcher, und Fußmatten hatte es auch nicht. Dafür hatte es ein verrostetes Kassettendeck, das wir cool fanden“, sagte Rory. „Das Auto war ein Stück Scheiße, es war keine zehn Cent wert, aber die alte Kiste hat uns nie im Stich gelassen.“

An besagtem Januartag fuhren Mike und Rory zur Arbeit, es war eine Fahrt von etwa vierzig bis fünfzig Minuten.

„Wir kamen in einen Schneesturm“, erzählte Rory. „Der Schnee kam von unten ins Auto rein und wirbelte Mike ins Gesicht. Mike sagte: ‚Mann, es muß was Besseres geben.‘ Und ich antwortete: ‚Das kannst du laut sagen, Mann!‘ Er dann: ‚Mach dir keine Sorgen, nächstes Jahr haben wir ’nen Rolls Royce und alles andere auch.‘ Ich dagegen: ‚Mike, halt doch endlich die Klappe, ich frier mir hier den Arsch ab, und du erzählst mir was von einem Rolls.‘ Ein Jahr später bewahrheitete sich, was Mike gesagt hatte. Und ich hatte mich zu Hause mit allen angelegt, weil ich der einzige war, der an ihn glaubte. Alle sagten, seine Arme seien zu kurz, und ich sagte: ‚Ihr spinnt doch alle, Mike wird Champion.‘“

Womit er recht hatte.

6. Kapitel

Im Gegensatz zu den meisten anderen in der Boxwelt vertrat Cus D'Amato nicht die Ansicht, daß Sex und Boxen nicht zu vereinbaren seien. D'Amato lehrte seine Boxer, daß Objektivität, persönliche Distanz, Kaltschnäuzigkeit und Gelöstheit für einen Profiboxer wesentlich sind. Falls eine gelegentliche „Erleichterung" dies fördert, um so besser.

1962, als ich bereits fünf Jahre im Boxgeschäft war und für den Kampf gegen Al Hauser trainierte, sagte mir Cus, er sei überrascht, daß meine Frau nicht zu mir ins Trainingslager käme. „Joe, wieso hab ich Ramona nicht gesehen?" fragte er, „ist dieser Ort zu häßlich, als daß sie uns hier besuchen würde?" Ich war verblüfft, und als ich zu begreifen suchte, was er gerade gesagt hatte, fügte er hinzu: „Sie kann am Freitag kommen und bis Sonntag bleiben."

Zwei Minuten später telefonierte ich mit meiner Frau und sagte ihr, sie möchte alles stehen und liegen lassen und ins Trainingslager kommen – „morgen, Freitag, gleich früh". Ich bemühte mich, dabei nicht aufgeregt zu wirken. „Cus hat das vorgeschlagen", fügte ich hinzu.

Also kam Ramona am nächsten Morgen, und zu unserer Freude empfahl ihr Cus, auch an den folgenden Wochenenden zu kommen – eine Einladung, die sie mit nur scheinbarem Zögern annahm.

Bald wurde mein Trainingsplan erweitert: zehn Runden Sparring jeden Sonntag, eine Abwechslung, die mir willkommen war, die ich aber für recht merkwürdig hielt. Dennoch – oder dadurch? – war bei mir an jedem Sonntag eine deutliche Leistungsverbesserung zu verzeichnen.

Eines Morgens, drei Tage vor dem Kampf, fragte mich Cus beiläufig nach meiner geistigen Verfassung, nach dem bevorstehenden Kampf und ob ich mit meinem Training zufrieden wäre. Ich antwortete, daß ich alles im Griff hätte. Darauf fragte er: „Hast du irgendwelche Veränderungen an dir bemerkt?"

„Ja ja", antwortete ich, „ich glaube, ich werde mit jedem Tag besser."

„Du hast dich in den letzten drei Wochen ganz gewaltig verbessert", bestätigte er gutgelaunt. Al Hauser schlug ich dann in weniger als drei Runden k. o.
1984 nahm Mike Tyson den von Cus zur „Vertreibung" von Mädchen geschenkten Baseballschläger an, benutzte ihn aber nicht. Frauen, eine schöner als die andere, darunter schwarze und weiße und auch iberoamerikanische, waren in Scharen um ihn. Er war kaum achtzehn, hatte einen Namen und Geld und war willig und bereit. Als ich ihn sah, erschien Mike cool, was seinem neuen Macho-Image entsprach, das er zu pflegen suchte. Seine Erläuterungen dazu waren allerdings überzeugender als die Umsetzung in die Praxis.
„Sie laufen mir nach, weil ich berühmt bin und weil sie denken, daß ich viel Geld habe", wiederholte er mehr als einmal. „Sie kommen sich wichtig vor, wenn sie mit mir zusammen sind." Mike verschwand auch öfters zum Times Square und nach Brownsville in seine alten Absteigen. Es war, als ob er seine Fortschritte messen wollte, wenn er immer wieder in seine finstere Vergangenheit abtauchte.
„Wenn du es genau wissen willst", sagte er mir, nachdem ich ihn beschuldigt hatte, ein Bordell in Manhattan besucht zu haben, „ich bin nie in einem Hurenhaus gewesen."
„Aber hast du mir denn nicht mal gesagt, daß..."
„Ich bin nie in einem Hurenhaus gewesen."
„Aber ich erinnere mich, wie du mir sagtest..."
„Ich bin nie in ein Hurenhaus gegangen!"
Ich glaubte ihm, weil er mir schon viel wirklich Schlimmes über sich erzählt hatte. Wenn er sich auf der Seilumspannten Fläche zwischen den Eckpfosten bewegte, wirkte er wie ein klassischer Gladiator – mit Leib und Seele kämpfend und immer siegreich. Mußte man ihm da nicht manches nachsehen?

Als 1984 die Olympischen Spiele in Los Angeles bevorstanden, glaubten alle, daß er die Goldmedaille erkämpfen würde. Cus wollte Mike für das Superschwergewicht melden, weil er sicher war, Tysons schnellen und harten Schlägen seien die großen Boxer in jener Gewichtsklasse nicht gewachsen. Das olympische Boxkomitee der Vereinigten Staaten aber hatte andere Vorstellungen. Die Superschwergewichtsklasse wurde mit Tyrell Biggs besetzt, Tyson für die Schwergewichtler gemeldet. D'Amato machte Bob Surkheim, ein Mitglied des Komitees, mit dem er seit langem in Fehde lag, für diese Entscheidung verantwortlich. Doch ändern konnte er daran nichts.

D'Amatos Befürchtungen schienen sich durch die darauffolgenden Ereignisse zu bestätigen. Bei Ausscheidungskämpfen in Forth Worth, Texas, wo es um die Aufnahme in das Olympiateam der USA ging, unterlag Tyson durch eine umstrittene Entscheidung Henry Tillman. Einige Tage später habe ich die Filmaufzeichnungen gesehen; aus meiner Sicht hat Mike den Kampf gewonnen. Tysons professioneller Stil hatte die Punktrichter nicht beeindruckt, die den Kampf nach Amateurregeln bewerteten, wo beispielsweise eine abgewehrte gerade Linke einem keulenschlagartigen Haken gleichgesetzt wird. Tillman kämpfte wie ein Amateur – er war ja auch einer. Tyson forcierte das Tempo, um Tillman aus der Reserve zu locken, aber der wich einfach aus und bearbeitete Tyson gelegentlich mit linken Jabs, die zwar keine Wirkung zeigten, aber Punkte brachten.
„Ist schon gut", tröstete Cus den verärgerten Tyson im Umkleideraum nach dem Kampf, den wichtigsten bis dahin in seiner Boxerlaufbahn. „Du wirst schon noch eine Möglichkeit haben, gegen diesen Hundesohn anzutreten. Du wirst dieses Land schon noch bei den Olympischen Spielen vertreten."
„Aber ich hab doch schon verloren", sagte Tyson, „ich hab doch schon verloren."
„Warte nur ab! Du wirst dich schon noch für diese Niederlage rächen können", erwiderte Cus. „Das nächste Mal wirst du keine Punktrichter brauchen, sondern nur einen Kampfrichter, der bis zehn zählen kann."
Das nächste Mal, das Cus meinte, bezog sich auf einen neuen, vom Olympischen Komitee der USA erdachten Knüller, der den olympischen Boxsport mit Hilfe des Fernsehens publikumswirksamer präsentieren sollte. Für die Nominierungskämpfe galt statt des Knockout-Systems das Best-of-three-System. In den darauffolgenden Ausscheidungskämpfen mußte Tyson die nächsten beiden Kämpfe gegen Tillman gewinnen, wenn er in den olympischen Boxarenen Gold holen wollte.
Wenige Wochen später trat Tyson erneut gegen Tillman an, diesmal in Caesar's Palace Sports Complex in Las Vegas, Nevada. Vor dem Kampf sagte ich Mike, er solle nicht versuchen, Tillman auszutricksen oder zu überlisten. „Geh einfach auf ihn los und schlag zu, so oft du kannst", sagte ich. „Du bist tipptopp in Form."
Am Ende der Stichkämpfe gab es vier Überraschungen: vier Boxer, die in den Vorkämpfen verloren hatten,, rehabilitierten sich. Nun mußten sie ihre jeweiligen Gegner nochmals bezwingen. Drei schaff-

ten das, darunter Evander Holyfield, der in den Ausscheidungskämpfen gegen James Womack verloren hatte und ihn dann in den Stichkämpfen zweimal besiegte.
Viele – darunter auch ich – dachten, auch Tyson hätte sich rehabilitiert – nicht so die Punktrichter. Mike verfolgte Tillman im Ring und landete Jabs und andere Schläge, er selbst hingegen mußte nur wenige unbedeutende gerade Linke einstecken. Es war ein langweiliger Kampf, aber für mich hatte Mike alle drei Runden gewonnen, und nach dem letzten Gong sprang ich in den Ring, um ihm das zu sagen. „Diesmal werden sie dir den Sieg nicht nehmen können", sagte ich, „diesmal hast du ihm laufend in den Hintern getreten."
Als der Ansager verkündete, daß die Punktrichter das wieder ganz anders gesehen hatten, begann ich D'Amatos Verdacht zu teilen, daß hier etwas faul war.
Pat Nappi, Cheftrainer der USA-Olympiamannschaft und mein erster Boxsportlehrer, sagte mir ernsthaft: „Du weißt, unter uns gesagt, daß ich Tyson dem Tillman vorziehe. Mike hat einen aufregenderen Stil, und ich bin sicher, daß keiner seiner Schlagkraft standhalten kann. Aber Tillman kennt die Regeln und den Stil des Amateurboxsports besser als Tyson." Und er fügte hinzu, daß Tillmans Sieg vom „Standpunkt des Amateurboxsports" aus rechtens war. Tillman wurde in Los Angeles Olympiasieger.
Tyson war wütend und niedergeschlagen, aber seine schlechte Laune währte nicht lange. Er befreundete sich mit Israel Acosta, einem Federgewichtler aus Milwaukee, der durch eine umstrittene Entscheidung bei den Ausscheidungskämpfen gegen Paul Gonzalez, den späteren Olympiasieger, verloren hatte. Als eine Geste guten Willens benannte das Olympische Komitee sowohl Tyson als auch Acosta als Ersatzmänner. Dadurch blieben die beiden für die Dauer der Olympischen Spiele als Gäste des Komitees in Las Vegas.
Während ihres Aufenthalts in Las Vegas besuchten beide mehrmals die Chi-Chi-Diskothek. Schon beim zweiten Besuch war Tyson der populärste Mann in der Diskothek, zumindest bei den Frauen.
„Tyson ist ein Frauentyp", sagte Rose Trentmont, amtierender Sportbeauftragter des Staates New York, der zu jener Zeit als Assistent beim olympischen Boxkomitee der USA arbeitete. „Ich bin ein paarmal mit den beiden ins Chi-Chi gegangen, da wurde Tyson von Mädchen wie von hungrigen Moskitos umschwärmt."
Als Tyson nach New York zurückkam, schenkte ihm sein Management-Triumvirat – D'Amato, Jacobs und Cayton – einen weißen Ca-

dillac Seville mit marineblauem Dach. Es war das erste Auto des Teenagers. Später hat er es demoliert. Mike war ein Kämpfer, kein Fahrer; wie viele Frauen er damit beeindrucken kann, interessierte ihn mehr als der gesamte Straßenverkehr um ihn herum.

Etwa um diese Zeit erklärte Jim Jacobs, Mikes neue Einstellung Frauen gegenüber sei völlig natürlich und zu erwarten gewesen. Bei allen Unternehmungen und Diners waren Frauen dabei, selten allerdings die gleichen. Keine von ihnen machte Ansprüche geltend, Partnerin auf Dauer zu werden. Angesichts der akuten AIDS-Diskussion vor allem hielt ich es für meine Pflicht, Mike auf den Preis hinzuweisen, den seine Promiskuität kosten könnte. Ich wollte ihm einfach Angst einjagen, ihn warnen.

„Wenn du nicht eines abscheulichen Todes sterben willst“, sagte ich ihm, „dann geh nicht ins Bett mit Mädchen, die du nicht kennst.“

Aber Mike schien zu glauben, die freie Liebe verleihe ihm den Status eines Erwachsenen. Hinzu kam sein neuer Wagen, der sein Gefühl für Raum und Zeit völlig absorbierte. Nun sei er ein richtiger Mann und brauche keine Aufpasser mehr. Tyson sagte Cus, er wolle seine Wochenenden in Brooklyn verbringen. Statt dessen begann er die „Wochenenden“ auf eine Woche und mehr auszudehnen und verbrachte sie mit Freunden aus der Kindheit. So sagte er – Ende 1984 – eines Freitags zu Cus, er wäre am Montag wieder in der Sporthalle. Er blieb eine volle Woche weg.

„Nun reicht’s mir“, sagte Cus. „Er muß sich entscheiden, was er wirklich will.“

Als Mike dann endlich zurückkam, versuchte er Cus mit schmeichelnder Babystimme einzureden, er hätte Probleme mit seiner Schwester gehabt. Cus schnitt ihm das Wort ab.

„Du mußt dich entscheiden, was du mit deinem Leben machen willst. Willst du ein absolutes Box-As werden, dann mußt du auf mich hören – das ist der einzige Weg. Anders wirst du dieses Ziel nie erreichen. Also tu, was ich dir sage. Wenn du aber willst, daß ich dir mit anderen Dingen helfe, dann sag’s ruhig, dann werde ich das auch machen. Entscheide dich. Es geht einfach nicht an, daß du dauernd verschwindest, das kann ich nicht dulden.“

Dann ließ er die eigentliche Bombe platzen: „Das nächste Mal, wenn du hier unerlaubt weggehst, dann bleib einfach dort, wo du bist. Dann will ich dich hier nicht mehr sehen. Ich geb dir ein paar Tage zum Nachdenken.“

Als ich im Oktober 1988 mit Camille sprach, war ihr diese Auseinan-

dersetzung so deutlich in Erinnerung, „als hätte sie heute stattgefunden“.
„Mike nahm die angebotene Frist nicht in Anspruch“, sagte sie. „Er sagte Cus sofort, er wolle Weltmeister werden. ‚Ich war bei meinen früheren Freunden‘“, zitierte Camille die Antwort Mikes, „‚Ich sah sie und stellte fest, daß ich so ein Leben nicht führen will. Ich will kämpfen und nach oben kommen.‘“

Im Frühjahr 1985 hatte Tyson bereits seinen ersten Profikampf absolviert, und sein Management-Triumvirat arbeitete im stillen daran, aus ihm ein größeres Phänomen zu machen, als es Jack Johnson, Joe Louis oder Muhammad Ali je waren. Warum dieses Management-Team so gut funktionierte?
Nun, keiner verstand die Technik und die politischen Ränkespiele des Boxens besser als Cus D'Amato. Nicht einmal von Gangstern ließ er sich einschüchtern. Er widersetzte sich, bekämpfte die Gangster mit all seiner Kraft. Einige von dem Gesindel kamen sogar nach einer Untersuchung durch den Senat der Vereinigten Staaten, die auch auf D'Amatos Betreiben hin erfolgt war, ins Gefängnis.
Fast vierzig Jahre bevor er Tyson kennenlernte, nahm Bill Cayton mit Geschäftsbonzen des Boxsports erstmals Beziehungen auf. Sie reichten bis in das Jahr 1947 zurück, als er als Präsident der Cayton's Advertising Company feststellte, daß sein Hauptkunde – eine Firma, die Haartönungsmittel herstellte – eine neue Fernsehwerbung brauchte. Den Erfolg des Sports im Fernsehen vorausahnend, analysierte er vor allem die Mannschaftssportarten Baseball, Eishockey, Football sowie Baskettball und erkannte ein Problem. „Auf dem Monitor sehen die Sportler alle wie Zwerge aus“, sagte er, auf die damals noch sehr kleinen Bildschirme anspielend.
„Dann sah ich eine Boxveranstaltung per Television und hatte den Eindruck, das kommt an, das paßt zusammen“, sagte mir Bill Jahre später. Bald darauf, das war 1948, wurde die berühmte Serie „Die größten Kämpfe des Jahrhunderts“ geboren. Die Popularität dieser Fernsehshow war derart groß, daß Cayton sich veranlaßt sah, Filmarchive in aller Welt zu durchforsten und die Filmrechte für klassische Kämpfe zu erwerben. Es lag in der Natur dieses Geschäfts, daß einige der Leute, mit denen Bill Verträge schloß, ein Jahrzehnt später zu geschworenen Feinden D'Amatos wurden.
Jim Jacobs schließlich war der Sohn eines kalifornischen Geschäftsmanns. Statt in einem der vielen produktiven Unternehmen seines

Vaters mitzuarbeiten, entschloß er sich, Sammler zu werden. Er begann mit Comic-Heften, wovon er vorübergehend stolze 800000 Stück besaß. Später begann er, sich für Kampfsportfilme zu interessieren. Jacobs lernte erst D'Amato und dann Cayton kennen, mit denen er 1960 ein Geschäft gründete.
Als sie Tysons Co-Manager wurden, besaßen Jacobs und Cayton mehr als 17000 Kampfsportfilme, darunter sämtliche Filme, in denen die in der Hall of Fame, der Ruhmeshalle des Madison Square Garden, verewigten Boxer in ihren Kämpfen zu sehen waren.

Diese drei Experten, deren Fähigkeiten und Erfahrungen fast alle Aspekte des Boxsports umfaßten, stellten eine Liste von Boxern zusammen, mit denen Mike auf seinem Weg zur Weltspitze in den Ring steigen sollte. Für Mikes zweiten und dritten Kampf war bereits alles geplant. Das allein war kompliziert genug, denn im Schwergewicht herrschte schon immer ein Mangel an guten Boxern, und D'Amato, Jacobs und Cayton suchten speziell Fighter, deren Stil ihrem Schützling wertvolle Erfahrungen ermöglichen sollten. Und sie sorgten dafür, daß es Mike nicht an Beschäftigung mangelte. Je mehr er kämpfte und gewann, desto mehr wollte er kämpfen. Aber es mußten die richtigen Gegner gefunden werden, um das Tempo beizubehalten.
Am 10. April 1985 wartete Trent Singleton – kein guter Boxer, aber ein Sportler mit beeindruckender Physis – in aller Ruhe auf den Kampf mit einem relativ unbekannten Boxer namens Tyson. Er war Tysons zweiter Gegner. Ich hatte Singleton aufgesucht, ihm Glück gewünscht und ihm gesagt, wie ich das bei allen Boxern zu tun pflege, er solle sich gut verteidigen.
Tyson, gespannt und ängstlich, wartete in der Nähe seines eigenen Umkleideraumes und schlug auf einen unsichtbaren Gegner ein. Er versuchte D'Amatos Lehren zu beherzigen: entspannen, Gefühle unter Kontrolle halten.
„Ich brauch dir nicht zu sagen", erinnerte ich Mike, als er in dem großen Umkleideraum, den er mit einigen anderen Boxern teilte, hin und her tänzelte, „daß der Wunsch, in diesem Augenblick woanders zu sein, ganz normal ist. Der andere Kerl im nächsten Umkleideraum hat nicht weniger Angst als du, wenn nicht gar mehr." Mikes Kopf blieb gesenkt, er schaute nicht hoch; sein Gesicht verriet keine Regung. „Du weißt das. Hättest du dieses Gefühl nicht, müßte ich Cus sagen, daß du ein dummer, verrückter Junge bist, den zu behalten sich nicht lohnt."

Keine Reaktion.
„Hörst du zu?" fragte ich.
„Uh–huh."
„Immerhin, du zitterst wenigstens nicht wie ich früher", redete ich weiter auf ihn ein.
Vor meinem ersten Profikampf zitterten meine Hände, und mir war ganz flau in der Magengegend. Ich weiß noch wie heute, daß mein Zähneklappern meinen Gegner, Gene Hamilton, zu der Frage veranlaßte, ob mir kalt wäre? Da ich jedoch bemerkte, daß sein Bauch ziemlich nervös zuckte, versuchte ich nur, ihn ganz cool anzulächeln. Ich konnte zwar mein eigenes Zittern kaum beherrschen, aber ich spürte, wie meine Energiereserven wuchsen, je näher der Kampf heranrückte.
„Versuch einfach, dich zu entspannen", ermunterte ich Mike. „Und wenn's soweit ist, vergiß nicht, die Hände hochzunehmen und das Kinn runterzudrücken, und wenn du zuschlägst, immer in Kombinationen."
Tyson nickte verstehend. Ich bat ihn aufzustehen und mir zu zeigen, daß er mich verstanden habe. Das tat er; jetzt schien er mir locker genug zu sein. „Jetzt bist du fit für den Kampf und kannst deinen Gegner schlagen."
Minuten später gab Kampfrichter Sid Rubenstein die üblichen Anweisungen im Boxring. Mike starrte derweil auf den Boden und kaute an seinem Mundschutz. Zweiundfünfzig Sekunden später trennte Rubenstein die Boxer und veranlaßte Tyson, den Kampf einzustellen. Vollauf berechtigt, denn sonst hätte Singleton sehr wahrscheinlich eine Gehirnverletzung davongetragen. Der Kampf war mit einem Schlag vorbei, und Tyson war ein glücklicher, freudestrahlender Teenager. Er schaute auf mich und schien von der Leichtigkeit seines Triumphes überrascht zu sein. Rubensteins Anweisungen hatten länger gedauert als der eigentliche Kampf.
Sechs Wochen später, an einem heißen Maiabend, kehrte Mike in das Empire Plaza Convention Center in Albany zurück, wo ein Sechsrundenkampf angesetzt war gegen Don Halpin, einen mittelmäßigen Boxer, der schon nach wenigen Sekunden erkannte, daß das einzige, was er gegen Tyson auszurichten vermochte, war, sein Leben zu verteidigen. Halpin war, was man unter Boxern als „Gegner" bezeichnet – einer, der im Ring einzig darauf aus war, keinen allzu harten Hieb abzukriegen. Aber Tyson traf Halpin am Kinn; er ging zu Boden und wurde ausgezählt. Das war in der vierten Runde. Tyson hatte bisher

noch nie mehr als drei Runden gekämpft, aber er fühlte sich auch nach diesem Kampf wohl.
Mit zunehmendem Ruhm und Selbstvertrauen wurden die Kämpfe für ihn leichter. Viele seiner Gegner gaben vorzeitig auf. Man sah ihnen ihr Entsetzen förmlich an, wenn sie in den Ring stiegen. Das machte mir Sorgen. Ich fürchtete, die leichten Siege könnten bei Tyson ein trügerisches Sicherheitsgefühl hervorrufen, und das ist im Boxsport gefährlich. Schließlich lag die größte und schwierigste Wegstrecke noch vor uns. Der nun neunzehnjährige Mike hatte den Sprung zum großen Geld noch nicht geschafft. Jacobs und Cayton finanzierten die meisten Veranstaltungen, bei denen Rooney im Hauptkampf auftrat, während Mike Hauptakteur des Rahmenprogramms war.
Boxer wie Mercedes, Singleton, Halpin, Spain, Alderson, Sims, Canady und Johnson erregten unter den Boxsportexperten kaum Aufmerksamkeit, da sie unter Tysons Schlagkraft wie Dominosteine umfielen. Aber als der siebenundzwanzigjährige Donnie Long als Gegner Tysons in Erwägung gezogen wurde, spitzte die Boxwelt schon die Ohren, und die Sportreporter machten erste spekulative Überkreuzvergleiche. Sie betrachteten Long als erste wirkliche Prüfung für den Nachwuchsboxer Tyson. Teddy Brenner, langjährig als Wettkampfveranstalter im Madison Square Garten tätig und bekannt als treibende Kraft hinter Promotor Bob Arum, vertrat wie viele andere die Meinung, daß D'Amatos Entscheidung, Mike gegen Long in den Ring zu schicken, zu voreilig war. Obwohl es Long bis dahin noch nicht gelungen war, einen Schwergewichtler der Spitzenklasse zu schlagen, galt er als glänzender Boxer; aus zwölf von fünfzehn Kämpfen war er als Sieger hervorgegangen. Zehn dieser Kämpfe hatte er durch k.o. gewonnen. Zwei seiner Niederlagen erlitt er durch die Topboxer James Broad und John Tate, die es aber auch nicht schafften, ihn zu Boden zu bringen. Donnie war also schon einer, der dem inzwischen in neun Kämpfen erprobten Tyson Kopfschmerzen bereiten konnte.
Als am 9. Oktober 1985 im Ring des Trump Plaza Hotels in Atlantic City der Gong für die erste Runde ertönte, ging Tyson seinen Kontrahenten mit der Zuversicht eines künftigen Champions an. Sein erster linker Haken traf Long gleich; der ging zu Boden, unsagbar überrascht. Als der Kampfrichter bei „acht" angekommen war, zwang der Stolz Long wieder auf die Beine. Schmerzlich muß ihm aufgestoßen sein, daß dies absolut nicht sein Abend war, daß er mit Tyson nicht in

den selben Ring gehörte. Noch bevor er dazu kam, seine Gedanken zu ordnen, stand Tyson wieder vor ihm und schlug pausenlos zu. Long landete noch zweimal auf dem Boden, bevor der Kampfrichter Frank Cappuccino den einseitigen Kampf abbrach. Bis dahin waren genau achtundachtzig Sekunden vergangen.

7. Kapitel

Cus D'Amato fühlte sich schon seit einiger Zeit nicht wohl. Mir fiel das besonders bei dem Boxsportsymposium der New York State Athletic Commission (NYSAC) vom 27. bis 29. September in Swan Lake auf. Vertreter des Boxsports aus fünfunddreißig Staaten und Kanada nahmen teil. Teil des Programms war eine Ehrung D'Amatos, meines Mentors und ehemaligen Managers, der für sein Leben für den Boxsport gewürdigt werden sollte. Ich fragte dort: „Was glauben Sie, wieviel Geld Cus D'Amato von der Million Dollar bekommen hat, die ich in meiner elfjährigen Laufbahn erkämpft habe?" Ganz unterschiedliche Summen wurden genannt, die niedrigste darunter: 50000 Dollar. Sie irrten sich alle. D'Amato rührte keinen einzigen Cent an von dem Geld, das ich als Boxer verdient hatte – eine Offenbarung, die ringsum Staunen auslöste.

Cus erhob sich zu seiner Ansprache, doch er konnte sich nicht lange aufrecht halten. Das Atmen fiel ihm schwer, und nach einigen Worten mußten meine Frau und meine Schwägerin ihn in sein Zimmer bringen. Der alte Mann lehnte es ab, sich ins Bett zu legen; er schritt im Zimmer ganz langsam auf und ab und versuchte, trotz großer Schmerzen im Brustbereich tief durchzuatmen.

„Es wird schon wieder weggehen", sagte er, „ihr könnt mich ruhig allein lassen."

Einige Tage später erfuhr Jim Jacobs, daß sich D'Amatos Zustand verschlimmert hatte. Der alte Mann hielt nicht viel von Krankenhäusern, und es bedurfte der gemeinsamen Überredungskunst von Jacobs, Jay Bright und Camille, ihn von der Notwendigkeit intensiver Behandlung zu überzeugen. Schließlich aber erklärte er sich bereit, ins Albany Medical Center zu gehen, wo er zuerst wegen Asthma und dann wegen Bronchopneumonie behandelt wurde. Man hatte ihn in einen Raum gesteckt, den Jay Bright als das „schlimmste Krankenhauszimmer, das ich je in meinem Leben gesehen habe", beschrieb.

„Es war eine zu einem Krankenzimmer umfunktionierte Besenkammer", sagte Bright, „welch eine Schande, Cus dort zu sehen." Als Jacobs davon hörte, kam er sofort und brachte Cus ins Mount Sinai Hospital in New York City. Dort wurde statt Bronchopneumonie eine interstitielle Pneumonie diagnostiziert; eine ernstere Krankheit, die mit einer Verhärtung der Lunge einhergeht. Sein Zustand besserte sich nicht. Ich besuchte ihn täglich und mußte mit ansehen, wie er schwächer und schwächer wurde.

Am 31. Oktober 1985 gingen meine Frau und mein Bruder schon hinauf zu ihm, während ich den Wagen parkte. Sie fanden ihn nicht mehr in seinem Zimmer. Cus war bereits auf die Intensivstation verlegt worden, hatte Schläuche in der Nase und an den Armen. Als er mich sah, hob er seinen Kopf, und ich sah die Angst in seinen Augen.

„Mein Junge“, sagte er und ergriff meine Hand, doch ihm versagte die Stimme. Die Stille danach kam mir wie eine Ewigkeit vor. „Mein Junge“, begann er erneut, ganz heiser und kaum hörbar, „gestern dachte ich, mein Leben geht zu Ende. Ich konnte einfach nicht atmen und sagte mir: ‚Alter Mann, nun geht es zu Ende mit dir.‘ Ich wundere mich schon, daß ich heute noch lebe, Joe.“ Ich bat ihn, nicht zu reden, sich zu schonen.

„Weißt du“, sagte ich, „du kannst auf Mike sehr stolz sein. Dieser Junge – das bist du. Er ist der Fighter, den du dir vorgestellt hattest, die perfekte Maschine, die du gesucht hast.“ Cus lächelte, und sein Gesichtsausdruck sagte mir, daß seine Arbeit auf dieser Erde getan war.

„Dieser Junge erledigte Donnie Long und Robert Colay jeweils in einer Runde, als wären sie ein Nichts, und morgen wird er das gleiche mit Sterling Benjamin tun.“

Am 4. November 1985 starb Cus D'Amato. Wenige Stunden nach D'Amatos Tod besuchte ich Jacobs in seiner Wohnung in der Second Avenue im Zentrum Manhattans. Als er die Tür öffnete, brachte keiner von uns ein Wort heraus; wir umarmten uns und weinten. Danach gingen Jacobs, seine Frau, der Promotor Mickey Duff, der eine Wohnung im selben Haus hatte, und ich zum Diner in ein nahegelegenes Restaurant. Dort tauschten wir Erinnerungen an Cus aus. „Mir gefiel die Story in *Sports Illustrated*“, sagte Duff, „als man Cus über Bob Arum befragte und er sagte: ‚Arum ist der schlimmste Mann in der westlichen Hemisphäre, und würde er in der östlichen Hemisphäre leben, wäre er auch dort der schlimmste.‘ Und als der Reporter sagte: ‚Ich schätze, Arum ist sich selbst der ärgste Feind‘, erwiderte Cus: ‚Oh, nein. Nicht so lange, wie ich lebe.‘“

Ich sprach über die Zeit, als Don Kings Boxsportunternehmen von

den Medien massiv angegriffen wurde und Cus sich entschloß, über Arum herzufallen. „Und wie würden Sie Mr. Arum mit Mr. King vergleichen?“ fragte man ihn.
„Nun“, antwortete Cus, „mit Don King hatte ich noch nichts zu tun. Aber ich kann Ihnen eines versichern: Den gleichen Fehler macht der liebe Gott nicht zweimal.“
Besonders lebhaft erinnerte sich Jacobs daran, wie Cus eine Boxveranstaltung im Madison Square Garden besuchte: „Wir gingen über die Straße, als ein junger Hausierer direkt auf mich zukam und ein paar Dollar von mir forderte. Cus trat zwischen den Mann und mich und sagte ihm: ‚Du kriegst gar nichts. Zieh Leine.‘ Cus packte mich dann am Arm, und wir gingen einfach weiter. Ich sagte zu Cus: ‚Wir hätten da in arge Schwierigkeiten geraten können, Cus. Ich hätte dem Mann die zwei Dollar gegeben, und wir hätten uns möglichen Ärger erspart.‘
‚Keine Sorge, Jim‘, erwiderte Cus, ‚ich habe nur geblufft; ich hatte nicht vor, mich mit dem Kerl ernsthaft anzulegen!“

Jacobs hatte Tyson so schonend wie möglich auf D'Amatos nahenden Tod vorbereitet. „Es half nichts“, sagte er, „Mike war niedergeschmettert.“
„Es war in Caytons Büro“, erinnerte sich Tyson, „und Jimmy sagte: ‚Mike, ich habe schlechte Nachrichten. Die Ärzte glauben nicht, daß Cus die Nacht überlebt, und ich muß mich um die Formalitäten für das Begräbnis kümmern.‘ Ich konnte es nicht fassen. Ich rannte raus. Ich wollte nicht, daß jemand sieht, wie ich weine. Ich verlor völlig die Fassung und stieg in eine U-Bahn in Richtung Brooklyn. Ich wußte, er würde sterben, aber man kann nie wissen, verstehst du, es geschehen Wunder.“
Am nächsten Tag hörte einer von Tysons Freunden im Radio, daß D'Amato tot war. „Die sahen mich auf der Straße“, erzählte Mike, „und sagten: ‚Wir haben schlechte Nachrichten; man sagt, Cus sei tot.‘ Ich antwortete: ‚Ich weiß.‘“
Einige Tage später fragte sich Mike: „Was soll ich tun? Ich sollte mich um Camille kümmern, ihr beistehen. Die haben kein Geld. So viel Verantwortung. Mir ging's sehr schlecht, aber Cus hatte mir mal gesagt, falls ihm etwas zustoßen sollte, kann ich mich auf Jimmy (Jacobs) verlassen.“
Jacobs fürchtete, daß Mike durch dieses Ereignis nicht in der Lage wäre, am 13. November gegen Eddie Richardson anzutreten, neun

Tage nach D'Amatos Tod. „Wir werden den Kampf absagen und ganz einfach verschieben", schlug Jacobs vor.
„Meinst du, Cus hätte das gewollt?" fragte Mike.
„Das glaube ich nicht. Er hätte nicht gewollt, daß etwas deine Laufbahn stört, nicht einmal sein Tod."
„Das denke ich auch."
Als er von Pressevertretern interviewt wurde, sagte Tyson: „Das einzige, was mir für Cus zu tun bleibt und er von mir erwartete, ist Weltmeister zu werden. Ich werde mich durch nichts davon abhalten lassen. Ich werde in einer Woche kämpfen, und ich werde es noch besser tun als sonst."
Cus wurde in Catskill unweit des Hauses, das er so geliebt hatte, beigesetzt. Viele Freunde D'Amatos waren gekommen. Mit Tränen in den Augen hielt ich die Grabrede. Unter anderem hob ich hervor, wieviel Hilfe Cus jungen Boxern zuteil werden ließ, und das einzige, was er sich dabei erhoffte, war, junge Leben zu retten. Die drei erfolgreichsten Fighter, die er ausgebildet hatte, Floyd Patterson, Mike Tyson und ich, sowie Rooney, Jacobs, Bright und Tom Pattie, ein Halbschwergewichtler, trugen den Sarg.
Der neunzehnjährige Tyson war untröstlich. „Weißt du", sagte er mir mit Tränen in den Augen, „am liebsten würde ich mit meinem Leben Schluß machen. Wenn ich wirklich die Traute hätte, ich würde mich umbringen, so ist mir zumute. Aber ich hab nicht den Mumm dazu."
„Tief in deiner Seele weißt du, daß du verwirklichen mußt, was Cus für dich geplant hat", versuchte ich ihn zu trösten. „Du mußt hart an dir arbeiten, und ich verspreche dir, in zwei, drei Jahren wird Cus wieder bei dir sein. Er wird Mike, den Champion, sehen wollen."
Er lehnte sich an meine Schulter und weinte. „Hast du Cus jemals weinen sehen?" fragte ich.

Mike nickte mit dem Kopf.

„Wann?" fragte ich.
„Als Joe Louis starb", sagte er, die Tränen mit seinem Hemdsärmel wegwischend, „und vorige Woche, als er dachte, er würde sterben, bevor er Camille heiraten konnte, wie er das geplant hatte."
Mike ging nach dem Begräbnis nach Hause, um sich auszuruhen. Tage später mußte er nach Texas reisen. Am 13. November besiegte er Eddie Richardson in der ersten Runde. Gleich bei der ersten Gelegenheit, als der einsachtundneunzig große Richardson sein Kinn nicht schnell genug zurückziehen konnte, landete Mike dort einen seiner mörderischen linken Haken, und Eddie ging zu Boden. Als er

nach acht Sekunden wieder stand, beendete ein weiterer linker Haken seinen Auftritt – nach einer Minute und siebzehn Sekunden der ersten Runde.
Sechs Tage danach fand in der alten Gramercy-Turnhalle in Manhattan eine Gedenkfeier für D'Amato statt. „Wir sollten Cus feiern", hatte Jacobs vorgeschlagen. „Es sollte eine Gedenkfeier werden, die Menschen glücklich macht... eine Feier dafür, was Cus erreicht hat... all seine großzügigen Taten für die Jugend. All das sollte gefeiert werden, und jetzt ist die richtige Zeit dafür."
Floyd Patterson, dem Cus dazu verholfen hat, daß sein Name in die Boxsportgeschichte eingegangen ist, fiel durch seine Abwesenheit auf. Eine früher eingegangene Verpflichtung habe es ihm „unmöglich" gemacht, an der Feier teilzunehmen, sagte er. Viele aber waren gekommen: Pete Hamill, Gay Talese, Norman Mailer und Budd Schulberg sowie Dick Young, Bob Lypsite, Georgie Colon, Simon Ramos, Joe Shaw, Nelson Cueval und viele, viele andere prominente und weitere Freunde, die Cus nahestanden. Es war eine bewegende Feier, wir weinten und lachten, verbunden durch unsere Liebe zu dem gütigen alten Mann.

An diesem Tag saß Mike still neben Camille und Jay Bright, bis er ein großes schlankes Mädchen sah, eine Freundin und Nachbarin der Familie meines älteren Bruders aus Brooklyn. Sie fand Mike „süß", und er vergeudete keine Zeit, sich mit ihr zu verabreden. Sie war ein Teenager, hoffte auf eine ernste Beziehung und war von dem wachsenden Ruhm des Boxers sichtlich beeindruckt. Sie besuchte Mike zwischen den Kämpfen, und mit der Zeit wurde sie mit ihm natürlich auch intim. Über ihre Freundschaft bewahrte sie Stillschweigen. Nur mit meiner Frau sprach sie darüber. Ihr erzählte sie, daß Mike unangemeldet bei ihr zu Hause in Brooklyn vorbeizukommen und zu sagen pflegte, er sei hungrig, worauf ihre Mutter immer ein kolossales spanisches Gericht hinzauberte, das er so gierig verschlang, als hätte er gerade einen zweiwöchigen Hungerstreik hinter sich.
Viel Zeit hatte Tyson für sie nicht. Alle zwei Wochen etwa hatte er einen Kampf zu bestehen, da blieb kaum Zeit für ein geregeltes gesellschaftliches Leben. Aber irgendwie hat er es immer wieder verstanden, für dieses hübsche puertoricanische Mädchen aus Brooklyn Zeit zu finden.
Mit Cus war auch Mikes Berater gestorben. Was Mike mit seinem Ruhm, seinem Geld und seinen Frauen anstellen würde, wer konnte

das nun schon wissen? Und wer war jetzt da, ihn behutsam zu lenken? Vorläufig aber hatte Boxen für ihn Priorität.
Mikes Training wurde nun sorgfältig von Kevin Rooney und Matt Baransky geleitet. Sie suchten zu ergründen, ob Mikes Erschütterung über D'Amatos Tod die Leistungsfähigkeit ihres Schützlings beeinträchtigte. Zum Glück war das nicht der Fall.

Neun Tage nach dem Richardson-Kampf im Colonie Coliseum in Latham, New York, benötigte Tyson nur etwa dreieinhalb Minuten, um sich Conroy Nelsons zu entledigen. Hätte man seine Gegner gefragt, so hätten sie behauptet, Tyson sei unschlagbar. Aber einige Boxjournalisten – deren Wissen oft von ihrem Drang, clever und originell sein zu müssen, überlagert zu sein scheint – waren immer noch skeptisch.
Zwischen dem 6. Dezember 1985 und dem 16. Februar 1986 reiste Tyson von New York City nach Latham, dann nach Albany und schließlich nach Atlantic City und Troy, New York, wo er insgesamt fünf Kämpfe bestritt, für die eine Kampfzeit von 144 Minuten zur Verfügung stand. Ein Kampf war über acht Runden, die anderen vier über jeweils zehn Runden vereinbart. Die Fans sahen Tyson jedoch nur etwa 39 Minuten in Aktion, also insgesamt gerade dreizehn Runden im Ring.
Besonders der Kampf am 16. Februar 1986 gegen Jesse Ferguson trug dazu bei, Tysons Ruf als Boxer mit wahrhaft großer Anziehungskraft auf das Publikum zu festigen. Kaum ein anderer Boxer – Meister wie Marvin Hagler, Sugar Ray Leonard und „Macho" Camacho ausgenommen – wäre imstande gewesen, eine derartige Begeisterung auszulösen. Das R. P. I. Houston Field House in Troy, das 12000 Zuschauern Platz bietet, war ausverkauft. Erstmals war Mike auch landesweit im Fernsehen present. Die Zuschauer rasten wie die wilden Fans der früheren Jahre. Als der Ansager Fergusons Namen ausrief, ging das im Getöse absolut unter – die Buhrufe waren geradezu ohrenbetäubend. Und Beifallsrufe ließen Tysons Namen im Geräuschpegel untergehen.
In der ersten Runde stürzte sich Tyson auf Ferguson. Er wurde von einem gelassenen Profi empfangen, der wußte, was er tat. Tysons Jab und ein rechter Cross verfehlten den Gegner, der eine linke Gerade landete. Mike setzte nach, Ferguson erwartete ihn. Schlagabtausch in Nahdistanz. Beide Boxer fühlten sich in ihrem Element. Daß Ferguson jedesmal nachschlug, wenn Tysons Schlag ins Leere ging, forderte Mike heraus. Plötzlich schoß er eine Kombination rechter Ha-

ken an die Rippen – rechter Uppercut ans Kinn. Ferguson ging zu Boden und ließ sich bis acht anzählen. Von nun an veränderte sich der Charakter des Kampfes. Diese gelungene Aktion gab Mike Auftrieb; er begann, Jesse durch den Ring zu jagen. Immer wenn sie nahe aneinander gerieten, klammerte Ferguson, so daß der Kampfrichter Luis Rivera die beiden immer öfter trennen mußte. Rivera verwarnte Ferguson mehrmals. Nach einem anstrengenden Versuch, Jesses klammernde Hände von Tysons Armen zu lösen – das war in Runde sechs –, wandte er sich an die Punktrichter und signalisierte Fergusons Disqualifikation, indem er seine Arme wiederholt energisch kreuzte. Das Publikum brüllte zustimmend, und Tyson war selig.
Bei der Pressekonferenz nach dem Kampf wurde Tyson nach dem heftigen Uppercut gefragt, der Ferguson in der ersten Runde zu Boden zwang. „Na ja", sagte Mike, „ich versuchte, ihm die Nasenwurzel ins Gehirn zu stoßen."
Da wußten Jacobs, Cayton und Rooney, daß der Teenager aus Brooklyn zum Boxer gereift war. Das intensive Trainingsprogramm hatte zu einem höheren Wettkampfniveau geführt. Mike stand jetzt legitimierten Kontrahenten gegenüber. Jetzt konnte er beweisen, ob er das richtige Zeug zum Champion hatte. Er befand sich gewissermaßen auf einer Einbahnstraße. Nur wußte niemand, ob sie zum Erfolg oder zum Untergang führte.

8. Kapitel

Gute Schwergewichtler waren rar. Das beschwor die Gefahr herauf, etwas falsch zu machen bei der Auswahl der Gegner. Das sahen die meisten Boxsportfunktionäre so, darunter auch ich. Das bewegte mich jedesmal, wenn Tyson in den Ring stieg. Als Boxsportbeauftragter bat ich Peter Della, NYSAC-Aufsichtsbeamter der Offiziellen, die besten Kampfrichter für Tysons Kämpfe zu engagieren. Ich bat auch Dr. Frank Folk, unseren leitenden Arzt, Tysons Gegner sorgfältig zu beobachten und im Zweifelsfall jeden Kampf ohne zu zögern abzubrechen. Ich war immer dafür, einen Kampf eher früher als zu spät abzubrechen.

Einige Tage vor seinem Tod hatten Cus und ich noch besprochen, welches Problem wohl das schwerwiegendste am Anfang von Tysons Laufbahn wäre. Im Grunde war der Teenager zu kraftvoll, zu klug und zu schnell für Schwergewichtler, die seiner begrenzten Kampferfahrung entsprachen. Andererseits könnte er aber sehr verletzbar sein, müßte er gegen routinierte, reife Fighter mit entsprechendem Know-how antreten. Wir waren übereingekommen, Mike erst dann mit einem Gegner dieser höheren Klasse in den Ring steigen zu lassen, wenn er zuvor mit einer Vielfalt von Boxstilen Erfahrung gesammelt hat. Und das auf eine Art und Weise, die es ihm erlauben würde, seine Schwächen zu korrigieren, bei geringstem Verletzungsrisiko. Das Problem bestand also darin, „ideale“ Gegner zu finden, deren Erfahrung begrenzt genug war, um die Wahrscheinlichkeit eines Sieges für Mike zu erhöhen, deren Fähigkeiten aber hinreichend entwikkelt waren, um Mikes Repertoire zu erweitern. Mit anderen Worten: Es mußten Gegner her, die er nicht so überzeugend schlagen würde, daß er gleich in die nächsthöhere Leistungsstufe katapultiert wird. Solche idealen Kontrahenten zu finden, erforderte Zugeständnisse; oft gelang das nur mit Hilfe von Machenschaften und politischen Intrigen, die mitunter sogar bis in den Boxring hinein wirkten.

Das wurde mir vor Jahren urplötzlich klar, als ich gegen den Spitzenmann im Mittelschwergewicht Al Andrews im Ynake-Stadion antrat, damals im Rahmenprogramm des Kampfes Floyd Patterson gegen Ingemar Johansson. Es kursierten Gerüchte, daß Andrews den Höhepunkt seiner sportlichen Karriere längst überschritten hat und gegen einen jungen Boxer wie mich nichts mehr ausrichten könne. Ich hatte aber gewaltigen Respekt vor Andrews Kampferfahrung und trainierte besonders hart, um mich körperlich und geistig in Topform zu bringen.

Als der Gong zur ersten Runde ertönte, bewegte ich mich vorsichtig auf ihn zu und schoß eine schnelle gerade Linke genau auf seinen Mund. Eine blitzschnelle Meidbewegung bewahrte mich vor seinem Konter, der ins Leere ging. Anschließend legte ich mit einer Kombination gerade Linke – Cross los, und beide Schläge fanden ihr Ziel; sofort duckte ich wieder ab, um dem 'Echo' auszuweichen. Dieser Konter zischte weit über meinem Kopf hinweg. Ich traf ihn so relativ leicht, daß ich schon eine List dahinter argwöhnte. Aber als meine gerade Linke seinen Körper traf und ich ihn aufschreien hörte, wußte ich, daß er nicht täuschte. Er war ein Boxer, der sich dem Ende seiner Karriere näherte, er war im Begriff, seine Laufbahn aufzugeben, die ihm einigen Erfolg gebracht hatte.

Als ich nach der ersten Runde in der Ecke saß, instruierte mich mein Trainer Joey Fariello – den Anweisungen Cus D'Amatos folgend –, meine Überlegenheit über Andrews nicht zu zeigen. Meine Schläge sollte ich auf seine Arme und seine Boxhandschuhe richten, ihn gelegentlich auch mal bewußt nicht treffen. „Nur zur Übung“, meinte mein Trainer. Ich hielt mich überaus exakt an diese Anweisungen, vermasselte aber so viel, daß schon Buhrufe aus dem Publikum kamen. Also tänzelte ich um Andrews herum und schlug leichte, aber schnelle gerade Linke, die ihn an der Stirn trafen. Mich überraschte nur, daß der Boxveteran nicht in der Lage war, ihnen auszuweichen. Dann aber kam der Hammer.

„Laß dich ruhig ein paarmal erwischen“, sagte mir Joey zwischen der vierten und fünften Runde. „Wir müssen der Konkurrenz zeigen, daß die Gegnerwahl richtig war. Erst dann schalten wir ihn aus.“ Das tat ich in der sechsten Runde. Der Plan funktionierte, und er hat offensichtlich viele hinters Licht geführt. Erst später erfuhr ich, daß solche Strategie als ‚politischer Zug‘ bezeichnet wird, darauf gerichtet, die Boxsportbeauftragten in dem Glauben zu lassen, man sei noch nicht soweit, auf die nächsthöhere Leistungsstufe gehoben zu werden. Cus wollte mehr Kämpfe für mich arrangieren, die aber gegen Boxer, die auf ähnlichem Leistungsniveau standen. „Ich will, daß du mit sämtlichen Schwierigkeiten konfrontiert wirst“, sagte er, „das erst bringt die eigentliche Erfahrung.“

Nun war es aber nicht Juni 1959, sondern März 1986, Cus war nicht da, und Tyson war nicht Torres. Mike war ein explosiver junger Mann, der bereits wußte, daß das Boxen zu viele Überraschungen bot, als daß man unnötige Risiken eingehen sollte. Seine Philosophie war: Je früher er den Ring unbeschadet verläßt, desto besser; wenn Machenschaften im Spiel sind, dann sollen die Manager zusehen, wie sie damit fertigwerden. Er, der Boxer, hatte ‚nur' die Aufgabe, die Gegner aus dem Ring zu räumen.

Leider konnten Jacobs und Cayton die Auswahl eines ‚idealen' Gegners nur noch einmal praktizieren, also letztmalig eine anständige Börse für wenig Arbeit sichern. Das war der Kampf, bei dem Steve Zouski für ausgleichende Gerechtigkeit zugunsten von Tyson sorgen sollte. Der Kampf wurde als Teil zwei einer Doppelveranstaltung für zahlendes Fernsehpublikum (Pay-TV) angesetzt. Hauptteil der Veranstaltung sollte der Weltmeisterschafts-Titelkampf im Mittelgewicht zwischen Marvelous Marvin Hagler und John ‚the Beast' Mugabi sein, wobei der Hagler-Mugabi-Kampf in Las Vegas, Nevada, und die Auseinandersetzung Tyson-Zouski im Nassau Coliseum in Uniondale, Long Island, stattfinden sollte. Die Einschaltquote bei dem Championat sollte durch die Teilnahme von Tyson vor allem in New York beträchtlich erhöht werden, da Tyson dort inzwischen zum Publikumsliebling avanciert war.

In der Nacht vor dem Kampf konnte Tyson nicht richtig schlafen. Um fünf Uhr morgens fragte er seinen Assistenten Steve Lott, ob er im Trainingssaal üben könne. Der fragte seinerseits Rooney, der das für eine großartige Idee hielt.

„Also gingen wir um sechs Uhr morgens trainieren“, erzählte Steve. „Mike machte einige Lockerungsübungen, fuhr ungefähr zwanzig Minuten auf dem Fahrrad-Ergometer, machte einige Freiübungen, übte eine Weile Schattenboxen und Seilspringen.“

Als dann abends der Gong zur ersten Runde ertönte, stürzte sich Tyson wie üblich auf seinen Gegner. Er zwang ihn, Hände und Beine fast ausschließlich zur Verteidigung zu nutzen. Die erste und die zweite Runde verliefen nach dem gleichen Muster: Tyson verfolgte seinen Gegner, der entweder zurückwich oder klammerte, bis der Ringrichter sie trennte. Hin und wieder konterte Zouski mit Verzweiflungsschlägen, von denen zur Freude der wenigen Zouski-Fans

im Coliseum der eine oder andere Mikes Gesicht streifte. In der dritten Runde versuchte Zouski einen wirkungsvollen Angriff zu starten, aber Tyson traf mit einigen leichten rechten Haken Zouskis ungedeckte linke Rippenseite; es folgten zwei mächtige Uppercuts und dazu noch ein wilder linker Haken. Zouskis großer Körper sackte auf leblosen Beinen zusammen. Mike ging in die neutrale Ecke, Arthur Mercante, einer der besten Boxkampfrichter, zählte Zouski aus – elf Sekunden, bevor die dritte Runde geendet hätte.
Das war das letzte Mal, daß Tyson gegen einen Boxer dieses Niveaus antrat. Jacobs und Cayton wußten, daß der Leistungspegel künftig ein oder zwei Striche höher liegen würde.
Tyson hatte in den letzten zwölf Monaten neunzehn Kämpfe hinter sich gebracht. In einigen Monaten war er sogar zwei- oder dreimal in den Ring gestiegen. Die meisten seiner Gegner schlug er in der ersten Runde k. o. – eine beachtliche Bilanz. Nun sollte er gegen seinen ersten ‚idealen' Gegner – James ‚Quick' Tillis – antreten. Das war ein wirklich ernstzunehmender Rivale, wie sich zeigen sollte.
Beide wollten durch diese Begegnung ihren Ranglistenplatz verbessern. Tyson war jedoch die Hauptattraktion, der heiße Tip. Sein Ruf war bereits überwältigend und versprach ein gutes Geschäft. Also wurde das Civic Center in Glens Falls, New York, sozusagen Tysons Hinterhof, als Austragungsort gewählt.
Zahlreiche Busse voller Leute kamen nach Glens Falls, wo es bald wie beim Karneval aussah. Das beherrschende Thema war der Tyson-Kampf, und fast jeder der zumeist weißen Fans drückte die Daumen für den Lokalmatador. James Tillis fand sich in der Rolle eines Erzfeindes – das hier war Tysons Terrain, hier war er zu Hause. Als die beiden Fighter in den Ring stiegen, um miteinander abzurechnen, weckte die knisternde Atmosphäre in der Arena Erinnerungen an die turbulenten, lärmenden Sportklubkämpfe im New York der 40er, 50er und 60er Jahre, einer Zeit, als sich die Fans nach unmittelbarer Nachbarschaft sowie nach ethnischer Zugehörigkeit formierten.
Eines war klar: Quick Tillis war kein Einheimischer, folglich sparten die Anhänger Mikes nicht mit lautstarken Buh-Rufen; sie straften Tillis im voraus mit bissiger Verachtung. Einige Fans wären wohl am liebsten selbst in den Ring gestiegen, um es ihm zu zeigen – jedenfalls gebärdeten sie sich so. Mit seinen 97,5 kg wirkte Tyson – mit schwarzen Schuhen und schwarzen Shorts, jedoch ohne Socken und Bademantel – absolut fit. Aber Mike wußte um Tillis Ruf als schlauer Fighter, und er war auf der Hut.

Beim Ertönen des Gongs herrschte eine feierliche Stille. Die Fans kannten Tysons Gewohnheit, seinen jeweiligen Gegner gleich hart anzugehen, sich seiner Widersacher so schnell wie möglich zu entledigen; sie erwarteten einen K.-o.-Sieg in der ersten Runde.
Nach den ersten zwei Minuten, in denen Tillis den harten Schlägen Mikes gekonnt auswich und selbst geschickt konterte, dabei sogar mehrmals Tysons Gesicht und Körper traf, gab es die ersten fordernden Rufe: „Erste Runde! Los, Mike. Erste! Erste! Erste!" Und als der Gongschlag die erste Runde beendete, seufzte die enttäuschte Menge auf.
Ich konnte nicht hören, was Tyson zu Rooney sagte, aber in seinen Augen, an seinem Gesichtsausdruck war zu sehen: Er war besorgt. Einige seiner besten Schläge hatten Tillis getroffen, aber der steckte sie weg, ohne mit der Wimper zu zucken. Es war offensichtlich, daß Mike härter, viel härter, agieren mußte, um zu gewinnen. Und was noch wichtiger war: Er mußte Herr seiner Gefühle bleiben. Zum erstenmal mußte er wahrscheinlich die psychologischen Schalter betätigen, die Cus ihm vorsorglich ‚implantiert' hatte.
Im weiteren Kampfverlauf blieb Quick Tillis seiner in der ersten Runde eingeschlagenen Taktik treu. Im Nahkampf übertraf er Mike sogar gelegentlich. Zum ersten Mal in zwanzig Kämpfen verlor Tyson mehr als eine Runde. Trotz einiger Unzufriedenheit wußten beim letzten Gongschlag jedoch alle, daß der Teenager der Überlegene war. Einige Boxsportjournalisten, so Mike Katz und Wally Mathews, murrten zwar noch immer, daß Tyson ein von Cus, Jacobs und Cayton erfundener Mythos sei, aber sie fanden kaum Zustimmung.

Siebzehn Tage später taten sich Don King Productions und Madison Square Garden als Tysons gemeinsame Promoter zusammen und arrangierten einen Kampf zwischen ihm und Mitchell Green, einem Einsfünfundneunzig-Klotz, der von Don Kings Sohn Carl gemanagt wurde. Es war der erste Kampf, der Tyson eine beträchtliche Summe einbringen sollte. Das Home Box Office (HBO) finanzierte diesen sowie zwei weitere Tyson-Kämpfe mit jeweils rund einer halben Million Dollar und bezahlte Tysons Gage, und zwar direkt. Daß eine derartige direkte Transaktion zwischen einer Fernsehgesellschaft und einem Boxer stattfand, hatte es in der Geschichte des Boxsports bis dahin nicht gegeben. Die einzige Auflage war, daß Mike gegen einen der drei oder vier Boxer antreten mußte, deren Benennung durch eine der international anerkannten Organisation erfolgte.

Einige Jahre zuvor hatte ich Mitch Green in Aktion gesehen. Wenn es in den Jahren 1980 bis 1982 überhaupt einen Schwergewichtler gab, der Anspruch darauf hatte, den Weltmeister in dieser Gewichtsklasse zu fordern, dann war es dieser Riese von einem Mann. Ich hatte ihn in der letzten Zeit nicht kämpfen sehen, ich hatte nur von seinen Querelen mit dem Gesetz gehört und nahm an, er gehöre möglicherweise zu der Sorte von Anwärtern, die zu wild waren, um sich zähmen zu lassen. Auf jeden Fall war Green ein Fighter, der mir Angst einflößte.

Seit D'Amatos Tod waren sechs Monate vergangen, aber ich versuchte, seine Gedanken nachzuvollziehen, darüber nachzudenken, was er von einem Kampf Green gegen Tyson halten würde. Dabei erinnerte ich mich an den Tag, als Cus mir gegenüber zugab, daß auch er gegen Fehler keineswegs gefeit sei.

Er sagte damals: „Ich glaube jemand zu kennen, der zum gegenwärtigen Zeitpunkt wahrscheinlich weniger Fehler aus boxsportlicher Sicht machen würde als ich – Jimmy Jacobs."

„Wenn ich nicht absolut sicher wäre, daß Mike auch Green besiegt", sagte mir jetzt Jacobs, „hätte ich den Kampf nicht arrangiert." Ich meinerseits war nur davon überzeugt, daß Mike bereit war, mit den Besten seiner Leistungsklasse in den Ring zu steigen, selbst wenn sie noch höher eingestuft wären als Green. Und dennoch: Da war etwas in Greens Größe und Zähigkeit, das mich beunruhigte.

Der Morgen des 20. Mai 1986 war heiß und schwül. Die Boxer wurden nicht im üblichen kleinen Raum der New York State Athletic Commission gewogen, sondern im Ring des Madison Spring Garden. Die Spannung am Austragungsort war groß, unvergleichlich größer als sonst. Entsprechend umfangreich war das Presseaufgebot.

Als NYSAC-Vorsitzender hielt ich mich bewußt in einer angemessenen Entfernung von beiden Boxern. Ich war Tysons Freund und Greens Bekannter. Da Tyson ein Schlagzeilenfüller war und jeder Schritt, ja, jede seiner Gesten journalistisch gut verwertbar war, gab es einige Reporter, die nicht davor zurückschrecken würden, aus meinen engen Beziehungen zu Tyson etwas zu konstruieren, falls sich die Möglichkeit dazu ergeben sollte. Aus diesem Grund auch betete ich jedes Mal, wenn Tyson in New York kämpfte, daß er einen K.-o.-Sieg erzwingt, denn sollte ein ausgeglichener Kampf zugunsten von Tyson entschieden werden – das wäre Zündstoff für die Presse.

Aber es sah aus, als würde die Presse bei dieser Begegnung auch so

auf ihre Kosten kommen, da Green, der mit seiner Mutter erschien, kurz vor dem Wiegen erfahren haben soll, daß er für den Kampf 50 000 Dollar, Tyson aber eine Garantiesumme von einer halben Million erhalten wird. Diese Diskrepanz hielt er für unberechtigt und unfair. Daß Greens Manager, Carl King, der Adoptivsohn des Promoters war und keine Erklärung für diesen Sachverhalt zu haben schien, schürte die Kontroverse zusätzlich.
Ich sah mich gezwungen, in das inzwischen entstandene Handgemenge einzugreifen, als Green anfing, Beleidigungen und wüste Beschimpfungen gegen die beiden Kings auszustoßen und zu drohen, er würde zum Kampf nicht erscheinen.
Ich sagte Green, er müsse zu seinen Vertragsverpflichtungen stehen und sie einlösen. Ich erinnerte ihn daran, daß der Vertrag bereits seit längerem unterschrieben war und er die vereinbarten Summen doch wohl schon längst kannte. Nach einem hitzigen Wortwechsel zwischen Carl King und Green wurde die Angelegenheit geglättet, aber zu diesem Zeitpunkt war es in der Boxszene kein Geheimnis mehr, daß die beiden Kings gegen ihren eigenen Schützling waren und womöglich sogar hofften, daß Mike ihn k. o. schlagen würde.
An jenem Abend waren nicht alle Plätze im Madison Square Garden ausverkauft, aber die Zuschauer waren nicht weniger aufgeregt und laut als sonst. Jetzt, da Muhammad Ali nicht mehr im Rampenlicht stand und Larry Holmes nicht genügend Charisma für einen Superchampion besaß, hofften die Fans, das Entstehen einer neuen Ära zu erleben. Sie vermißten die absoluten Höhepunkte, die Atmosphäre, die bislang nur solche Boxer wie Jack Johnson, Jack Dempsey, Joe Louis, Rocky Marciano und Muhammad Ali hervorzubringen vermochten.
Holmes, ein gewaltiger Champion, war weit davon entfernt, als legendär zu gelten – er war halt nur Alis Nachfolger auf dem Thron. Holmes litt nämlich am ‚Ezzard-Charles-Syndrom". (Charles, einer der größten Boxer seiner Zeit, folgte auf Joe Louis, der eine überwältigende Popularität genoß. Daher blieb ihm seinerzeit die Anerkennung versagt, die er verdiente.) Ein weiteres Problem, mit dem sich Holmes auseinandersetzen mußte, war das Wiederaufleben verschiedener internationaler Boxsportorganisationen. Die Weigerung der Organisationen, ihre Rangliste zu vereinheitlichen, führte dazu, daß es mindestens drei verschiedene ‚Meister' in jeder Gewichtsklasse zur gleichen Zeit gab, was natürlich Wert und Bedeutung dieser Titel erheblich minderte.

Am Abend der Tyson-Green-Begegnung war mein älterer Bruder Andresito nervöser als sonst. Er war in der Gramercy-Halle aufgetaucht, wo Mike in der Woche zuvor trainiert hatte, und ihm war aufgefallen, daß Mike ‚ungewöhnlich verstört' war.
„Ich würde es auch sein", sagte ich.
Andresito, dessen Meinung von Tyson geschätzt wurde, war von Tyson gefragt worden, ob sein Sparring in Ordnung war. "Hab ich schlimme Fehler gemacht?" hatte ihn Mike gefragt.
„Du vernachlässigst den Nahkampf", hatte darauf mein Bruder erwidert, „du bist im Nahkampf zu faul geworden." Mike bedankte sich mit einen Kopfnicken. Am nächsten Tag ging er wirklich konzentrierter in den Nahkampf, war auch aktiver.
Unmittelbar vor dem Kampf war ich in beiden Umkleideräumen. Mike saß ruhig da. Er war angespannt, und ich wollte nicht, daß er oder irgend jemand denkt, er würde von der NYSAC-Kommission bevorzugt behandelt werden. Ich sagte ihm: „Keiner ist besser in der Lage, dir eine gerechte und faire Behandlung zu garantieren, als ich. Aber wenn du gewinnen willst – das kann keiner außer dir tun." Dann flüsterte ich ihm noch zu: „Aber ich bin sicher, daß du es kannst und es schaffst." Ich schüttelte seine Hand, und er winkte mir zu.
Im anderen Umkleideraum sagte ich Green, in diesem Geschäft gäbe es nur einen Weg, mehr Bedeutung zu erlangen. „Man muß Boxkämpfe gewinnen. Schlag mal Tyson, und du wirst viel Anerkennung bekommen... und viel Geld auch." Ich habe ihm auch Glück gewünscht und ihm auch die Hand geschüttelt. Er schien gelöst zu sein, und wenn er Angst hatte, verstand er sie meisterhaft, zu verbergen. Um ehrlich zu sein: Ich hoffte, mich getäuscht zu haben. Jemand ohne Angst hatte gegen Tyson keine Chance. Kein Boxer konnte überstehen, wenn er unnötige Risiken einging. Gegen Tyson brauchte ein Boxer den Schutz der Angst.
Als der Kampfrichter die beiden in die Mitte des Boxrings rief, schien Mike wütend zu sein. Seine Oberlippe war kaum sichtbar, er wirkte verbissen und atmete tief durch die Nase. Green, sein Gegenüber, gab sich auch nicht gerade furchtsam. Er ging ruhig umher, verzog seinen Mund und versuchte, Tyson durch Beleidigungen zu entnerven.
Der erste Schlag kam von Mike. Wie die meisten D'Amato-Schützlinge suchte er seinen Widersacher kalt mit einem schnellen harten Schlag zu überraschen. Cus war überzeugt, daß die meisten Schwergewichtler ihre Selbstsicherheit nicht aus ihrem Talent, sondern aus

ihrer Größe bezogen: Im Grunde genommen seien sie nichts anderes als Aufschneider. Tyson hoffte, bei Green wäre das so.
Aber Mitch bewegte sich geschickt, und als ich daran dachte, welche Leistungsfähigkeit er in der Vergangenheit an den Tag gelegt hatte, befürchtete ich, daß sich Mike bald in einem sehr, sehr harten Kampf behaupten müßte. Nicht zu übersehen war, daß Tyson sich entschlossen hatte, seinen Gegner zu bombardieren, darauf hoffend, daß eine seiner Bomben an der richtigen Stelle explodiert. Aber nach der zehnten Runde war Mitch immer noch da, und Mike war es wiederum nicht gelungen, seinen Kontrahenten durch K. o. zu besiegen.
Tyson-Gegner waren schnell dabei, sich auf der Zunge zergehen zu lassen, daß Mike nicht imstande war zu verhindern, daß Green – wie vorher Tillis – den Kampf stehend beenden konnte. Dabei ließen sie jedoch außer acht, daß Mike in beiden Kämpfen seinen Rivalen klar überlegen war.

9. Kapitel

Mike mußte sich unbedingt entspannen, um vor – und während – eines Kampfes den Zustand zu erreichen, den Ernest Hemingway ‚Anmut unter Druck' bezeichnete. Die naheliegende Lösung war ein Kampf, durch den er sein Selbstvertrauen und den Glauben an sich selbst wiedergewinnen würde. Aus diesem Grunde riet ich Jim Jacobs, Mike gegen Marvis Frazier antreten zu lassen. Ich begründete das so: „Er hat einen phantastischen Namen, aber er ist auch wie maßgeschneidert für unseren Stil." Unter ‚unserem Stil' verstand ich die für D'Amatos Schüler charakteristische ‚Hasenohren'-Haltung, die dadurch entstand, daß sie die Hände hochhielten, die Boxhandschuhe an den Backenknochen ruhen ließen und sich aus dieser Haltung heraus bewegten, Schläge abblockten und austeilten. „Er würde keine drei oder vier Runden mit Mike überstehen", fügte ich noch hinzu.

Obwohl der Name Frazier für einen Kampf gegen Mike nicht an erster Stelle stand, war dieses Gespräch möglicherweise das, was Jim überzeugte, Mike gegen drei ‚faire', aber weitgehend unbekannte Boxer antreten zu lassen. Er mußte Mikes Selbstvertrauen aufbauen und nutzte dazu die Sommermonate des Jahres 1986. Von den drei Boxern, gegen die Mike kämpfen sollte – Reggie Gross, William Hosea und Lorenzo Boyd –, bereitete mir Gross die größten Sorgen. Ich hatte ihn einige Monate vor D'Amatos Tod in Pennsylvania in einem verbissenen Fight mit Jimmy Clark kämpfen sehen und war von den beiden so beeindruckt, daß ich Cus bat, die beiden als mögliche Kontrahenten für Mike im Augen zu behalten.

Der erste in der Serie der nicht allzu gefährlichen Kämpfe, der gegen Gross, war für den 13. Juni 1986 im Madison Square Garden angesetzt. Als ich Jim von meinem Gespräch mit Cus über Gross berichtete, lächelte er.

„Ja, wir entschieden über jeden einzelnen Kampf aufgrund einer Liste, die wir von Cus erhalten hatten, er hielt für diesen Zeitpunkt Gross genau für den richtigen Gegner."

Mike stieg in den Ring unter ohrenbetäubendem Applaus, der allein schon Balsam für seine Seele, für sein Selbstvertrauen war. Einige Journalisten interpretierten, daß Tysons unkonventionelle Aufmachung – keine Socken, kein Bademantel, schwarze Schuhe, schwarze Hose – irgendeinem Ghettoaberglauben entspreche. Rooney legte seine Arme um Mikes gewaltige Schultern, flüsterte ihm etwas ins Ohr und gab seinem Schützling einen dicken irischen Kuß auf die Lippen. War das etwas Neues in der geheimnisumwitterten Welt der Profiboxer?
Tyson schaltete sofort auf Vorwärtsgang und feuerte einen Schwall schneller und kräftiger Schläge ab, die Gross in die Abwehr zwangen. Einige Schläge, besonders die zum Körper, hatten es wirklich in sich, aber Gross steckte sie weg, ohne zu resignieren. Mike setzte seine Kanonade fort, bis Gross mit einem Konter, einem wirkungsvollen rechten Kinnhaken, Mike genau unter dem Kinn erwischte. Die Zuschauer stöhnten auf, spürten wohl den Schmerz. In dieser Situation zeigte sich Mikes Härte – er setzte seine Angriffe unbeirrt fort. Gross landete einen weiteren Kinnhaken, aber unmittelbar darauf holte Mike ihn mit einem linken Haken zum Kinn von den Beinen. Als Kampfrichter Johnny LoBianco zu zählen begann, blickte Gross mit traurigen Augen auf, als wollte er sagen, er hätte genug. Aber sein Stolz zwang ihn wieder auf die Beine. Tyson fackelte nicht lange: Ein weiterer linker Haken, mit dem er Gross überraschte, explodierte an dessen rechter Schläfe und warf ihn zurück auf die staubige Matte – das war's. Ein Blick in die Augen des Kämpfers sagte LoBianco alles; er verzichtete auf das Zählen und signalisierte das Ende des Kampfes: Sieg durch technischen Knockout. Der Kampf hatte genau zwei Minuten und sechsunddreißig Sekunden gedauert.
Zwei Wochen später kam ein finster blickender Boxer namens William Hosea ins R.P.I. Houston Field House in Troy. Er kam irgendwoher aus dem Westen und forderte Tyson heraus. Nach zwei Minuten in der ersten Runde lag er auf dem Boden, hielt seine rechte Seite und schrie vor Schmerz. Er versuchte etwas zu sagen, brachte aber keinen verständlichen Laut heraus. Kampfrichter Harry Papacharalambous brach den Kampf ab. Aus und vorbei.
Fünfzehn Minuten später, nachdem sein Schmerz schon etwas nachgelassen hatte, aber immer noch schwer atmend, sagte Hosea: „Ich wurde von einem Vorschlaghammer getroffen." Er hielt sich noch immer die rechte Seite, sein Gesicht war schweißgebadet. „Der Schweinehund schlägt zu wie ein Vorschlaghammer."

Zwei Wochen später, am 11. Juli 1986, stand Tyson wieder im Ring. Diesmal im Stevensville Country Club, Swan Lake, New York. Die Begegnung hatte man – natürlich nicht offiziell – als ‚Aufbaukampf' für Tyson angekündigt. Sein Rivale war Lorenzo Boyd, ein Youngster wie Tyson, mit einer beachtlichen Erfolgsliste, aber ohne Erfahrung. Boyds Manager, der diesem Kampf zugestimmt hatte, verdiente dafür wahrlich kein Lob.

Für Jacobs und Cayton war diese Begegnung lediglich ein Aufbaukampf, weil gerade ein wichtiger Kampf für Mike vereinbart worden war. Am 26. Juli 1986 sollte er mit einem jungen Mann in den Ring steigen, der aus dem für seine zähen Boxer bekannten Philadelphia kam und obendrein über einen legendären Familiennamen verfügte: Frazier... Marvis Frazier.

„Wir haben das Treffen arrangiert, damit du uns mit diesem Marvis nicht mehr auf den Wecker gehst", spaßte Jacobs. „Sollte Mike etwas zustoßen, bist du ganz allein dafür verantwortlich."

Wegen der begrenzten Aufnahmekapazität des Klubs und weil Tyson in Stevensville sozusagen Heimvorteil und damit das Publikum hinter sich hatte, war der Austragungsort ideal für einen Vorbereitungskampf. Da Mike in dieser Begegnung nicht ganz bei der Sache war, kamen diejenigen auf ihre Kosten, die gern längere Kämpfe sehen. Na ja, relativ gesehen. Wahrscheinlich waren Tysons Gedanken, während seine Fäuste Boyd bearbeiteten, bereits bei seiner Auseinandersetzung mit Frazier. Dadurch nur währte der Kampf vier Minuten und dreiundvierzig Sekunden. In den sieben Tyson-Kämpfen, bei denen Sid Rubenstein als Kampfrichter fungierte, mußte er nur einmal länger arbeiten als in diesem Match.

Als New Yorks Chefbeautragter für den Boxsport war ich bei dem bevorstehenden Tyson-Frazier-Kampf kein objektiver Beobachter. Das Gegenteil zu behaupten, wäre unaufrichtig. Tyson hatte in meinem Haus gewohnt und wurde von meiner Familie wie ein Verwandter geliebt. Wir wollten immer, daß er gewinnt. Alle in der Boxsportbranche kannten unsere Beziehung. Soweit ich weiß, hatte jedoch keiner in dieser Branche je an meiner Ehrlichkeit und Integrität in bezug auf Tysons Kämpfe gezweifelt. Als Papa Joe Frazier einige kritische Bemerkungen über meine Freundschaft zu Mike öffentlich kundtat, nahm ich ihn beiseite. „Wenn sich einer um meine Beziehung zu Mike sorgen sollte, dann allein Mike", sagte ich ihm. „Meine Offiziellen geben ihr Bestes, immer und in jedem Fall objektiv zu bleiben. Im Zweifelsfall aber, davon bin ich überzeugt, käme Mike bei ihnen weniger gut weg als sein Gegner. Also machen Sie sich keine Sorgen."

Der frühere Champion im Schwergewicht lächelte und ging. Einige Tage später wiederholte er jedoch seine Bedenken in der Öffentlichkeit. Als mich Journalisten daraufhin ansprachen, war ich leicht verärgert.

„Mike Tyson braucht von niemandem Hilfe", sagte ich, „schon gar nicht in seinem Kampf gegen Marvis Frazier."

Der Austragungsort befand sich mitten in Tysons Heimterrain! Civic Center in Glens Falls, wo etwa zwölf Wochen zuvor Mikes ununterbrochene K. o.-Serie nach neunzehn Kämpfen endete. Joe Cortez, als Ringrichter ein absoluter Spitzenmann, auf meine Bitte hin von Peter Della bevorzugt für Tysons Kämpfe eingesetzt, sollte auch bei dieser Auseinandersetzung als Kampfrichter agieren. Nach Joe Fraziers Bemerkungen über meine enge Beziehung zu Mike hatte ich mich inzwischen entschlossen, mich weitgehend von den Boxern fernzuhalten. Trotzdem ging ich in die Umkleidekabinen und wünschte beiden vor dem Kampf viel Glück. Zugegeben, Mike ermahnte ich, cool zu bleiben. „Reg dich nicht auf", riet ich ihm, „behalte einen klaren Kopf, dann wird sich der Rest von selbst ergeben."

Mike nickte und signalisierte mir seine Zuversicht per Handzeichen – Daumen nach oben. Er konzentrierte sich voll auf den bevorstehenden Kampf, ein sicheres Zeichen dafür, daß er gereift war. „Mein Gott", munterte ich ihn noch auf, „siehst du gut aus." Dann verließ ich den Umkleideraum und sagte Jacobs, ich hätte seinen Fighter noch nie in besserer Verfassung gesehen.

Als wir auf den Gong warteten, dachte ich an all das Mißgeschick, das so mancher gute Boxer durch einen einzigen Schlag erlitten hatten, an die sicheren Gewinner, die durch einen einzigen törichten Fehler k. o. geschlagen wurden.

Ich beobachtete Mike aus der ersten Reihe, studierte seine Augen und kam zu dem Schluß, daß er nicht hätte besser vorbereitet sein können. Als Cortez die beiden Boxern hinreichend bekannten Anweisungen in der Ringmitte wiederholte, bewegte Mike seine Beine, als würde er bereits boxen. Beiden Boxern zitterte der Bauch unwillkürlich. Marvis' Vater massierte noch einmal den Rücken seines Sohnes, während er Tyson verächtlich musterte. Dann rief der Gong die Boxer aus ihren Ecken.

Bis es Joe Frazier gelang, an eine Stelle zu kommen, von der aus er

seinem Sohn Anweisungen zurufen konnte, hatte Tyson seinen Gegner in eine Ecke gedrängt und bearbeitete ihn von allen Seiten mit schweren Schlägen. In Erwartung des Unvermeidlichen hielt es die Zuschauer nicht mehr auf den Sitzen. Als Marvis Zuflucht in der eigenen Ecke neben seinem Vater suchte, schoß Tyson einen niederschmetternden rechten Uppercut genau auf seine Kinnspitze. Dank seiner glänzenden Kondition blieb Marvis auf den Beinen, und obwohl Körper und Glieder ihm noch gehorchten, den Anschein erweckten, er sei bei vollem Bewußtsein, signalisierten seine Augen das fehlende Funktionieren des Gehirns. Mit der Schärfe eines Laserstrahls legte Tyson mit einer Fünfschlag-Kombination los. Drei dieser Schläge trafen den Körper des fallenden Rivalen, und Cortez eilte dazwischen, unterbrach den Kampf, um unnötige Verletzungen zu verhindern. Die Fans, die einen K.-o.-Sieg in der ersten Runde erwartet hatten, tobten wie wild, als sich ihr Wunsch erfüllte. Mike hatte Marvis derart hart zugesetzt, daß der Ringrichter nicht bis zu Ende zu zählen brauchte. Statt dessen rief er den Arzt in den Ring, während Marvis das Bewußtsein wiederzuerlangen trachtete. Unmittelbar nach dem Knockout sagte mir Cortez, als ich in den Ring stieg, er hätte in seinem Leben noch nie einen Fighter mit einer derartigen Schlagkraft gesehen.
Gleich nach der Pressekonferenz nach dem Kampf rief Tyson seine Schwester Denise an. „Er war sehr glücklich“, erinnerte sie sich. „Als erstes sagte er: 'Hast du gesehen, wie schnell ich mit diesem Kerl fertig geworden bin? Es war komisch, wie sein Vater Joe während der Belehrung durch den Ringrichter neben ihm stand und mich ansah, als wollte er mir eine verpassen. Ich dachte schon, er würde mir eine runterhauen.‘ Dann lachten wir.“

Drei Wochen später war Mike im Trump Plaza Hotel in Atlantic City dabei, einen weiteren Schritt in Richtung auf die schwerste aller Kronen der Sportwelt zu machen. Sein Gegner war José „Niño“ Ribalta, der zwar keine große Gefahr darstellte, aber gut genug war, jedem beliebigen Boxer die schwachen Stellen nachzuweisen. Niño, der nicht so leicht mit einem sauberen Schlag zu treffen war, gehörte zu den linkischen Boxern, die es drauf haben, jeden Gegner lächerlich aussehen zu lassen. Und es gab tatsächlich einige Runden, die Tysons Kritikern gefielen. Mike hätte wie ein Amateur danebengeschlagen, behaupteten einige. Aber wenn er traf, dann saß der Schlag – so auch in der zehnten Runde, als Niños Kinn einer von Tysons Kombinatio-

nen aus rechtem Uppercut und linkem Haken im Wege war. Niño ging zu Boden. Das passierte noch zweimal, was den dritten Mann im Seilquadrat, Ringrichter Rudy Battle, veranlaßte, den ungleich gewordenen Kampf nach einer Minute und siebenunddreißig Sekunden in der letzten Runde abzubrechen und Tyson zum Sieger durch technischen K. o. zu erklären.
Der dritte Kampf in der zwischen Home Box Office und Tyson vereinbarten Serie sollte in Las Vegas gegen Alfonso Ratliff, einen Einsfünfundneunzig-Riesen, stattfinden. Don King war diesmal einer der Promoter, aber seine Bedingungen waren nicht besonders günstig. Er sollte keinen prozentualen Anteil, sondern ein Fixum erhalten. Während Tyson und seine Mannschaft im östlichen Teil der USA tätig waren, ging Don King, der ständig auf der Suche nach Gewinnträchtigem war, eine Partnerschaft mit seinem Intimus Butch Lewis ein. Sie nannten sich „The Dynamic Duo" und machten zusammen mit dem Hilton Hotel von Las Vegas und dem Home Box Office Reklame für etwas, das sie „Vereinigungsturnier im Schwergewicht" tauften. Dons Grundgedanke war, sämtliche internationalen Boxsportorganisationen an einen Tisch zu bringen und ihre jeweiligen Meister im Schwergewicht zu bewegen, an einem Ausscheidungsturnier teilzunehmen. Wer dabei übrigblieb, würde dann der „Unbestrittene Weltmeister im Schwergewicht" sein. Das war eine richtige Überlegung, würde dem großen Wirrwarr mit der Vielzahl von Meistern ein Ende bereiten – ein vernünftiger Gedanke. Besorgt war ich nur, daß Tysons Name aus irgendeinem unerfindlichen Grund auf der Liste fehlte.
Als King dann plötzlich erklärte, den Tyson-Ratliff-Kampf als Teil dieses „Unification Tournament" zu betrachten, waren viele überrascht. Tyson stand zwar auf der Rangliste der World Boxing Association an der ersten Stelle der Herausforderer, war also ein rechtmäßiger und würdiger Turnierteilnehmer, aber sein unerwartetes Glück hatte er nicht Kings gutem Herzen zu verdanken. Der Promoter hatte bereits einen Ausscheidungskampf im Las Vegas Hilton zwischen dem WBA-Weltmeister im Schwergewicht Michael Spinks und dem Norweger Steffen Tangstad, dem Europameister im Schwergewicht, angesetzt. Allerdings, und das war der springende Punkt, hatte der Vorverkauf für diese Begegnung nur einige Tausend Dollar eingebracht, eine Situation, die eine finanzielle Katastrophe signalisierte. Da wurde Tyson zum Joker, in welcher Stadt auch immer. Man kann sich vorstellen, unter welchen Druck Don von Seth Abraham von der

HBO und den beiden Johns – Giovenco und Fitzgerald – vom Las Vegas Hilton gesetzt wurde, das Teilnehmerfeld zu verändern.
Mit Tyson im Programm schoß der Vorverkauf in die Höhe – Don King und die anderen Beteiligten hatten richtig spekuliert. Er mußte erkennen, daß sein Vereinigungsturnier ohne Tyson so gut wie tot war. Tysons Teilnahme war für King unumgänglich.
Es war Tysons erster Profikampf in Las Vegas, und King und Lewis ließen bereits durchblicken, daß einem Tyson-Sieg der Kampf um den WBC-Titel gegen Trevor Berbick folgen würde. Zu diesem Zeitpunkt wurde mir klar, daß dieser Junge, der mir so nahestand, dann der jüngste Schwergewichtsweltmeister in der Geschichte des Boxsports sein würde.
Mike rief mich im Hilton an und sagte, daß er in wenigen Wochen um den Titel kämpfen werde. Ich wollte nicht, daß er zusätzlichem Druck ausgesetzt wurde. Aber da er im Begriff war, Profi zu werden, sollte er sich nicht nur darüber Gedanken machen, wie er Ratliff schlagen, sondern wie er den Kampf sensationell und spannend gestalten könnte. Ich wollte verhindern, daß er sich mit beiden Kämpfen – gegen Ratliff und Berbick – zugleich geistig beschäftigte.
„Denk nur an Alfonso Ratliff und vergiß den anderen Kampf", sagte ich ihm. „Besieg erst diesen Kerl, dann reden wir über den nächsten."
Je näher der Kampf heranrückte, desto aufmerksamer und wachsamer wurde Tyson. Seine Übungsrunden absolvierte er fehlerfrei, er traf wie er wollte. Wie zum Teufel er so ruhig bleiben konnte, war mir schleierhaft. Ein paar Tage vor dem Ratliff-Kampf sagte ich ihm: „Mann, du täuschst viel besser, als ich es jemals konnte. Auch von Angst oder gar Furcht ist dir nichts anzusehen – phantastisch." Darauf reagierte Mike mit einem listigen Lächeln.
Später erfuhr ich, daß der Junge am ersten Tag seines Trainings in Johnny Tocco's Ringside Gym in Las Vegas ausgesprochen mürrisch war und sich nicht wohl zu fühlen schien; offensichtlich machte ihm der Umgebungswechsel zu schaffen. Zum Glück hatte bis dahin kein Außenstehender gemerkt, daß Tyson mit seiner Mannschaft bereits trainierte. So blieb der Schmerz, der Mike am ersten Tag des Sparrings überwältigt hatte, weitgehend unbemerkt. Nach dem Training gingen Rooney und Tyson wie üblich zusammen in den Umkleideraum. Mike plötzlich: „Ich will nach Hause. Mir gefällt's hier nicht. Wir packen unsere Sachen." Kevin war schockiert. Unfähig, ein Wort zu sagen, ging er zu Steve Lott mit der schlechten Nachricht.

„Auf dem Weg zum Umkleideraum“, erinnerte sich Lott, „dachte ich, ‚Mein Gott, wie würde Jim oder Bill in dieser Situation reagieren?‘ Entsprechend wollte ich mich verhalten.“ Als er Mikes Umkleideraum betrat, kam der gerade aus der Dusche. Steve sprach ihn sofort an.

„Mike, wie geht es dir?“ Tyson sagte kein Wort. Darauf ein zweiter Vorstoß: „Wie fühlst du dich?“

„Mir gefällt's hier nicht, ich will nach Hause.“

„Warum?“ fragte Lott.

„Mir gefällt's hier einfach nicht.“ Tyson erhob sich.

„Mike, das ist ganz normal. Setz dich mal hin, für einen Moment nur. Du glaubst, Las Vegas ist wie ein Gefängnis für dich, aber das ist nicht wahr. Es ist eine Belohnung! Siehst du denn nicht, daß alles, was Cus dir sagte, sich verwirklicht hat – daß du ein faszinierender Kämpfer, ein ganz großer Kämpfer wirst?“

„Ja.“

„Nun bist du im Begriff, die Früchte zu ernten. Du bist belohnt worden mit Las Vegas, kannst vor einem großen Publikum kämpfen. Was glaubst du, wie Spinks zumute ist? Er weiß, daß der Vorverkauf für seinen Kampf nur ein paar Dollar einbrachte, dann aber, als dein Name auf dem Hotelvordach hinzugefügt wurde, die Eintrittskarten weggingen wie warme Semmeln. Ist das nicht schöner Lohn dafür, was du geleistet hast und Cus?“

„Ja.“

„Das ist wirklich eine Belohnung. Viele Boxer warten, beten und hoffen ihr Leben lang, nach Las Vegas eingeladen zu werden und hier der Boxwelt zu zeigen, was sie können. Aber sie werden nie eingeladen. Und hier stehst du jetzt mit deinen zwanzig Lenzen ... und die ganze Welt sagt: ‚Wir wollen dich unbedingt sehen. Wir wollen dich.‘ Und da, was du hast, was du kannst, so aufregend ist, wollen sie dich sehen.“ Lott fuhr fort: „Außerdem hast du in der berühmtesten Boxarena der Welt, im Madison Square Garden, gekämpft; du warst in Atlantic City und Houston, Texas, und du hattest dort glänzenden Erfolg. Du hast den Druck und die Aufregung erlebt und du hast sie überstanden. Stimmt's?“

„Ja.“

„Du mußt es nochmal tun. Besonders mit diesem Kerl. Du weißt, sobald du ihn triffst, ist es aus mit ihm.“

„Ja, ich weiß“, sagte Mike. „Das ist nicht das Problem. Es ist dieser Ort, dieser Augenblick ... diese Umstände.“

„Laß uns sehen, wie du dich in ein paar Tagen fühlst. Willst du's versuchen?"
„Ja", antwortete Tyson, „das kann ich tun."
„Prima", sagte Steve mit kaum zu beherrschender innerer Freude.
Am frühen Abend des 6. Septembers 1986, allein in den vier Wänden seines Umkleideraums, Minuten vor dem Kampf, schmierte sich Mike wie gewöhnlich mit Feuchtigkeitscreme ein und war gerade dabei, sein Suspensorium zu befestigen und den Tiefschlagschutz aufzusetzen; Lott sah, daß Mike danach einige Schwierigkeiten hatte, einen metallenen jüdischen Talisman in der Größe eines Pfennigs an der Lasche seines linken Boxschuhs anzubringen. „Was machst du da?" fragte Steve.
„Ich will dieses Ding hier anbringen", antwortete Tyson. Lott nahm den Talisman und heftete ihn an Mikes Schuh.
Wenige Minuten später ergoß sich das Flutlicht im Boxring des Las Vegas Hilton auf Ringrichter David Pearl, Alfonso Ratliff, Mike Tyson und die Betreuer. Der Gong ertönte, und Tyson stürzte sich auf seinen Gegner. Seinen einschüchternden Schritten folgten nicht weniger beeindruckende Schlagfolgen; seine Absichten waren unverkennbar. Ratliff erkannte schnell, daß die Möglichkeit eines Sieges für ihn in weiter Ferne lag, also ging er auf Nummer sicher, mied jedes Risiko und hielt sich an die Devise: erst mal überleben. Tyson aber wollte keine langweilige Vorstellung geben, den Medien auch keine Munition liefern gegen ihn. Es war die Möglichkeit seines Lebens, und die wollte er so gut wie möglich nutzen.
Mike setzte dem größeren Alfonso kräftig zu. Statt ihn zu verfolgen, wie das die meisten Boxer mit sich wegbewegenden Gegnern zu tun pflegen, kam ihm Tyson zuvor, indem er sich in die gleiche Richtung bewegte und dann schnell auf ihn zuging und ihn mit gelungenen Schlagkombinationen rücksichtslos angriff. Lange währte das nicht. Ein linker Haken brachte Ratliff zu Boden, wo er bis acht angezählt wurde. Kaum war er wieder auf den Beinen, schlug Tyson eine Dublette linker Haken – rechter Cross; das streckte Alfonso erneut nieder. Pearl warf einen raschen Blick auf Ratliffs Augen und brach den Kampf ab.
Mike Gerard Tyson sicherte damit seine Chance, elf Wochen später um den Weltmeistertitel im Schwergewicht kämpfen zu können.
Er war zwanzig Jahre alt.

10. Kapitel

Am 15. November 1986, sieben Tage vor dem bis dahin größten Kampf im Leben des Mike Gerard Tyson um die WBC-Weltmeisterschaft im Schwergewicht gegen Trevor Berbick, ging ich in Johnny Tocco's Ringside Gym in Las Vegas, um Tyson dort beim Training zu beobachten. Als er mich sah, sprang er vor Freude in die Luft und umarmte mich. Er stand stark unter Druck – es war ja ein Kampf um die Weltmeisterschaft – und machte Rooney und Lott verrückt. Sie wohnten mit Tyson in einem Haus im Spanish-Oaks-Viertel von Las Vegas, eine Meile vom Strip entfernt. Tyson war störrisch, eigensinnig und extrem launisch. Beim Training schikanierte er den Hilfstrainer Matt Baransky, der im Hotel wohnte und Tysons Sparringspartner managte: James Broad, Mike Williams, Oscar Holman, Walter Santemore, Mike Jameson und Licous Kirkley.

Tyson sparrte gerade, und Jacobs wollte meine Meinung hören. Tyson verhielt sich beim Sparring nicht anders als im Wettkampf. Er schlug gnadenlos ein auf diese Männer, deren Hauptaufgabe es war, ihn scharf und fit zu halten. Für die Fighter endet er mit einer flachen Nase, mit zernarbtem Gesicht und verbrauchtem Körper; professionelles Sparring ist ein hartes Brot. Tyson schlug, wie gesagt, erbarmungslos zu, als wollte er seine Sparringspartner umbringen. Die sechs Männer bekamen ein Honorar, das einem Sold mit Kampfzulage entsprach: 1000 Dollar pro Woche. Broad erhielt 1500.

Ich sagte Jacobs, Tyson wäre wie ein Tiger und ganz scharf. Was mich bei Mike störte, war seine Neigung, direkt am Gegner zu bleiben und zu klammern, eine Unvollkommenheit, die Rooney leicht ausbügeln könnte. Nach dem Training gingen Mike und ich zu Fuß zum Las-Vegas-Hilton, das etwa drei bis vier Kilometer entfernt lag. Da ich in der Trainingshalle und besonders vor Rooney, der Tysons Stärken und Schwächen wie kein anderer kannte, keine Ratschläge geben wollte, nutzte ich den Fußweg, darüber sowie über einige weitere Fehler, die mir aufgefallen waren, zu sprechen. Anfangs blieb er wortkarg, bis er auf sein Lieblingsthema kam: Frauen.

„Weißt du was? Mir gefällt es, Frauen weh zu tun, wenn ich sie liebe." Dabei schaute er mich prüfend an, erwartete wohl eine Reaktion. Aber ich hielt mich zurück. „Ich hab's gern, sie vor Schmerz schreien zu hören, sie bluten zu sehen", sagte er, als er seinen Arm um mich legte. „Mir macht das Spaß."
„Warum?"
„Ich weiß nicht."
„Willst du mir sagen, du weißt nicht, warum du den Frauen so was antust?"
Er schüttelte den Kopf.
„Willst du mir einreden, du hast schon immer gedacht, das wäre normal? Du mußt doch wohl spinnen!"
„José, ich bin so und ich weiß nicht, warum."
„Na ja, ist dir dabei schon mal eingefallen, daß Männer, die sich so benehmen, wahrscheinlich Frauen hassen, daß sie tief im Inneren Frauen einfach nicht mögen?"
„Du kannst recht habe. Du bist der erste, der mir das sagt... Weißt du, du hast vielleicht recht. So eine Scheiße!"
Als wir schon fast am Hotel angelangt waren, packte Tyson mich am Arm und bat mich stehenzubleiben. Er wollte draußen reden, ohne fremde Zuhörer, wohl auch, weil er dort ungeniert schreien und fluchen konnte. Daß Passanten auf der Straße stehenblieben und ihn grüßten und daß Autofahrer hupten, machte ihm nichts aus. Cus D'Amato war seit einem Jahr tot, und Tyson schienen die ausführlichen Gesprächsrunden mit ihm zu fehlen. Er war ein junger Mann, der die Bedeutung von Zuneigung, Begierde, Liebe verstehen wollte. Den größten Teil seines bisherigen Lebens hatte er in einer Welt der Gewalt verbracht, ein Leben, das geprägt war von Schmerzbereiten, und er wollte mehr über seine andere Seite wissen. Psychologe spielen war nicht eine meiner Lieblingsbeschäftigungen, aber ich versuchte es.
„Du meinst also, daß ich die Frauen nicht mag", sagte er. „Du bist wahrscheinlich der erste Mensch, der das so genau getroffen hat."
„Ich machte einen letzten Versuch, das Thema zu wechseln, aber das ließ er nicht zu. „Los, Mann, erzähl weiter."
„Ich bin kein verdammter Psychologe", sagte ich, „aber ich könnte etwas sagen, was dir vielleicht überhaupt nicht gefällt."
„Raus damit."
„Einige Männer, die Frauen unbewußt nicht mögen, kann man als latente Homosexuelle betrachten."

„Was, zum Teufel, ist das?“ Er lächelte dabei, wußte wahrscheinlich doch, was das bedeutete.
„Sie befinden sich in einem Zustand der Homosexualität, der sich möglicherweise nie offen manifestieren wird.“
„Erklär das mal, ich kapier's nicht.“
„Eigentlich sind das Schwule, die jedoch keine homosexuellen Handlungen ausüben. Wenn du ein latenter Homosexueller bist, wirst du weiterhin mit Mädchen ins Bett gehen und ihnen weh tun. Mag sein, daß du sie haßt, aber du wirst vielleicht niemals mit einem Mann Zärtlichkeiten austauschen.“
Sein Gesicht blieb ausdruckslos, aber er nickte, als hätte er verstanden, was ich auszudrücken versucht hatte. Ein Bildreporter erschien wie eine Wolke am heiteren, trockenen Wüstenhimmel. Tyson und ich stellten uns in Positur für einige Aufnahmen, dann gingen wir ins Hotel.
Als wir mein Zimmer betraten, lächelte er dünnlippig und bewegte den Kopf, als versuchte er etwas zu sagen, aber er konnte die richtigen Worte nicht finden. „He, Mann“, sagte er endlich, „wenn du nur wüßtest.“
Ich bat ihn, aus seinem Herzen keine Mördergrube zu machen. „Wenn du's mir nicht sagst, könnte ich mir alles mögliche ausmalen.“
„Was zum Beispiel?“
„Zum Beispiel, daß du ein Homosexueller bist.“
Er lachte schallend und stieß mich brüderlich in die Rippen, dann küßte er mich auf die Wange.
„Mädchen, Mösen, Hintern, Frauenhintern“, sagte er, „das ist es, was mir gefällt.“
Er wollte mir noch etwas sagen, tat es aber nicht. Es stellte sich heraus, daß er wegen Gonorrhöe in Behandlung war, die er sich wahrscheinlich in Las Vegas zugezogen hatte. Dieser Junge konnte fast jede Frau haben, aber er zog es vor, Risiken mit immer wieder Fremden einzugehen.
Einige Tage davor, mit Lott im Auto in einer Autowaschanlage, zog er die Hose herunter: „Schau dir das mal an.“ Vorn an seiner Unterhose waren trockene Eiterflecke zu sehen.
Lott zeigte seine Besorgnis nicht und sagte, er solle sich keinen Kopf machen. „Das ist nicht so ernst“, sagte er, aber als er wieder im Hotel war, rief er sofort Jacobs an.
„Wir haben ein kleines Problem, Mike scheint eine Infektion zu ha-

ben." Als Jacobs die Einzelheiten erfuhr, wies er Lott an, mit Tyson unverzüglich dessen Hausarzt aufzusuchen.
Eine Woche vor dem Kampf hatte Tyson also Nadeleinstiche im Gesäß und Antibiotika im Blut. Ich hatte oft mit Penicillin im Körper gekämpft, das ich meistens gegen die durch Vorkampfstress hervorgerufenen Erkältungen bekam. So konnte ich Mike aus eigener Erfahrung beraten.
„Mike", sagte ich, „du bist gerade dabei, dich nach einer schweren Trommelfellentzündung, die mit Antibiotika behandelt wurde, zu erholen. Zuviel von diesem Zeug kann dir schaden. Fühlst du dich stark?"
„Chegui", erwiderte er, meinen Spitznamen fast sarkastisch betonend, „niemand und nichts wird mich davon abhalten, diesen verdammten Kampf zu kämpfen und zu gewinnen. Niemand und nichts. Der Doktor sagte mir, es würde mich schwächen, und ich sage, er spinnt, weil ich diesen Titel unbedingt will. Um nichts auf der Welt würd' ich den Titel aufgeben.
„Darum geht's nicht."
„Nur darum geht's."
„Ja, aber wenn du..."
„*Wenn*", unterbrach er mich, „sie im Ring meine Hand heben, die Hand des jüngsten Weltmeisters im Schwergewicht, werdet ihr alle sehr stolz auf mich sein. Darum geht's, mein Freund, darum allein."
Wer könnte dem widersprechen? Cus' Einstellung sprach aus ihm, und ich merkte, ich würde ihm mehr schaden als helfen, wenn ich weiter mit ihm darüber stritt. Was er sagte, war in gewisser Weise berechtigt und im Grunde genommen eine Wiedergabe von D'Amatos Theorien der Selbstüberwindung. Ich schaute Tyson lange und eindringlich an, und ich sah Cus. Sein Kopf und sein Gesicht – wie D'Amatos. Es gab tatsächlich Ähnlichkeiten zwischen den beiden in ihrer Art zu reden und sich zu bewegen. Das war keine mystische Verklärung. Cus und Mike waren einander so nahegekommen, daß Tyson einige physische Eigenschaften seines Mentors angenommen hatte.
Der 22. November 1986 – ein denkwürdiger Tag. Es war zudem der 23. Jahrestag des Attentats auf John F. Kennedy, und die meisten Amerikaner gedachten des Tages in Würde und Trauer. Aber in diesem mit sich selbst beschäftigten Land des Entertainments, des Glücksspiels und der Prostitution waren die Namen Tyson und Trevor Berbick – er war der amtierende WBC-Champion – in aller

Munde. Die Erinnerung an Kennedy, Lee Harvey Oswald und Jack Ruby tat der Hochstimmung der Boxfans keinen Abbruch.
Als Mike frühmorgens aufwachte, war er etwas unruhig. Wie gewöhnlich aß er etwas Obst und legte sich wieder hin. So richtig Ruhe strahlte das dennoch nicht aus; der Fernseher dudelte, Videokassetten lagen auf dem Fußboden herum. Als ich am Nachmittag ankam, unterhielt er sich gerade mit Lott. Er war nicht zum Scherzen aufgelegt – die Nerven rebellierten. Ich ging mit zur rückwärtigen Veranda und demonstrierte einige Grundbewegungen und -schläge. Ich wollte seine Erinnerung „auffrischen", vor allem aber ihn etwas ablenken. Tatsächlich begann er sich zu entspannen. Um halb vier kochte Steve Spaghetti, und Mike aß sie mit einem großen Filetsteak, das aus einem nahegelegenen Restaurant ins Haus gebracht wurde. Bevor er sich zum Essen setzte, umarmten wir uns, und ich versicherte ihm, daß er dem Kampf unbesorgt entgegensehen könne.
Jacobs rief Lott aus seiner Suite im Hotel Hilton an und erinnerte Lott daran, bis sechs Uhr abends im Hotel zu sein.
„Mach dir keine Sorgen", sagte Steve, „wir werden kurz vor sechs dort sein." Tyson ging schnurstracks wieder ins Bett, und schon nach wenigen Minuten war er fest eingeschlafen.
Um halbsechs fing Lott an zu packen. Da erwachte Tyson. „Steve, ich habe Hunger, mach mir was zu essen!" forderte er lautstark. Lott lief in die Küche, stellte Spaghetti auf den Herd und packte weiter.
„Ich konnte nicht sagen: ‚He, Mike, dein Manager will, daß du in fünfzehn Minuten in der Arena bist. Ich kann jetzt nicht kochen, das dauert zu lange'", erinnerte sich Lott später. „Ich konnte auch nicht Jim anrufen und sagen: ‚Boß, Mike will jetzt essen, was soll ich machen?'"
Instinktiv verstand er Tyson. Der verschlang das Essen mit bestem Appetit, und ab ging's zum Hotel. „Wir trafen dort nur leicht verspätet ein", erzählte Lott, „und nur Jacobs schaute etwas verärgert drein."
Als Kampfrichter agierte Mills Lane. Bei Mikes Boxstil war das ein ausgesprochen glücklicher Umstand. Wie die meisten guten Kampfrichter wußte Lane, daß der Boxsportfan für sein Geld unterhalten sein will. Also forderte Mills Action, Bewegung, wenn der Kampf farblos langweilig zu werden drohte. Das für diesen Abend aufgebotene Team der Offiziellen – der Ringarzt, die Inspektoren, die Unparteiischen – war nach Können und Kompetenz das beste, das ich je gesehen hatte. Auch war ich schon immer der Meinung, daß Sig Ro-

gish, der Boxsportbeauftragte, einer der bestinformierten Männer in diesem Geschäft war. Rogish, der zwei Jahre später vieles tat, um Bush die Präsidentschaftswahl gewinnen zu helfen, war ein pflichtbewußter Aufsichtsbeamter, der politischen Instinkt gekonnt mit boxsportlichem Wissen vereinte.
Ich unterhielt mich gerade mit Rogish, als der Gong ertönte. Tyson ging auf Berbick zu, die Boxhandschuhe gegen die Wangen gepreßt. Sein Oberkörper war in ständiger Bewegung, pendelte nach rechts, nach links, nach unten. Jede seiner Bewegungen wirkte perfekt. Einen Jab nach dem anderen feuerte er ab, kraftvoll wie ein LKW-Motor. Auch Berbick bewegte sich, aber seine Schläge, ein paar gerade Linke, ein linker Haken und ein rechter Cross, fanden nicht ins Ziel, gingen schlicht daneben. Ihn selbst traf eine kräftige gerade Linke, die seinen Kopf nach hinten schnellen ließ. Nach wenigen Sekunden schon hatte Tyson die Führung erkämpft. Ich eilte zu Jacobs und umarmte ihn vor Freude. „Länger als drei Runden wird's nicht dauern", prophezeite ich. Er legte seinen rechten Arm um mich, aber seine Augen blieben auf den Ring gerichtet. Er wollte sehen, was ich gesehen hatte. „Mike ist der neue Champ!" schrie ich.
Kurz vor dem Gong landete Tyson eine Rechte auf Berbicks Stirn, die seinen Rivalen betäubte. Als Tyson sich nach dieser Runde in seine Ecke setzte, wußten er und seine Leute – Rooney, Lott und Baransky –, daß der Kampf nicht mehr lange dauern würde. Sie versuchten alle, cool zu bleiben, sich gelassen zu geben, aber es gelang ihnen nicht. Der Weltmeistertitel im Schwergewicht war zum Greifen nahe...
Die zweite Runde fing nicht viel anders an als die erste. Den sicheren Sieg vor Augen, ging Tyson mit harten Jabs auf seinen Gegner los, dabei ständig mit Kopf und Oberkörper pendelnd, um etwaige Zufallstreffer zu vermeiden. Berbick wußte, was geschehen würde, aber er setzte sich verzweifelt zur Wehr. Er schoß einen schnellen verzweifelten Jab, und nach einem seitlichen Ausfallschritt legte er mit einer fünffachen Schlagkombination los. Äußerst entspannt und konzentriert, sah Tyson jeden dieser Schläge und konnte geschickt ausweichen. Nach dieser wirkungslosen Schlagkombination bekam Berbick glasige Augen. Tyson forcierte das Kampftempo. Als Berbick seinen Oberkörper bei einer Angriffsaktion vorbeugte, landete Tyson einen heimtückischen linken Haken an Berbicks Schläfe, und der Champion ging zu Boden. Lane begann zu zählen, Trevor versuchte sich aufzurichten, aber es blieb beim Versuch, zu qualvoll war der Kon-

flikt zwischen Körper und Geist. Er taumelte von einer Seite des Rings zur anderen, sein Gewicht von knapp 104 Kilo konnte er nicht unter Kontrolle bringen. Er ging noch zweimal zu Boden, raffte sich wieder auf und wäre erneut gefallen, hätten die Seile ihn nicht abgefangen. Berbicks letzter Tanz als Champion erinnerte an ein Todesröcheln. Lane folgte Berbick im Ring, und nachdem er ihn eingeholt hatte, hielt er ihn aufrecht und bedeutete ihm, daß alles vorbei sei.
Ich sprang in den Ring und hörte, wie Tyson mit sich selbst redete: „Mann, ich kann's nicht fassen. Mit zwanzig Jahren bin ich der verdammte Champion der Welt. Scheiße, mit zwanzig Jahren Champion der Welt. Diese verdammte Scheiße, das kann nicht wahr sein! Ich bin ein Junge, ein verdammter Junge." Dann umarmte er seine Familie, alle, die dazugehörten.
Ich weiß, wie er sich fühlte, überwältigt vor Freude, unglaublich glücklich, hin- und hergerissen zwischen Tränen und Lachen. Als ich 1965 Willie Pastrano durch K. o. besiegte und Weltmeister im Halbschwergewicht wurde, und das als erster lateinamerikaner Boxer in einer schweren Gewichtsklasse, sprang ich ziellos wie ein kopfloses Huhn im Ring umher und schrie aus voller Kehle.
Einige Minuten darauf gab Chuck Null offiziell bekannt: „Sieger durch technischen K. o. nach zwei Minuten und fünfunddreißig Sekunden in der zweiten Runde und neuer WBC-Weltmeister im Schwergewicht... Mike Tyson."
Auf mich wirkte diese Verkündung etwas ernüchternd, aber das minderte meine Begeisterung nicht im geringsten. Dieses glückliche Ende, bei dem das Geschick eines Ghettojungen durch die wunderbare, magische Welt des Boxsports für immer verändert wurde, war wie ein Klischee, aber als ich außerhalb des Seilquadrats stand, schien alles einmalig, außergewöhnlich, wunderbar zu sein. Ich war Zeuge eines Augenblicks, der Jahre zuvor in New York vorausgesagt worden war, und empfand intensiv, daß ich daran beteiligt war.

Während Mikes Manager sich an die Arbeit machten, seine finanzielle Zukunft zu ordnen, begann er, aus seiner Stellung als Champion in ganz anderer Hinsicht Kapital zu schlagen. Mit dem Weltmeistertitel vergrößerte sich der Kreis seiner Freundinnen schnell. Das Mädchen aus Brooklyn war immer noch da, aber sie wurde eine unter vielen, was sie auf ihre soziale Herkunft zurückführte, die so anders war als die der Frauen, mit denen Mike jetzt verkehrte.
Sein nächster Kampf im Unification Tournament sollte erst am

7. März 1987 stattfinden, fünfzehn Wochen nach dem Berbick-Kampf; so lange hatte ein Wettkampf nie auf sich warten lassen. Soviel Freizeit kann für einen Zwanzigjährigen gefährlich sein, besonders für einen wohlhabenden jungen Champion im Schwergewicht.
Es war in dieser Zeit, daß Mike mir von der Nacht erzählte, in der er und sein Freund Rory Holloway mit vierundzwanzig Frauen irgendwo in der Nähe von Philadelphia ins Bett gegangen waren. Er schilderte mir Details, aber ich hielt die ganze Sache für ein Produkt seiner Phantasie und wechselte das Thema. Später erst, als Mike schon verheiratet war, interviewte ich ihn speziell für dieses Buch. Das Tonbandgerät lief, Holloway war an seiner Seite, und Mikes Aufmerksamkeit war geteilt zwischen dem Film *Super Ninja* und mir. Ich erinnerte mich an seine Geschichte mit den vierundzwanzig Frauen und fragte ihn danach.
„Es waren vierundzwanzig", bestätigte Mike. „Wir bumsten diese Nutten in Pennsylvania."
Rory sprang vom Fußende des Bettes auf, um sich am Gespräch zu beteiligen.
„Das waren Huren", sagte Rory. „Die ersten Mädchen kamen, und sie waren hübsch. Mike war in seinem Zimmer, und ich saß in einem anderen Raum mit einem Mädchen. Als ich dann in das andere Zimmer ging, lag Mike mit zwei Weibern im Bett. Er bumste sie. Ohne Mist, er vögelte sie beide.
Er fickte die Nutte so hart, daß sie gegen die Wand prallte und ohnmächtig wurde, und Mike sagte: ‚Ich hab' sie ohnmächtig gemacht! Ich hab' sie ohnmächtig gemacht!'" Tyson hörte ruhig zu, blickte hin und wieder mal auf den Fernseher und nickte zustimmend mit dem Kopf.
Ich wandte mich an Mike. „Hast du bei jeder einen Orgasmus gehabt?"
„Yeah."
„Vierundzwanzigmal in einer Nacht?"
„Weißt du, nach paar Mal bleibt man halt 'ne Weile hart und..."
„Er bumste die Mädchen nacheinander", unterbrach Rory. ‚So, jetzt bist du dran, komm her, jetzt du... die nächste bitte!' Dann kamen die Mädchen zu mir, und ich machte mich ran an sie. Unser Haus war voller Weiber. Sie blieben den ganzen Tag, und wir bumsten von fünf Uhr nachmittags bis ein Uhr nachts."
„Woher weißt du", fragte ich Rory, „daß dein Super-Macho-Freund mit jeder dieser Frauen einen Orgasmus hatte?"

„Das würd' ich nicht beschwören", sagte er, „aber er hatte seinen Schwanz in jeder von ihnen. Ich war da, und ich weiß es, weil ich mitgemacht habe.'"

Rory sagte noch, er hätte eine der Frauen eingeladen, mit ihm und Tyson nach Albany zu kommen. Sie nahm die Einladung ohne Zögern an. „Das war die, die am besten von allen aussah", sagte Rory. „Mike fuhr, und ich bumste sie auf dem Rücksitz. Und Mike fragte: ‚Macht's Spaß? Macht's Spaß?' Ich darauf: ‚Ja, Mann, und wie.' Er sagte: ‚Rutsch rüber, rutsch rüber. Laß mich mal 'ran'"

Mike mischte sich ein und sagte: „Dann hab ich mir's anders überlegt und sagte: ‚Nein.'"

„So war's", stimmte Rory zu, „er sagte ‚Nein', aber bald darauf hatte er sich anders überlegt: ‚Ja, warum eigentlich nicht?'" Mike hielt an einer Tankstelle an, um nachzutanken, und, was noch wichtiger war, um die Plätze zu wechseln – Rory vorn, Mike hinten.

„Ich war ganz nackt", ergänzte Rory, „und das Mädchen auch. Ich zog einfach eine Jacke über, und der Tankstellenwart versuchte, in den Wagen reinzuschauen. Ich sagte: ‚Wo glotzt du hin, du Arschloch?'"

Die Fahrt nach Hause endete im September-Klub in Albany, einem von Mikes Lieblingsschlupfwinkeln. „Im Klub kam ein Freund zu uns heran und fragte: ‚Wo kommt ihr denn her?' Da lachten wir nur."

11. Kapitel

Zum Jahresbeginn war Tyson wieder im Trainingslager, um sich auf die Verteidigung seines WBC-Meistertitels und den Kampf um die WBA-Krone vorzubereiten. Nächster Gegner war WBA-König James „Bonecrusher“, als Termin der 7. März vorgesehen. Und das trotz der erneuten Gonokokken-Infektion. Tysons offensichtliche Gleichgültigkeit gegenüber der Gefahr von Geschlechtskrankheiten war besorgniserregend. Mich beunruhigte immer mehr, daß seine Promiskuität ihn zu einem bevorzugten Anwärter für Herpes oder Aids machte.

Wie konnte er im Ring so völlig entspannt und Herr der Lage sein und sich außerhalb des Ringes so unbeherrscht verhalten, fragten seine Manager und Freunde immer wieder. In einer Art Vater-Sohn-Gespräch ermahnte ich ihn. „Cus würde sagen, dein unterer Kopf steuert den oberen. Reiß dich zusammen, du kannst daran sterben. Du gehst zu viele Risiken ein.“

Das Programm für die Begegnung mit Smith glich dem für den Berbick-Kampf: Ankunft im Handelman-Haus in Las Vegas vier bis fünf Wochen vor dem Kampf in Begleitung von Rooney, Lott und Baransky; tägliches Training zur Mittagszeit in Tocco's Ringside Gym; Sparring mit Broad, Holman, Jameson, Santemore und Williams sowie mit Tyron Armstrong und Jesse Ferguson.

Tyson mochte Las Vegas nicht; er beklagte sich über die „lustlose Atmosphäre“ der Stadt. Aber er wußte, daß der Aufenthalt in Las Vegas unabdingbar für das Boxsportgeschäft war und er das akzeptieren mußte.

An keinem anderen Ort der Welt gab es so viele Superkämpfe in den achtziger Jahren. Das moderne Sodom in der Nähe der Mojavewüste entsetzte viele Boxsportjournalisten; sie waren überzeugt, daß Spielkasinos und die Leute, die sie betrieben, das Image des Boxsports, das schon hinreichend besudelt war, noch mehr schädigen würden. Andererseits waren die kommerziellen Möglichkeiten, die Las Vegas bot, nirgends besser, nicht einmal in der Schwesterstadt Atlantic

City. So blieb diese Stadt weiterhin der populärste Austragungsort für große Boxkämpfe.
Als Rooneys und Lotts Leben mit Tyson nahezu unerträglich wurde, erklärte man das mit Mikes Abneigung gegen Las Vegas. Ich kam zu Tocco's ungefähr eine Woche vor dem Smith-Kampf und fand Tyson aufgeschlossen, herzlich und aufmerksam. Zu meiner Überraschung war es diesmal Lott, der sich seltsam benahm. Der sechsunddreißigjährige Lott, normalerweise absolut leutselig, empfing mich kurz angebunden, fast abweisend. Verwirrt fragte ich: „Was ist los mit dir?"
Tysons Assistent schaute mich nachdenklich an und sagte nach einer längeren Pause: „Komm und wohn mal fünf Wochen mit Tyson, dann wirst du wissen, was mit mir los ist."
„Wie meinst du das?"
„Mike, Kevin und ich kamen fünf Wochen vor der Begegnung nach Las Vegas. In der ersten Trainingswoche war Mike ziemlich ausgeglichen und ruhig, doch dann fingen die Schwierigkeiten an."
Ab diesem Zeitpunkt, erklärte Lott, wurde der Vorkampfstreß für Tyson unerträglich. Er wurde mürrisch, gemein, und es wurde schwierig, mit ihm zu arbeiten. Er zieht sich dann in eine Art Isolation zurück, und ich und Kevin existieren für ihn nicht mehr. Wenn ich oder Mike ihn zum Abendessen einladen, ist es so, als würden wir gegen eine Wand reden."
Ich stellte fest, daß Mikes miese Laune auch sein Training beherrschte.
Rooney versuchte zum Beispiel, Tyson eine technische Frage zu erläutern; der Champ ignorierte ihn einfach und ging in eine andere Ecke des Ringes. Oder er stürmte an Rooney vorbei, zog seine Boxhandschuhe aus, schmiß sie zu Boden, nahm eine Dusche und ging nach Hause, ohne ein Wort zu sagen.
„Wenn ihr zu Mike kommt", fuhr Lott fort, „schwindet seine schlechte Laune, und du, Bill und Jim, ihr erlebt ihn in purer Sonntagslaune, während Kevin und ich die ganze Scheiße abfangen müssen."
Wahrscheinlich war viel Wahres daran. Als Jacobs, Cayton und ich in Las Vegas ankamen, stand der Kampf bereits unmittelbar bevor, und Mike hatte sich trotz inneren Widerstands damit abgefunden. Möglicherweise war seine Einsamkeit Ursache seiner Launen: Cus war tot, Rory und ich waren in New York. Auch wirkte wohl sein früheres Leben in den Straßen von Brooklyn noch nach, psychologisch zumindest.

Von seinen Trainingsleistungen war ich nicht sonderlich beeindruckt. Tysons Neigung, an seine Sparringspartner nahe heranzugehen und sich dann passiv zu verhalten, sich klammernd festhalten und damit am Schlagen hindern zu lassen, wurde zur schlampigen Gewohnheit. Trotz Rooneys Anweisungen blieb Mike ziemlich inaktiv, wenn er nahe am Gegner war. Er fühlte sich offensichtlich wohl dabei – ein schlechtes Zeichen.

Ich hatte „Bonecrusher" Smith mehrmals in Aktion gesehen und war von seiner Schlagkraft beeindruckt. Zum Glück hatten D'Amatos bessere Fighter die Fähigkeit, ihre Gegner daran zu hindern, „saubere" Schläge zu landen. Aus diesem Grunde war es beruhigend, daß Smiths Fähigkeit, hart zuzuschlagen, seine größte Stärke war.

Als ich Mike in seinem Umkleideraum einige Minuten vor jenem Kampf am 7. März 1987 besuchte, schien er Herr seiner Emotionen zu sein. Er erhielt eine ziemlich gute chiropraktische Behandlung seines Nackens durch den Vorsitzenden der New York State Athletic Commission – das war ich – sowie einige gute Ratschläge grundsätzlicher Art. „Halt deine Hände hoch", mahnte ich ihn. „Kinn nach unten, und schlag Kombinationen. Und noch eins: sei nicht träge, wenn du nahe am Mann bist – schlag zu, schlag immer wieder zu."

Tyson wechselte das Thema. „Weißt du", sagte er, „im Fernsehen sah ich das schönste Mädchen der Welt... groß, elegant. Es heißt Robin Givens."

„Schon wieder eine andere?"

„Ich hab' sie zwar noch nicht kennengelernt..."

Hat er endlich einen Weg gefunden, mit der Spannung fertig zu werden? Warum hat er sie nicht früher erwähnt, warum gerade jetzt? Doch schon wurde Tysons Name aufgerufen, wir umarmten uns, ich wünschte ihm Glück, und Sekunden später, so kam es mir jedenfalls vor, ging der Kampf los.

Eine Runde, zwei Runden, drei Runden – zwölf eintönige Runden lang schoben und zogen der WBA-Champion und der WBC-Meister einander hin und her, wobei ihr Stil mehr an Sumo-Ringen als an Boxen erinnerte. Die Buhrufe setzten zwar erst in der dritten Runde ein, aber das Strickmuster für den ganzen Kampf zeichnete sich bereits in der ersten Runde ab, als Tyson auf Smith losgegangen war, nur um ihn mit seinem linken Arm wie einen Tanzpartner zu umklammern. Smith, der es auch nicht eilig hatte, klemmte mit seinem Ellbogen Tysons linken Boxhandschuh fest, wodurch er Mikes Linke ausschaltete. Zugleich verhinderte er damit, daß Mike mit der Rechten ausholen konnte, und zwang ihn, sie als Verteidigungsschild zu benutzen. Tyson schien sich mit dieser Lage abzufinden. Ich nahm an, daß er an diesem Abend keine rechte Lust und sich entschieden hatte, gerade genug zu tun, um den Kampf zu gewinnen. Wie dem auch sei, es war frustrierend, die beiden kräftigen Männer zu beobachten, wie sie einander hin- und herschoben und -zogen, während der kleine Kampfrichter schwer arbeiten mußte, um die beiden auseinanderzubringen.

Ich saß in unmittelbarer Nähe von Smiths Ecke, genau hinter Carl King, der seinem Schützling Anweisungen zurief. Zu meiner Beunruhigung gab King genau richtige Anweisungen. „Schlag zu, schlag einfach zu. Feuere ’ne rechte Gerade ab.“ Hätte Smith diese Ratschläge befolgt, wäre mein junger Freund in Schwierigkeiten geraten. „Den Jab mit einem rechten Cross nachziehen“, rief King. „Los Jim, die gerade Rechte!“

Rooney war verärgert, seine Anweisungen wurden ignoriert. Tyson legte die gleiche Trägheit an den Tag wie beim Training. Sich dessen bewußt, daß er gegen Tyson nichts ausrichten konnte, benutzte Smith die gleiche Taktik. Dadurch konnte Tyson kaum spürbare Treffer landen. Ich war mir sicher, daß Smith Kings Anweisungen absichtlich ignorierte.

Die zwölfte Runde begann wie die vorangegangenen elf, aber etwa fünfzehn Sekunden vor dem Schluß feuerte Smith den Schlag ab, den King den ganzen Abend herbeigerufen hatte. Er traf Tyson zwischen die Augen. Seine Beine wurden weich, und er verlor einen Augenblick lang die Orientierung. Smith setzte sofort nach, um ihn fertigzumachen. Aber Tysons kurzer Augenblick der Verwirrung war bereits vorbei, und er eröffnete ein Trommelfeuer härtester Schläge, die Smith hätten betäuben können. Die Zuschauer sprangen von den Sitzen hoch, als der Gong den Kampf beendete. Einstimmig gewann Tyson seinen zweiten Titel in vier Monaten.

Einige Tage nach dem Kampf mit dem „Knochenbrecher“ Smith rief Mike John Horne an, einen Schauspieler, den er in der Gegend von Albany getroffen hatte. Horne war gerade in Kalifornien auf Rollensuche.

„Ich möchte, daß Sie sich mit Robin Givens in Verbindung setzen“, sagte Mike, „ich will sie kennenlernen.“ Horne rief Givens Presseagenten an, und einen Tag darauf hatte Mike ihre Telefonnummer.

Doch zunächst flog Mike nach England, um dort für einen Kampf mit Frank Bruno zu werben, der als „Zehn-Millionen-Pfund-Superfight“

angekündigt wurde und im Londoner Wembley-Stadion ausgetragen werden sollte.
Am zweiten Tag seines Aufenthalts in London erfuhr Mike, daß in seinem Hotel, dem Grovesnor House Hotel, gerade eine bedeutende Filmehrung stattfindet. Er schlug Lott vor, sich zu den Filmstars nach unten zu begeben. Da begegneten sie gleich Joan Collins und einem weiteren Prominenten.
„Ich bin ein großer Verehrer von Ihnen, Mr. Tyson“, sagte Omar Sharif.
„Und ich bin ein großer Fan von Ihnen, Mr. Sharif“, erwiderte Mike.
In London stellte Mike fest, daß er schon recht berühmt war. Er zog Leute an, wo immer er hinging, und im repräsentativen National Sporting Club in London wurde der Champ von einigen hundert Industriellen geehrt. Mehr als zweihundert von ihnen bildeten ein Spalier, das sich bis zur Straße erstreckte.
Mike berichtete mir später, daß er damals an Robin Givens dachte. Diese romantischen Gedanken hielten ihn jedoch nicht davon zurück, auch in England nach Frauen auszuschauen. Lott war über Mikes Trinkgelage überrascht, denn er hatte angenommen, daß er ohne seinen Freund Rory Holloway an seiner Seite die Öffentlichkeit meiden würde. Nur Cayton und Frau Doris begleiteten ihn. „Um die Wahrheit zu sagen: Wir entschieden uns dagegen, Holloway mitzunehmen“, erzählte mir Steve, „da wir nicht wollten, daß Mike in London über die Stränge schlägt und ein schlechtes Image schafft.“
Eines Tages entschloß sich Mike, Robin Givens anzurufen. „Aber als ich ihre Stimme hörte, legte ich den Hörer wieder auf. Ich glaube, erst beim dritten Mal fragte ich mich: ‚Was zum Teufel ist los mit mir?‘“
Er redete dann fast eine Stunde lang mit ihr.
„Ich war sehr charmant“, sagte mir Mike. „Und ich brachte sie zum Lachen. Und ich denk’ schon: Das ist mein Mädchen. Ich hab’ sie, ich hab’ sie.
Im Grunde genommen mögen es die Frauen, wenn über sie geredet wird. Ich sagte ihr also, wie ich ihre Schönheit bewundere, ihr schauspielerisches Talent... ich trug dick auf. Sie sagte dann: ‚Warum möchten Sie mich kennenlernen? Ich fühl mich geschmeichelt... aber ich bin sicher, daß Sie ein anderes Mädchen finden werden.‘ Ich antwortete: ‚Schon möglich.‘ Weißt du, ich wollte nicht gleich mit der Tür ins Haus fallen.“

Es folgten einige weitere Telefonate, und als Mike wieder in Catskill war, erzählte er Rory von seinen Gesprächen mit Robin Givens. Nun aber wollte er sie persönlich kennenzulernen, und mit Rory zusammen begann er, die Reise nach Kalifornien vorzubereiten.

„Zuerst fuhren wir mit dem Wagen nach New York City. Wir hatten so an die zehntausend Dollar von der Bank geholt und fuhren zu Guccis Boutique und gaben dort alles aus", erzählte mir Mike. Als sie das Geschäft in der Fifth Avenue verließen, stellte Mike fest, daß er für sein Traumrendezvous kein Geld mehr bei sich hatte, und die Banken hatten bereits zu. »Ich sagte zu Rory: ‚Oh Scheiße, wir können heute nicht nach Kalifornien. Wir müssen bis morgen warten, nur wegen der verdammten Banken.'"

Am nächsten Tag hob Mike einige tausend Dollar ab und fuhr zum Flughafen. „Alles, was ich anhatte, schwarz-weißes Jackett, schwarze Schuhe, weißes Hemd, alles von Gucci – ich wollte sie beeindrucken."

Die Reise nach Kalifornien dauerte länger, als vorgesehen war. John Horne erwartete sie bereits. Ihre Verspätung betrug drei Stunden. Robin Givens würde in dem vereinbarten Restaurant warten müssen. Mike war das so unangenehm, daß er am liebsten die Verabredung hätte platzen lassen. „ich wollte wirklich nicht mehr hingehen, aber meine Freunde überredeten mich", sagte er.

Im Restaurant saß Robin mit ihrer Mutter, ihrer Schwester und einigen Freunden. „Sie waren bereits beim Dessert", erinnerte sich Mike. Robin war genau das, was sich Mike vorgestellt hatte. Sein erster Eindruck: „Meine Fresse, sieht das Mädchen gut aus!" Er sagte sich, daß sie nur deshalb drei Stunden gewartet hat, „weil sie mich unbedingt kennenlernen wollte."

Im Restaurant wurde eine Weile geplaudert, und dann wurde der junge Champion mit der jungen Schauspielerin allein gelassen.

„Wir verbrachten den Abend zusammen, und ich war ein vollkommener Gentleman", brüstete sich Mike. „Als ich mit ihr am nächsten Abend ausging, war ihre Mutter nicht besonders glücklich." Givens hatte ihn nach Hause eingeladen, erzählte Mike weiter. Auf einmal wurde er müde und lehnte seinen Kopf an sie. „Ich schlief ein mit meinem Kopf auf ihren Beinen – und was für wunderschöne Beine sie hatte –, und ich sabberte darauf. Scheiße, was das schlimm. Ich wurde sehr nervös. Als ich aufwachte, versuchte ich's zuzudecken oder wegzuwischen. Und stell dir vor", fuhr er fort, „sie hatte nichts dagegen – sie fand das sogar ganz geil."

Danach trafen sie sich eine ganze Woche lang jeden Abend. „Ich mußte dann nach New York, um eine Auszeichnung entgegenzunehmen, und sie mußte nach Aspen zu einer Show." Bei ihrem ersten Abschied war der junge Weltmeister im Schwergewicht niedergeschlagen. „Ich sagte ihr: ‚Ich sollte dich morgen in Denver besuchen, aber dieser Ort ist zu kalt.' Und sie sagte: ‚Wenn du mich wirklich liebst, wirst du mich besuchen.' Ich antwortete: ‚Ich liebe dich.' Ich fühlte mich wie ein Welpe an der Leine."

In New York angekommen, ließ er Lott einen Flug nach Denver und von dort nach Aspen reservieren. „Weißt du", hielt Steve Mike entgegen, „das Flugzeug von Denver ist klein, und du magst keine ..."

„Ist mir egal", fiel ihm Mike ins Wort. „Ich liebe dieses Mädchen, und ich will es sehen."

Am Tag darauf rief Mike von Aspen an und sagte, daß alles in bester Ordnung sei. Lott fragte Mike nach dem Wetter in Aspen. „Arschkalt", erwiderte Mike, „arschkalt." Aber die neue Liebe reichte aus, ihn zu erwärmen.

Am 16. April 1987 gab die New York Amateur Boxing Federation ein Bankett zu Ehren meiner Berufung als Vorsitzender der New York State Athletic Commission. Es fand im Club Marina del Rey in der Bronx statt. Dutzende Boxer, Promoter, Manager, Boxsportbeauftragte, Trainer sowie Mike und Robin Givens und Jacobs, Rooney und Cayton mit ihren Frauen und auch Lott waren zugegen. Bei dieser Gelegenheit lernte Tysons Boxerfamilie Mikes neue Freundin kennen.

Als Mike mich mit ihr bekannt machte, dachte ich, sie sei schön, entschlossen und intelligent und daß die beiden voneinander entzückt seien. Ich war vielleicht der einzige in diesem Kreis, der glaubte, daß sie mehr als eine Eroberung sexueller Art war. „Diese Frau ist zum Heiraten", sagte ich Mike, als sie neben uns stand. Ich glaubte, daß sie ihn zwingen würde, zur Ruhe zu kommen und seine unternehmungslustigen Augen auf sie fixiert zu halten. Ende April, bevor er und seine Mannschaft nach Las Vegas aufbrachen, um gegen Pinklon Thomas, den wichtigsten Herausforderer, anzutreten, sprachen Mike und ich ausführlich über Robin. „Es ist kein Geheimnis für sie, daß ich mit vielen Frauen ausgehe", sagte Mike. „Sie erzählte mir, daß sie mich mit vielen Mädchen im Fernsehen gesehen hätte. Aber jetzt ist sie sehr besitzgierig."

Zu diesem Zeitpunkt wohnte Mike praktisch schon in Steve Lotts Wohnung in der East Side. Sie waren quasi Zimmergenossen gewor-

den. Keiner konnte genau wissen, was Mike für Robin empfand, aber nach der Zahl der jungen Frauen zu urteilen, die ihn besuchen kamen, war der junge Champion immer noch nicht bereit, sich festzulegen.
Robin Givens ging jedoch anders an die Sache heran als die anderen Mädchen in Mikes Leben. Die meisten von Mikes Frauen hielten sich diskret aus dem Rampenlicht heraus, aber Robin schien die Publicity zu gefallen. Und Mike hatte nichts dagegen einzuwenden – für mich ein positives Zeichen für die Zukunft.
Als ich das Lott sagte, lachte er.
„Ach, José“, sagte er, „Mikes Interesse an Frauen generell hat um keine Spur nachgelassen. Er bumst immer noch die halbe Stadt.“
Ich war enttäuscht. Vielleicht war Robin doch nicht so etwas Außergewöhnliches für Mike, wie ich es gehofft hatte und wie sie es zu sein glaubte.

Der Tyson-Clan im Jahr 1985: Cus D'Amato, Kevin Rooney, Mike Tyson, Bill Cayton und Jim Jacobs (von links). Vier Jahre später waren D'Amato und Jacobs tot, Rooney aus dem Team „verbannt“, und „Iron Mike“ bezeichnete Cayton als „einen schrecklich erbärmlichen Kerl“

War zu Beginn von Mike Tysons Pofi-Karriere für ihn die Mutter-Figur – Camille Ewald, der er sich in schweren Stunden häufig anvertraute

Cus D'Amato mit seinen drei Weltmeistern: Floyd Patterson, Mike Tyson und José Torres

Tyrell Biggs (links), der 1984 in Los Angeles Olympiasieger im Superschwergewicht wurde, hat den vernichtenden Schlägen des Champions nichts entgegenzusetzen. In Runde 7 kam für den Herausforderer beim WM-Fight in Atlanta City am 16. Oktober 1987 das Aus!

Auf einer Sieger-Party nach dem Biggs-Kampf. Mike genießt mit Freundin Rory Holloway das „süße Leben"...

Der alles entscheidende Moment. Larry Holmes taumelt zurück, während Mike Tyson zum vernichtenden Schlag in ihrem 88er WM-Kampf ansetzt, der lediglich vier Runden dauerte

Als „Fallobst“ erwies sich Trevor Berbick (rechts). Nach 2:35 Minuten in der zweiten Runde hatte der Champ am 22. November 1986 seinen 25. K.o.-Sieg im 28. Profikampf verbucht

„The Show is going on…“ – Unmittelbar nach seinem K.o.-Erfolg gegen Tony Tucker am 1. August 1987 in Las Vegas erhält Mike den Weltmeister-Gürtel überreicht. Zeremonienmeister im Hintergrund ist der allgewaltige Box-Promoter Don King, von dem angeblich die Idee für die auffällige Robe und Krone stammen soll…

Ein folgenschwerer „Ringwechsel“, von dem die beiden Hauptdarsteller in diesem Moment nichts ahnen. Ende Februar 1988 besiegelte Mike Tyson mit der Schauspielerin Robin Givens standesamtlich seine Ehe, nachdem bereits am 9. Februar das Paar kirchlich geheiratet hatte. Ein Jahr später stehen die beiden vor einem „Trümmerhaufen der Gefühle“; was bleibt ist blanker Haß und bei Robin Givens der Fight ums große Geld. Von Liebe – keine Spur mehr…

Pflichttermin für die Presse: Donald Trump, Mike Tyson und sein Gegner Michael Spinks (von links) stellen sich den Fotografen unmittelbar vor dem WM-Kampf Tyson–Spinks am 27. Juni 1988

Ein ungewöhnlicher Schnappschuß: Mike unterbricht das stressige Training für den Spinks-Kampf, um Möwen am Meer bei Atlanta City zu füttern, die ihn an seine Tauben aus der Kinderzeit erinnern. Aber das Leben ist kein Traum…

Bei dem Kampf zwischen Mike Tyson und Michael Spinks, der beiden die Rekordbörse von fast 34 Millionen Dollar einbrachte, war der Herausforderer gerade mal in der Lage, 1:31 Minuten Widerstand zu leisten. Dann holte ihn ein gnadenloser rechter Haken von den Beinen, so daß Ringrichter Frank Cappuccino den Olympiasieger von 1976 im Mittelgewicht auszählen mußte

Der Champion bekommt von seiner Frau Robin einen Sieger-Kuß, die seinen Knockout-Erfolg über Michael Spinks hautnah verfolgt hatte

Der Politiker und der Boxer – ein ungewöhnlicher Dialog: Präsidentschaftskandidat Jesse Jackson (links) und der jüngste Profi-Schwergewichts-Weltmeister aller Zeiten haben sich scheinbar etwas zu sagen …

Zwei lebende Boxer-Legenden: Muhammad Ali (links) und Mike Tyson

In der Pose des scheinbar Unbesiegbaren

„Flotte Bienen“ und hochtourige Autos – das sind Mikes „Freizeitvergnügen“. Mit seinem silbernen Bentley hatte er allerdings in dieser Situation Pech, denn der Kotflügel überstand einen spontanen „Crashtest“ nicht schadlos

„Szenen einer Ehe“ – natürlich live im amerikanischen Fernsehen! Mike hört andächtig zu, was seine „Noch“-Ehefrau Robin den Zuschauern von ABC über ihr gemeinsames Privatleben mitzuteilen hat

Der Champ ist mit seinem Auto gegen einen Baum geknallt. Robin Givens kehrt die besorgte Ehefrau heraus, die die Meute der Fotografen vom Unfallopfer zurückhalten will. Am Tag nach Mikes Autounfall berichtete übrigens die New York Daily News, daß der Weltmeister einen Selbstmordversuch unternommen hätte, eine Story für das Auflagenimage, die aber das „Opfer“ energisch zurückwies

Seitdem Don King die Fäden in Mikes Karriere spinnt, hat der Champion nicht nur Boxen im Kopf. Im April 1991 gehts beispielsweise kurzerhand mal zu einem Weekend-Shopping nach Paris

Eben noch auf der höchsten Sprossenleiter des Ruhmes – von seinen 42 Profi-Kämpfen gewann Mike Tyson 41, davon 36 durch K.o. – plötzlich im „freien Fall“ der unaufhaltsame Abstieg…

Am 26. März 1992 ereilt den Champion der unerwartete Knockout außerhalb des Rings: Ein Strafgericht in Indianapolis verurteilt den Mann, dem Amerika jahrelang frenetisch zugejubelt hat, wegen Vergewaltigung zu sechs Jahren Gefängnis

Im Februar 1989, zwei Wochen vor seinem WM-Titelkampf gegen Frank Bruno, stellt sich Mike mit Autor José Torres im Golden Nugget-Hotel in Las Vegas den Fotografen

12. Kapitel

Am 30. Mai 1987 war ich genau einundfünfzig Jahre und siebenundzwanzig Tage alt. An diesem Tag mußte Tyson zum zweitenmal seinen WBC-Titel und zum erstenmal seine WBA-Krone verteidigen. Promoter dieses Kampfes war wieder Don King. Es war kein Geheimnis in Boxsportkreisen, daß Tysons Gegner im Unification Tournament – Ratliff, Berbick, Smith und Thomas – mit King entweder durch exklusive Promoterverträge oder über seinen Sohn Carl verbunden waren.

Der Betreuer Angelo Dundee gestattete es an diesem Abend Carl King nicht, in Pinklon Thomas' Ecke zu arbeiten. Der legendäre Trainer von Muhammad Ali und anderen großen Kämpfern behauptete, im Alleinbesitz der Formel zu sein, wie der Favorit Tyson letztlich zur Strecke zu bringen ist, und daß Thomas als einziger bereit, in der Lage und gewillt sei, sie anzuwenden. Dundee betrachtete Carl als eine Ablenkung.

„José", sprach mich Angelo sehr ernst an, „Pinklon wird den Favoriten stürzen." Ich wünschte ihm Glück. Alle anderen betrachteten dieses Treffen als einen Konditionierungskampf vor Tysons letztem Unification-Tournament-Kampf, der voraussichtlich zehn Wochen später gegen den IBF-Champion Tony Tucker stattfinden sollte.

Kein Sportler der Welt hatte zu diesem Zeitpunkt eine größere Anziehungskraft als Tyson. Er war der neue Ali, der neue Pelé, der Michael Jackson des Boxsports. Leute wie Don King und Bob Armus argumentieren nicht mit Boxern solcher Größenordnung, sie unterbreiten höflich ihre Vorschläge. Tyson war keine Ausnahme, aber sie konnten seine Manager nicht überreden. Cayton und Jacobs verhandelten mit allen Interessenten, aber sie nahmen nur die besten Angebote an. Von Jacobs und Cayton war King bei Tysons letzten Kämpfen allein deshalb als Promoter akzeptiert worden, weil er für höchste Einnahmen sorgte. Die vorherrschende Meinung war, daß die Verbindung Cayton-Jacobs-Don King recht glücklich war und daß sie alle dabei ihren Reibach machten. Ich wußte, daß das nicht stimmte.

Im Gegensatz zu den von vielen Boxern unterzeichneten Verträgen brachten die bis dahin von Tyson unterzeichneten Verträge ihm, aber nicht den Promotern große Einnahmen. Also bekam auch King, der größte Promoter des Profiboxsports, nicht sein gewohnt großes Stück vom Kuchen ab. Er kochte.
Als Jacobs und Cayton nach Wegen suchten, Tysons Einkommen zu erhöhen, bahnte sich eine höchst interessante Änderung der Position Kings an. Unterm Strich wurde King allmählich zum Angestellten von Tyson & Co.
„Wir werden ihn bald als Honorarempfänger beschäftigen", sagte mir Jacobs hinter vorgehaltener Hand über King, „wenn er weiterhin bei Mikes Kämpfen als Promoter auftreten will."
„Sie wollten mich entmannen", sagte mir King, als keiner in der Nähe war.

King strahlte und winkte aus dem Ring, als Chuck Hall seinen Namen ausrief. Die Vorstellungen vor einem Fight, die in den vergangenen Jahrzehnten nur den Größen des Boxsports vorbehalten blieben, waren in den letzten Jahren einer Politik der Publicity für andere zum Opfer gefallen. Nun wurden Film- und Fernsehstars, Politiker, Sänger und Schauspieler so vorgestellt, als hätten sie Anteil am Schmerz, an der Arbeit und am Kampf der beiden auf den Gong wartenden Boxer. Die Schuld für die zirkusartige Atmosphäre war zum Teil King zuzuschreiben; besonders ärgerlich war seine Verteilung von Freikarten für „besondere" Mäzene. Während die Plätze direkt am Ring von wichtigtuerischen Persönlichkeiten und Entertainern besetzt waren, waren einige Exmeister – stolze Vertreter aus der Welt des Spitzensports – gezwungen, die Kämpfe aus größerer Entfernung zu verfolgen.
Diesmal, als der Ansager Hall die lange Liste von Stars verlas, die bequem um den Ring saßen, während Tyson und Thomas sich im Ring bewegten und auf den Boden oder in die Masse der Gesichter schauten, war es nicht anders.
Während Kampfrichter Carlos Padilla Mike und Pinklon durch das Herunterleiern der Regeln langweilte, schauten sich beide Kontrahenten verbissen an. Dundees Gesicht reflektierte das größte Selbstvertrauen. Fast in der Menge verloren saß auch Robin Givens. Sie hatte einige Tage mit Tyson in Las Vegas verbracht, und ihre Anwesenheit hatte ihm geholfen, die vor dem Kampf übliche Nervosität zu überwinden.

Der Gong läutete die erste Runde ein. Tyson bewegte sich auf Thomas zu. Er machte einige Schritte nach rechts, dann leicht nach links. Pinklons erster Jab ging ins Leere. Tysons Linke zuckte vor und traf Thomas etwas oberhalb des Tiefschlagschutzes. Thomas als erfahrener Profiboxer ließ sich keine Angst anmerken. Doch seine Abneigung, die Initiative zu ergreifen oder auf Tysons Schläge zu kontern, schien nicht durch Vorsicht, sondern durch Furcht motiviert zu sein. Zudem war Tyson sich bewußt, daß sein letzter Kampf, der Zwölfrunder gegen Smith, fürchterlich langweilig war, also suchte er nach einer Chance, Thomas mit einem guten Schlag zu erledigen oder ihn zumindest so zu schwächen, daß er ihn unmittelbar danach k. o. schlagen kann. Das ist natürlich keinesfalls die richtige Art zu boxen. Ein guter Fighter nimmt sich immer Zeit, ein K. o. vorzubereiten. D'Amatos Fightern wurde gelehrt, daß ein K. o. nur der Lohn fleißiger Arbeit ist.
Als ich noch im Ring stand, versuchte ich stets, meinen Rivalen in jeder Runde, jeder Minute und jeder Sekunde mit meinen Schlägen zu übertreffen; sollte ich dabei einen Schlag landen, der ihn mindestens zehn Sekunden bewußtlos macht, um so besser. Wenn nicht, dann brauchte ich keinen Punkteverlust zu befürchten.
Im Jahre 1965, als ich die Krone im Mittelschwergewicht im Kampf gegen Willie Pastrano gewann, sagte mir Cus D'Amato: „Ich bin sehr stolz auf dich, nicht weil du den Titel gewonnen hast, sondern darauf, wie du es getan hast. Du warst keine einzige Minute in diesem Kampf deinem Gegner unterlegen." D'Amato wäre jetzt bestimmt entsetzt, müßte er mitansehen, wie wild Tyson losballerte, immer in der Hoffnung, einen K. o.-Treffer zu landen. Rooney fluchte in der Ecke und versuchte lautstark, etwas Verstand in Tysons Kopf zu hämmern. „Es wird sich schon ergeben, wenn du richtig kämpfst", rief Rooney zwischen den Runden.
Als Tyson in die sechste Runde ging, wirkte sein linker Jab wie eine Feder: Sein Boxhandschuh zuckte blitzschnell in Pinklons Gesicht und zog sich mit der gleichen Geschwindigkeit zurück. Diese Schläge ließen kaum Konter zu und waren schmerzhaft. Thomas änderte seine Verteidigungstaktik und suchte jetzt den Nahkampf, darauf hoffend, daß Tyson ihn mit seinem linken Arm umklammern würde. Aber der Herausforderer wurde mit einem rechten Kinnhaken und einem vernichtenden linken Haken an die Schläfe empfangen. Thomas taumelte rückwärts, und als er sich zu fangen versuchte, setzte Tyson nach wie eine Wildkatze. Mike schlug gezielt aus jedem nur er-

denklichen Winkel, bis der Herausforderer zu Boden ging und die Augen verdrehte. Thomas versuchte sich aufzuraffen, aber dann zeichnete sich in seinem Gesicht ein Ausdruck der Enttäuschung ab – er resignierte. Genau nach siebzehn Kampfminuten erklärte Kampfrichter Padilla den Kampf für beendet.

Vor der Pressekonferenz klagte Tyson – was sonst nie seine Art war – über schlimme Kopfschmerzen und Übelkeit. „Mir ist kotzübel", sagte er mir im Umkleideraum. Panisch lief ich zu Tysons Privatarzt, Gene Brody. Der junge Champion spürte die Wirkung eines knapp zwanzigminütigen Kampfes gegen einen Spitzenboxer, in dem er viel Schläge einstecken mußte und sich verausgabt hatte. Einige Minuten darauf, nach einem Gespräch mit Brody, fühlte Tyson sich wieder wohl; ich ebenfalls.

Nun hatte Mike acht bis neun Wochen Freizeit, die für ihn besonders wertvoll war, da er einen großen Teil davon mit Robin verbringen konnte. Jedesmal, wenn ich die beiden sah, wünschte ich mir, sie wären verheiratet. Ich hab ihnen wiederholt angeboten, als Trauzeuge zu fungieren.

Mike war immer noch nicht bereit, wirklich zuzugeben, daß er die schöne junge Fernsehschauspielerin liebte, die zwei Jahre älter war als er, und wenn er in einer seiner Macholaunen war, beschrieb er sie sogar als „eines dieser Mädchen, die es auf meinen Ruhm und mein Geld abgesehen haben". Ich glaubte ihm nicht. Und siehe da, bald darauf fing er an, mehr und mehr Zeit in Kalifornien zu verbringen, wo Robin arbeitete und er spielte.

Am 21. Juni 1987 ging er abends in das Greek Theater in Los Angeles zu einem Konzert der Run-D. M. C. und The Beastie Boys. Er war ohne Robin. Wäre sie dabeigewesen, hätten eine Umarmung und ein Kuß nicht zu einem Gerichtsprozeß geführt.

Etwa gegen 22.30 Uhr war Tyson auf dem Parkplatz, wo er Tabita Gonzales sah, die im Theater arbeitete und die er um ein Küßchen bat. Sie willigte ein. „Ich streichelte ihm die Schulter", sagte sie später, „und gab ihm ein Küßchen ... ich dachte, er wäre ein Leibwächter der Band." Tyson mißverstand ihre höfliche Geste als Einladung.

In einer Aussage unter Eid gab Tabity Gonzales folgende Darstellung zu Protokoll: „Auf eine freundliche und harmlose Weise bat er mich um ein Küßchen. Er war in einer fröhlichen Stimmung und ich eigentlich auch."

Der zwanzigjährige Jonathan Casares, Wächter des Theaterparkplatzes, machte seinen Rundgang und war wahrscheinlich etwas überrascht, als er Gonzales, eine Mitarbeiterin und gute Bekannte, in den starken Armen des Champions sah. Zu diesem Zeitpunkt, erklärte sie weiter in ihrer Aussage, wurde Tyson etwas grob, und sie bekam Angst. „Ich versuchte, mich schnell aus seiner Umarmung zu befreien."

„Ich fragte sie, ob alles in Ordnung sei oder ob es Schwierigkeiten gäbe", sagte Casares laut amtlichen Unterlagen." Ein kurzes Gespräch fand zwischen Mr. Tyson und mir statt... Es schien, als würde sich Mr. Tyson darüber ärgern, daß ich mich in seine Angelegenheiten einmischte, die mich nichts angingen. Als ich aus dem Parkplatzwächterwagen, den ich fuhr, aussteigen wollte, warf Mr. Tyson mit einem T-Shirt nach mir und schob mich zurück in den Wagen, indem er mir die Handfläche ins Gesicht stieß." Casares behauptete, Tyson hätte bei ihm „eine Prellung, eine Schürfwunde im Mund bzw. an der Lippe" verursacht. Casares beauftragte den Rechtsanwalt Andrew Shapiro, ihn bei seiner Klage zu vertreten. Gonzales beauftragte ebenfalls eine Rechtsanwältin, Joyce Mendlin, Klage einzureichen.

Cayton und Jacobs hätten den Vorfall am liebsten vergessen und eine negative Publicity möglichst vermieden. Sie beauftragten den berühmten Rechtsanwalt David Wood aus West Los Angeles damit, den Fall zu übernehmen, der dann schließlich ohne Aufsehen mit einem Vergleich schloß. Casares erhielt 75000 Dollar, Gonzales 30000. Die Staatsanwaltschaft von Los Angeles, die ursprünglich gegen Tyson strafrechtlich vorgehen wollte, stimmte dem Vergleich zu. Jacobs hielt Tyson über die gerichtlichen Vorgänge auf dem laufenden, um dem Champion zu zeigen, wie wichtig gutes Verhalten für jemand ist, der im Licht der Öffentlichkeit steht; insbesondere für reiche, prominente Leute.

Aus meiner Sicht war Robin auf dem besten Wege, die wichtigste Person in Mikes Leben zu werden, und sollte es einen Menschen geben, der ihn hätte zähmen können, dann war sie es. Immerhin schien sie intelligent und kultiviert zu sein, und als Schauspielerin hatte sie Erfahrung, wie man sich unter den Argusaugen der Medien zu verhalten hat. Überraschenderweise wurde sie wütend und aggressiv, fast ausfällig, als ich ihr von einigen meiner Sorgen um Mike erzählte.

„Diese Leute" – und damit meinte sie Cayton und Jacobs – „verstehen Mike nicht", stellte sie fest. „Sie verstehen ihn überhaupt nicht. Sie haben nicht die geringste Ahnung, was Mike bewegt. Sie werden nie verstehen, wie man mit ihm umgeht. Sie können's einfach nicht."

Ich wollte meinen Ohren nicht trauen. Wie konnte sie daran zweifeln, daß Cayton und Jacobs, zwei weiße Multimillionäre, die Mike seit seinem zwölften Lebensjahr kannten, die seine Erziehung und Boxerausbildung finanzierten und ihm halfen, seine Talente in Reichtum umzusetzen, Mike verstanden? Oder war da doch was Wahres dran? Vielleicht brauchte er einen Schwarzen in seinem Boxteam. Über Jahre hinweg hatte ich versucht, meinen iberoamerikanischen Landsleuten – ziemlich viele von ihnen waren Boxer – bei der Lösung von sozialpolitischen Problemen zu helfen, mit denen sie von der amerikanischen Gesellschaft überhäuft wurden. Je mehr ich darüber nachdachte, desto besser begriff ich Robins Ausbruch.

Ich glaubte aufrichtig, daß Cus, Jacobs und Rooney farbenblind waren, und ich hatte keinen Grund anzunehmen, daß Cayton und Lott es nicht waren. Aber ich hielt es für besser, sie nicht mit der Idee der „Integration" der Mannschaft zu konfrontieren, da mir klar war, daß Robin in diese Mannschaft gewissermaßen bald selbst eintreten würde. Zumindest könnten sie und ihre Mutter, Ruth Roper, eine neue Perspektive bieten, die Jacobs und Cayton möglicherweise schätzen würden.

Unmittelbar vor seinem Kampf gegen Tony Tucker um den unumstrittenen Weltmeistertitel im Schwergewicht in der letzten Runde im Unification Tournament verbrachte Mike einige Tage in Lotts Wohnung in Manhattan. Für Tyson war es völlig normal, in Lotts Wohnung unangemeldet mit jungen Frauen zu erscheinen, die er in Bars oder auf Partys kennengelernt hatte, selbst wenn Lott, der Junggeselle, eigene Freunde zu Besuch hatte. Es machte ihm nichts aus. Lott empfand es als ein „phantastisches Erlebnis", den Meister im Schwergewicht zu Besuch zu haben.

Als Tyson das erstemal mit Robin in Lotts Wohnung auftauchte, war es spät, und Lott ging „sehr müde" zu Bett. Lott erinnert sich, daß er gegen vier Uhr morgens durch lautes Geräusch und Schreie und Flüche einer Frau wach wurde. Zudem klopfte jemand an der Wohnungstür. Lott zog sich einen Morgenmantel über und öffnete die Schlafzimmertür.

„Da sah ich", erinnerte sich Steve, „an der Wohnungstür einen uniformierten Pförtner, der offensichtlich von einem Nachbarn gerufen worden war und der Robin und Mike gerade fragte, ob er ein Taxi für

einen von ihnen bestellen solle. Robin beklagte sich, sie sei von Mike geschlagen worden, während Mike dem Pförtner sagte, er möge sich beruhigen und gehen."
Dann wandte sich der Champion an Lott.
„Steve", sagte Tyson energisch, „alles ist in Ordnung, geh in dein Zimmer und schließ die Tür."
„Ich ging zurück", sagte Steve, „und schloß die Tür."
Später einmal bat ich Mike, zu sagen, welchen seiner Schläge er für den bisher besten seines Lebens hält. Ein breites Lächeln überzog sein Gesicht, und seine Antwort kam urplötzlich. „Mann, ich werde diesen Schlag nie vergessen. Es war, als ich mit Robin in Steves Wohnung kämpfte. Sie hat mich wirklich beleidigt und ich machte WUMM!", sagte er und machte eine schnelle Bewegung mit der Hand, um mir zu zeigen, wie er ihr einen Schlag mit dem Handrücken verpaßte. „Sie flog rückwärts und prallte gegen eine blöde Wand. Das war der beste Schlag, den ich je in meinem verdammten Leben gelandet habe.
Die Sau wollte noch die Polizei von meinem verdammten Telefon anrufen. War sie denn verrückt oder was? Eine Frechheit. Sie wollte doch tatsächlich die verfluchten Bullen von meinem eigenen Telefon aus anrufen."
Einige Tage nach Tysons erstem „offiziellem Kampf" mit seiner Geliebten ging er zurück nach Las Vegas, um sich für die Begegnung mit Tony Tucker vorzubereiten, einem großen schlanken Boxer mit außerordentlicher Schlagkraft. Tucker, der aus Grand Rapids, Michigan, kam, war nicht so bekannt wie die anderen am Unification Tournament teilnehmenden Meister, aber alle, die ihn je beim Boxen beobachtet hatten, wußten, daß dieser Junge ein echter Profi war. Er war gelassen im Ring und hatte Dynamit in beiden Fäusten.
Anfangs ging in Las Vegas alles in Ordnung. Tysons Sparringspartner waren bereits da, er konnte also sofort mit dem Training in Johnny Toccos Trainingshalle beginnen. Er wohnte wieder bei Handelman, dessen Haus er wie gewöhnlich durcheinanderbrachte. Robin wurde etwa eine Woche bis zehn Tage vor dem Kampf erwartet. Sie sollte im Las Vegas Hilton Hotel untergebracht werden.
Nach einigen Wochen Sparring und an einem Punkt in seiner Laufbahn angelangt, an dem die meisten von uns dachten, er wüßte nun, wie man den Druck vor einem Kampf überwindet und ausnutzt, zog Tyson Lott in einer Trainingspause beiseite und sagte ihm, es sei aus.

„Ich will mich zur Ruhe setzen“, sagte er Lott, der ähnliche Worte schon von vielen Boxern gehört hatte, auch mehrmals schon von Tyson. „‚Aber diesmal vor dem Kampf, und ich mein's ernst. Ich will nie mehr kämpfen‘“, gab Lott Mikes Worte wieder. Er brach das Training ab und ging zu Handelmans Haus, ohne eine Antwort abzuwarten.
„Lassen wir ihn allein“, war Steves Strategie. „Er sagt das nicht zum erstenmal. Es ist die gleiche alte Leier.“ Zu Hause angelangt, zog Mike sich um und machte sich auf den Weg, Robin im Hilton-Hotel aufzusuchen. Am Tag zuvor war Lott im Hotel gewesen und hatte gehört, wie Mike mit Robin in ihrer Suite gekichert und herumgealbert hatte. Er hielt ihre Anwesenheit für einen positiven Faktor, für einen guten Ausgleich zu Mikes wachsender Spannung. Also ignorierte er Tysons Drohungen. Erst als Robin ihn am selben Tag noch in Handelmans Haus anrief, begann er sich Sorgen zu machen. Sie hatte heimlich ihr Hotelzimmer verlassen, um Lott anzurufen. Tyson sei beim Packen, sagte sie, und einen Flug zurück in den Osten hätte er auch schon gebucht. Lott verständigte Rooney, und gemeinsam eilten sie zum Hotel. Der Champion aber war bereits verschwunden.
Sie glaubten, er wäre nach Hause unterwegs, nach Catskill, New York. Doch am nächsten Tag wurde Rooney von Camille angerufen, die ihm sagte, daß sein Fighter mit Holloway in Albany wäre. Rooney rief Holloway an, der ihm andeutete, Tyson wäre bereits im Begriff, seinen Ausstiegsplan zu revidieren. Am Tag darauf rief Tyson selbst Lott an.
„Mike war richtig kleinlaut“, sagte Lott. „Er entschuldigte sich dafür, daß er das Trainingslager verlassen hatte, und bat mich, seine Rückreise nach Las Vegas zu organisieren.“ Dann rief er erneut an, nachdem er den Flug verpaßt hatte. Er entschuldigte sich erneut und sagte: „Mach dir keine Sorgen, mit diesem Tucker werd ich schon fertig.“
Drei Tage nach diesem „Ausstieg“, erschien er wieder. „Vom Flughafen aus kam er direkt zum Training“, erzählte Lott, „und boxte acht harte Runden, bei denen er noch besser als vor dem Ausstiegsversuch wirkte.“
Rooney war verärgert, zeigte aber Verständnis. Er sagte Mike, jeder Boxer hätte solch eine Erfahrung hinter sich. „Aber die Echten geben nicht auf“, sagte er seinem Champion. „Reiß dich also zusammen!“
Als die Tore des Hilton Center am 1. August 1987 geöffnet wurden, war Mike tatsächlich bereit, es mit Tony Tucker aufzunehmen. Ich

machte bei Mike wenige Minuten vor dem ersten Gong die übliche Rücken- und Nackenmassage. In der Mannschaft schien keiner besorgt zu sein – Tyson hatte uns völlig verwöhnt, an seinem Sieg zweifelte keiner von uns.
Der Gong ertönte. Mir mißfiel die Lockerheit, mit der sich Tucker bewegte. Er war absolut entspannt, schien völlig unbesorgt zu sein. Er hatte sich offensichtlich vorgenommen, Tyson seinen Stil aufzuzwingen. Mike hingegen erkannte nicht sofort, was los war. Mein junger Freund war etwas unvorsichtig, und Tucker nutzte das aus. Tucker wartete geduldig auf eine Öffnung der Deckung. Tyson folgte seinem eigenen Plan, der des Gegners interessierte ihn nicht – noch nicht. Plötzlich gingen die beiden zum Nahkampf über. Tucker lokker, aber gut vorbereitet, Tyson entspannt, aber unachtsam. Als Kampfrichter Mills Lane gerade „break!" rufen wollte, schlug Tukker einen vernichtenden linken Haken, der voll traf. Tysons Knie wurden einen Augenblick lang weich, und bevor er richtig wahrnahm, wie benommen er war, ging Tucker schon nachsetzend auf ihn los, um die Gunst des Augenblicks zu nutzen.
Tyson indes verteidigte sich mit reaktionsschnellen Meidbewegungen sowie mit gelegentlichen Gegenangriffen mit linken Haken und geraden Rechten und verhinderte so weitere Treffer von Tucker. Nach der ersten Runde sagte ihm Rooney: „Mit diesem Kerl darfst du nicht leichtsinnig sein. Du mußt ihn angreifen und schwächen. Er ist zu selbstsicher. Du gibst ihm zu viele Chancen. Mach das nicht."
Ich wußte, daß Mike in der nächsten Runde seine ganze Härte zur Geltung bringen mußte, wollte er bestehen. Ich hatte gesehen, wie er mit den Zähnen auf den Mundschutz biß, als sein Gehirn den unerwarteten Kurzschluß erlitt, und ich hätte nur zu gern geraten: Sei hart, Mike. Jetzt mußt du hart und stark und listig sein. Oft genug hatte er über seine Wut als Boxer gesprochen.
„Ich war vierzehn, als ich in den Ring der Les-Bataillon-Sporthalle in Queens stieg", hatte er mir eines Tages erzählt. „Ich war böse und wütend, weil ich arm und ein Niemand war. Ich war wütend und gefährlich. Cus hat mit mir öfter über Hunger gesprochen. Und darüber, wie man aggressiv und gefährlich sein muß. ‚Du mußt tierisch pfiffig sein, sei ein Tiger, und noch dazu ein schlauer', sagte mir Cus. ‚Du mußt wissen, wann du zuzuschlagen hast, wann du den Adrenalinspiegel erhöhen mußt und wann du deine Angst beherrschen mußt.'
Cus erzählte oft über gute Fighter und was das für verdammt gefährli-

che Burschen waren – Tiger, verdammt gefährlich. Mickey Walker, Jack Dempsey, die hart und gefährlich waren. ‚Du darfst deinem Gegner nie den Rücken kehren und dich nie beim Kampfrichter über einen Schlag unter die Gürtellinie beschweren oder darüber, daß man dir einen Schlag noch nach dem Gong versetzt hat', sagte Cus oft. Ich wollte so sein wie die: gefährlich, wild, gemein.
Ich wollte so sein, auch wenn ich mich nur auf der Straße bewegte. Ich wollte ein gefährlicher Bursche sein und den anderen ständig Arschtritte verpassen. Ich hab sogar geübt, boshaft zu sein ... Ich ging zur Schule und benahm mich gemein und barsch zu allen. Ich weiß nicht, ich mußte das einfach auf diese Weise lernen.
Joe Louis war gefährlich, auch wenn er introvertiert war. Die Leute wußten nie, daß er ein Wilder war, ein Tier im Ring. So wollte ich auch sein. Ich versuchte ganz bewußt, ein gemeiner, grausamer Hund zu sein. Ich wußte, daß ich gemein sein mußte, denn wenn ich verlieren würde, würde ich krepieren, verhungern."
Auch in der zweiten Runde machte Tucker es ihm nicht leicht. Tyson griff an, aber Tucker pendelte geschickt aus, ließ eine gerade Linke folgen, mit der er Tyson auf Distanz hielt. Tuckers Linke war gefährlich, sie traf ihr Ziel öfter, als sie es verfehlte. Tyson versuchte wie gewöhnlich, den Jabs pendelnd auszuweichen, aber Tucker schlug seine Jabs mit erstaunlicher Genauigkeit und präzisem Timing. Tyson war gewohnt, seine Runden überlegen zu gewinnen, aber in der zweiten Runde ließ Tucker daran berechtigte Zweifel aufkommen. Er punktete mit seiner Linken, und im geschickten Rückwärtsgang vereitelte er Mikes Angriffe.
Nach der zweiten Runde redete Rooney auf Tyson ein, wie Tucker beizukommen wäre. „Du gehst da rein mit deinen Jabs", sagte er. „Du mußt da reingehen und immer pendeln, um seinen Jabs auszuweichen, und dann schlag gleich nach. Du mußt kontern, deine Jabs müssen besser sein als seine. Verstehst du?"
Mike nickte.
Es gibt Kämpfe, da kommt der Boxer im Ring allein zurecht, und man braucht nichts zu korrigieren. In diesem Fall treffen sämtliche Anweisungen auf taube Ohren. Ein entspannter Boxer weiß, wann alles gut geht und wann nicht. D'Amatos Boxer wußten das, und aus verständlichen Gründen hörte Tyson jetzt Kevin genauer zu als je zuvor.
Kurz vor dem Gong zur dritten Runde stand Tyson in seiner Ecke auf und schaute direkt zu mir. Ich stand auch auf und führte über die

Köpfe der vor mir sitzenden Zuschauer hinweg Jabs in der Luft aus. Er nickte zur Bestätigung. Danach schoß er aus seiner Ecke hervor, und mit den Händen sein Gesicht und mit den Ellbogen seinen Körper schützend, legte er mit geraden Linken wie mit einem Preßlufthammer los. Alle in seiner Ecke atmeten auf, auch Mike selbst.
Allmählich wurde der Kampf jedoch langweilig. Tuckers Jabs kamen jetzt seltener, und er ging fast nur noch rückwärts. Auch seine Geraden wurden immer rarer, auch ungenauer.
Von der vierten Runde an wurde der Kampf bewegter, aber auch die Fehlschläge häuften sich. Es sah aus, als würde Tucker den Kampf durchstehen, was nach der vierten Runde offensichtlich sein einziges Ziel war. Das wäre zwar Mikes 31. Sieg, jedoch nicht sein 28. K. o.-Sieg.
Nach dem Schlußgong schien Tucker froh zu sein, daß er noch auf den Beinen war. Mikes Gesicht war ausdruckslos; er mühte sich offensichtlich, seine Enttäuschung zu verbergen.
Bevor die Entscheidung verkündet wurde, legte Tucker seinen Arm um Tyson, während Rooney Mike die Handschuhe abnahm. „Du bist ein verdammt guter Fighter", sagte Tucker. „Mach dir keine Sorgen, ich geb dir noch mal eine Chance, gegen mich anzutreten." Tyson achtete nicht auf ihn, dafür aber Rooney.
„Glaubst du, du hast gewonnen?" fragte Rooney. „Verschwinde, Mann."
Minuten später erklärte Chuck Hall, Mike Gerard Tyson sei der erste absolut unbestrittene Weltmeister im Schwergewicht nach Muhammad Ali, der zehn Jahre vorher diesen Titel innehatte.
Einige Stunden danach war Tyson in seiner Suite im Hotel, wo er mit Jacobs diskutierte. Dem unbestrittenen Weltmeister war nicht danach, sich in Schale zu werfen und in den Festsaal gehen. Er wollte alles andere, als an der aufgeblasenen, von Don King für den Sieger des Unification Tournament organisierten Feier teilzunehmen, einer im Hollywood-Stil inszenierten Märchenland Krönung. „Es ist entwürdigend", sagte Tyson, „und ich will mit dieser Scheiße nichts zu tun haben."
„Das gehört zum Boxgeschäft", sagte Jacobs. „Manchmal muß man halt tun, was man muß, und nicht, was man will." Tyson fügte sich widerwillig.
Ich hatte gemischte Gefühle gegenüber dem Pomp, mußte jedoch eingestehen, daß Don King ein Innovator im Boxgeschäft war. Er hatte sich durch Geschäfte wie dieses zum wichtigsten Promoter ge-

macht. Wer sonst hätte daran gedacht, noch ein paar Dollar durch eine Livesendung der „Krönung“ zu verdienen? King wurde von den Vorsitzenden der internationalen Boxsportbehörden – José Sulaiman vom WBC, Gilberto Mendoza von der WBA und Robert Lee von der IBF – sowie von Freunden flankiert, darunter Reverend Al Sharpton, ein selbsternannter Bürgerrechtsführer aus Brooklyn, von den Medien als „Arbeitstier“ und Informant der Regierung bezeichnet. Jack Newfield, ein unerbittlich recherchierender Reporter, der für die New-Yorker *Daily News* arbeitete, beschrieb den Prediger der pfingstkirchlichen Gemeinde als den „Clownprinzen der Militanz“ und als einen Mann, der seinen Job als Prediger „dafür gekriegt hat, daß er in einem Wettbewerb der Doppelgänger des schwarzen Sängers Little Richard, der später Prediger wurde, den dritten Platz belegte.“

Sportjournalisten, die King mochten, belächelten diese dumme Affäre nur, machten sich allenfalls darüber lustig. Diejenigen aber, die sich in den Zeitungen ständig mit ihm auseinandersetzten und ihn kritisierten, betrachteten die ganze Sache als eine traurige Episode der Herabwürdigung, als eine Beleidigung des Boxsports insgesamt und Tysons persönlich. Während der ganzen Zeremonie starrte Tyson verlegen zu Boden. Er konnte das Ende dieses Nachkampfsspektakels kaum erwarten, sehnte sich danach, Las Vegas weit hinter sich zu lassen. Am frühen Morgen des folgenden Tages verließ er fluchtartig Nevada.

13. Kapitel

Für einige Zeit vom Boxen befreit, setzte Mike nun seine amourösen Eskapaden fort, obwohl Robin immer häufiger in seiner Begleitung zu sehen war. Tyson schien wirklich stolz auf ihr gutes Aussehen und ihre Eleganz zu sein.

Als Don King und Donald Trump eine Pressekonferenz in New York City einberiefen, um den Tag (16. Oktober 1987) und den Ort (Convention Hall in Atlantic City) für den Kampf zwischen Tyson und Tyrell Biggs bekanntzugeben, wurde Mike von den Folgen seiner Eskapaden eingeholt. Als er gebeten wurde, sich der üblichen allgemeinen Untersuchung zu unterziehen, um festzustellen, ob er für den Kampf physisch fit wäre, weigerte sich Tyson. „Ich hatte gestern eine lange Nacht", sagte er. „Ich habe einige Bier getrunken und war lange auf. Könnten Sie die Untersuchung um ein paar Tage verschieben?"

Er nahm Lott beiseite.

„Ich glaub, mich hat's wieder erwischt", sagte er. Es stellte sich dann tatsächlich heraus, daß der Mann, der Berbick und Smith im Ring besiegt hatte, während er dabei war, eine Geschlechtskrankheit auszuheilen, es wieder mal geschafft hatte, sich erneut zu infizieren. Ich warnte ihn davor, intime Beziehungen mit Robin zu pflegen. „Du würdest eine unverzeihliche Sünde begehen, wenn du deine Freundin mit dieser Krankheit ansteckst", sagte ich.

Am 16. Oktober 1987 war Tyson wieder bereit, in den Ring zu steigen. Er brannte darauf, gegen den hochgewachsenen, kecken Tyrell Biggs anzutreten. Tyson hatte Biggs während der Olympischen Spielen 1984 in Los Angeles kennengelernt, wo Biggs die Goldmedaille im Superschwergewicht gewann; sie wurden jedoch nie Freunde. Zu jener Zeit war Tyson gerade achtzehn Jahre alt. Er war Sparringspartner der USA-Boxer in den drei schwersten Gewichtsklassen, für den Halbschwergewichtler Evander Holyfield, den Schwergewichtler Henry Tillman und den Superschwergewichtler Tyrell Biggs. Nach einem Trainingstag mit Tyson hielt es der Superschwergewicht-

ler für besser, ein schweres Spezialkissen um seine Taille tragen, um sich vor Mikes schweren Körperhieben zu schützen. Aus welchem Grunde auch immer, Tyson und Biggs hielten nichts voneinander.
Biggs Manager Lou Duva und Shelly Finkel sowie sein Trainer Georgie Benton bezeichneten ihn in der Werbung als Mr. Invincible, den Unbesiegbaren. Benton, der mehr als zwanzig Jahre zuvor die Handschuhe an den Nagel gehängt hatte, behauptete, Biggs hätte den gleichen Stil wie er und sei daher wie kein anderer in der Lage, Tyson zu schlagen. „Vor zwanzig Jahren", behauptete Benton, „hätte ich Mike Tyson ohne Schwierigkeiten abserviert."
Duva betete diese Prahlerei nach: „Tyson liebt das Rampenlicht und das Nachtleben. Kein Fighter mit dieser Art Lebensstil kann je meine Fighter schlagen."
Jacobs warnte Duva, solche Angriffe gegen seinen Boxer wären schmutzig und ungerecht. „Wenn er mich angreifen will", würde Jacobs in der Presse zitiert, „in Ordnung. Aber nicht meinen Kämpfer." Duva ignorierte die Warnung und setzte die psychologische Kriegsführung fort.
Jacobs mußte zurückschlagen. „Der Mann, der schlimme Dinge über meinen Jungen verbreitet, hat schlimmere Dinge über *seinen eigenen* Fighter erzählt. Vor nur wenigen Wochen sagte mir Lou, Biggs sei ‚total verrückt' und ein ‚ernster Fall für den Psychiater'. Er hat mich auch darum gebeten, ihm zu helfen, Scheingegner für Biggs zu finden, weil er ‚große Angst' hätte, ihn gegen einen gefährlichen Gegner aufzustellen, da er befürchtete, er würde ihn k. o. schlagen."
Als Tyson zu den Attacken aus dem Biggs-Lager befragt wurde, tat er dies mit einem Achselzucken ab. „Ich find's amüsant", sagte er mit ausdruckslosem Gesicht, „aber das Ganze ist unter meiner Würde."
Nach dem offiziellen Wiegen, schon auf dem Weg in seine Penthouse-Wohnung des Ocean Clubs in Atlantic City, sagte Mike: „Wenn ich ihn nicht umbringe, zählt's nicht."
Als Kampfrichter Orlando vor der Begegnung pflichtgemäß beide Kontrahenten belehrte, war Tyson gereizt und ungeduldig. Der Boxer in der gegenüberliegenden Ecke ist zwar immer der Feind, aber diesen Tyrell Biggs wollte Tyson zerstören. Genau das nahm er sich vor, während Biggs sich auf die gleiche Aufgabe vorbereitete. Tyson kam wie immer aus seiner Ecke: Seine blitzschnellen Hände waren ruhig; seine eisernen Beine hielten ihn in der richtigen Stellung, aus der heraus er, bei Bedarf mit der Unterstützung seines Oberkörpers, schwere Geschosse abfeuern konnte; sein rechtes Bein schob und zog

seinen großen und gewandten Körper nach vorn, der stets bereit war, einer Gefahr durch Sidesteps auszuweichen.
Mit seinen einszweiundneunzig war Biggs größer, viel größer als er. Bei solch einem Größenunterschied weiß die Crew in Tysons Ecke, was zu erwarten ist. Wie die meisten Boxer, die einen Größenvorteil gegenüber Tyson hatten, kam Biggs heraus, zuckte mit einer geraden Linken vor und bewegte sich nach rechts. Rooney in Tysons Ecke schmunzelte. Auch Baransky und Lott wußten, was vor sich ging. Aber Benton schien von der Art, wie sein Schützling begonnen hatte, nicht besonders enttäuscht zu sein. Biggs kämpfte eben so, wie ein großer Kerl gegen einen kleinen kämpfen *sollte*: sich bewegen, seine Linke bringen, sich weiter bewegen, weiter mit links stören und, wenn der Gegner hinreichend irritiert ist, ein Trommelfeuer loslassen; dann sich weiter bewegen, linke Jabs feuernd.
Die Welt des Boxsports hat viele Trainer und Sekundanten, aber einen echten Mangel an Lehrern. Jedesmal wenn ich einen großen Mann auf Teufel komm raus boxen sehe, da er nichts anderes machen kann, oder einen kleinen Boxer beobachte, wie er versucht, an seinen Gegner heranzukommen, da er ihn sonst mit den Fäusten nicht erreichen kann, denke ich mir: Das ist das Produkt eines Schusters. Ein Schuster, wie ihn Cus D'Amato definierte, ist ein Boxlehrer, der seinen großen Jungs einhämmert, sie müßten sich im Ring nur bewegen und ihre Linke ständig einsetzen.
Offensichtlich war Biggs schon frühzeitig an einen derartigen Schuster geraten. In den ersten beiden Runden kämpfte Tyson gerade so viel wie nötig, um gegenüber seinem Gegner im Vorteil zu bleiben. Auch wollte er Tyrell nicht zu sehr entmutigen. Er wollte, daß sich Biggs wohlfühlt, bevor er ihn mit der bitteren Wahrheit konfrontiert. Das begann in der dritten Runde mit einen Schlagabtausch aus der Distanz, und plötzlich hatte Biggs eine Platzwunde über dem linken Auge. Biggs bewegte sich nicht mehr mit der gleichen Leichtigkeit wie am Anfang. Die linken Geraden, die ihn bis dahin vor Schaden bewahrt hatten, blieben plötzlich wirkungslos. Im Gegenteil: Auf jeden seiner Schläge konterte Tyson wirkungsvoll. Und wohin sich Biggs auch bewegte, Tyson schnitt ihm den Weg ab, stellte ihn und landete Kopftreffer.
In der siebenten Runde war das Ende absehbar. Ein verdrießlich blickender und müder Biggs, der kaum noch Kraft hatte, die Fäuste hochzuhalten, schaffte es nicht, einem heftigen linken Haken auszuweichen, der ihn taumelnd zu Boden gehen ließ. Sein Ego zwang

Biggs, sich aufzurappeln, aber es erwartete ihn ein weiterer Haken, der ihn endgültig niederstreckte. Orlando brach den einseitigen Kampf eine Sekunde vor Ende der siebenten Runde ab.
Nach dem Kampf dachten Jacobs und Lott noch einmal an Bentons prahlerische Behauptung, er hätte Tyson leicht schlagen können, wären sie in der selben Ära gegeneinander angetreten. Tysons Co-Manager und Ringbetreuer besorgten einige Filme aus Bentons aktiver Zeit und sahen sie sich an.
„Er hat recht", schloß Jacobs. „Benton hat mal *genau so* wie Tyrell Biggs gekämpft."
Die Zukunft war nun viel klarer. Mike Gerard Tyson war nicht zu schlagen. Auch nicht, was seine Einkünfte betraf. Finanzexperten meinten, Tyson hätte das nötige Potential, der erste Milliardär in der Geschichte des Sports zu werden. Sie behaupteten das von einem einundzwanzigjährigen Jungen aus den gefährlichen Straßen von Brooklyn, der das Glück hatte, neun Jahre zuvor Cus D'Amato kennengelernt zu haben. Der alte Mann hatte den Jungen auf die richtige Bahn gebracht, und da Jacobs und Cayton den Boxer im Sinne D'Amatos managten, war das Risiko gebannt, daß er so enden würde wie viele andere große Boxer vor ihm, nämlich in Vereinsamung und Armut.

King verlor keine Zeit, den nächsten „idealen Gegner" für Tyson zu suchen. Dieser Begriff wurde inzwischen neu definiert, stand jetzt für einen Gegner, der allen Beteiligten finanziellen Erfolg sichern würde. Als Tysons Promoter zu arbeiten, bedeutete jetzt großes Geld, und daran teilzuhaben, bedeutete Tyson und seine Boxerfamilie glücklich zu halten.
So geriet der Ex-Champion Larry Holmes ins Blickfeld des Tyson-Teams. King betrachtete Holmes als einen verbrauchten, ausrangierten Champion, der noch bekannt genug war, große Börsen zu gewährleisten, aber für Tyson nicht die geringste Gefahr darstellte. King hatte schon mal – 1980 – eine ähnliche Idee, als er einen müden Fighter, Ali, der viel von seinem Können eingebüßt hatte, gegen Holmes, den Meister in den besten Jahren, antreten ließ. Holmes hatte Erbarmen und hielt sich zurück – Ali war früher einmal sein Idol. Als der Gong zur elften Runde ertönte, konnte „der Größte" den Kampf nicht mehr fortsetzen.
Der Spitzenpromoter startete eine Umfrage in der Boxsportszene und stellte fest, daß genügend Interesse an diesem Kampf vorhanden

war. Dann setzte er seinen Charme und sein Promoterkönnen ein, um Geschäftsleute, Boxsportfans und Holmes selbst zu überreden, den Kampf zustandezubringen. Der Ex-Champion würde eine garantierte Börse von 3,1 Millionen Dollar bckommen, ein Angebot, das nicht einmal ein so reicher Mann wie er ablehnen könnte.
Nachdem Mike sich ein paar Monate erholt hatte, begann er Anfang Dezember in Catskill mit der Vorbereitung auf den Holmes-Kampf. Über die Feiertage machte er einige Tage Urlaub, und in der ersten Woche des neuen Jahres war er bereits in guter Form. Danach zog er sich in seine komfortable Wohnung in Atlantic City zurück.

Tysons Armee von Sparringspartnern wurde im Trump Plaza Hotel untergebracht. Zu dieser Zeit entschlossen sich Jacobs und Cayton, Tyson zu gestatten, der Presse gegenüber zugänglicher zu sein. Mit der Zeit nahm kaum noch jemand Notiz davon, wenn der Schwergewichtsmeister sich nach dem Mittagstraining mit Sportjournalisten im Hotel unterhielt.
Der 22. Januar 1988 rückte heran, und Mike war topfit. Er stand an diesem Morgen spät auf und frühstückte, wie immer Birnen, Weintrauben, Apfelsinen und Bananen. Ich fuhr um die Mittagszeit zum Ocean Club und fand Mike in der Küche, wo er Zeitung las. Er schüttelte mir die Hand, drückte mich und bat mich in sein Schlafzimmer. Der Vorkampfstreß, gegen den kein Fighter gefeit ist, machte ihm wieder zu schaffen. Wir redeten über Cus, tauschten Erinnerungen über Mikes Kindheit aus und kamen schließlich auf Mikes Lieblingsthema, das ihn besonders entspannte: Frauen. Wir lachten, und dann sah ich, wie er sich im Bett zurücklegte und die Augen schloß. Ich verließ auf Zehenspitzen den Raum. Boxer reden darüber nicht gern, aber die allermeisten von ihnen schlafen in der Nacht vor dem Kampf unruhig.
Später am gleichen Abend, kurz vor dem Kampf, der ihm den dreiunddreißigsten ununterbrochenen Sieg bringen könnte, befand sich Mike in seinem Umkleideraum, die Hände waren schon bandagiert, und wartete auf die offizielle Aufforderung, die Boxhandschuhe anzuziehen. Sie kam in dem Augenblick, als er sich erhob, um Schattenboxen zu üben.
Ich ging hinaus, um mir die Zuschauer anzusehen. In der vordersten Reihe hinter den Pressetischen ging gerade ein Manager des Trump Plaza auf Steve Wynn zu, den Vorsitzenden vom Golden Nugget. Sie sprachen etwa eine Minute miteinander, und Wynn setzte sich da-

nach einige Reihen weiter hinten hin. Ich fand es seltsam, daß der Geschäftsführer des Kasinos auf einem falschen Platz saß. Also fragte ich Gene Kilroy, einen Mann aus der Boxsportszene, der jahrelang mit Ali gearbeitet hatte und jetzt als Wynns Marketing-Berater tätig war, was das zu bedeuten hätte.

Kilroy erwiderte, daß Ali drei Karten von Trump besorgt und Wynn eingeladen habe, ihn zum Match zu begleiten. „Als Trump sah, daß Wynn, Ali und andere Prominente des Sports neben ihm sitzen würden", sagte Kilroy weiter, „geriet der reiche Mann in Panik." Trump wollte nicht ins Scheinwerferlicht mit ihnen geraten. „Da ich eine Ruhestörung vermeiden wollte, gab ich ihm meinen Platz", hörte ich später von Wynn.

Ich ging zurück in Mikes Umkleideraum, wo Offizielle der New Jersey State Athletic Commission und ein Vertreter des Camps von Holmes Mikes Handschuhe untersuchten. Bis auf einen Inspektor der Athletic Commission verließen alle den Raum. Eine Minute darauf zog Rooney, wie gewöhnlich, die „Tatzen" an – dicke, übergroße, unförmige Handpolster, auf die Mike zum Aufwärmen einzuschlagen begann. Die Zeit für das Aufwärmen überbrückte die Zeitspanne bis zum Auftritt im Ring.

Holmes, ein ehemaliges Mitglied der Assassin-Truppe von Easton (Pennsylvania), hatte es sich in den Kopf gesetzt, den Ablauf zu stören. Als er aufgefordert wurde, sich zum Ring zu begeben, weigerte er sich, den Umkleideraum zu verlassen. Möglicherweise beabsichtigte er, Tyson mit einer Verzögerung aus der Fassung zu bringen. Das Fernsehteam des Home Box Office war unglücklich, da der Herausforderer, der traditionsgemäß den Ring vor dem Champ betritt, noch immer nicht im Ring war.

Etwas frustriert begann Tyson vor einem kleinen Spiegel mit Schattenboxen, um sich warm zu halten. Holmes ließ nach einer Weile erneut mitteilen, er sei noch nicht bereit, in den Ring zu steigen.

„Mike setzte das Schattenboxen fort und überprüfte nochmal die Festigkeit der Bandagen an seinen Händen in den Handschuhen", erzählte Lott. „Und wie üblich, donnerte er einige Schläge an die Wand." Im Umkleideraum waren zu diesem Zeitpunkt neben Tysons Crew schon das HBO-Team, zwei Vertreter der Illustrierten *TV Guide* sowie vier Mitglieder der New Jersey Boxing Commission.

Plötzlich feuerte zur Überraschung und zum Entsetzen aller Anwesenden Tyson einen Jab los, gefolgt von einer geraden Rechten, die durch die Wand ging.

„Splitter und Mörtel flogen umher", resümierte Lott. „Alle waren fassungslos. Mike hielt inne, starrte zuerst auf das Loch und dann auf die anderen, die ihn anstarrten. Er schaute drein, als hätte man ihn beim Kekseklauen erwischt. Er hatte richtig Angst, etwas falsch gemacht zu haben. Er wirkte in diesem Augenblick wie ein kleiner Junge, der sagen wollte: ‚Es tut mir leid'."
Vertreter der Athletic Commission überprüften seine Handschuhe und fragten ihn, ob seine Hand in Ordnung sei. Mike, immer noch verlegen, nickte. Darauf gingen sie alle zu Ring, wo Holmes wartete. Aus seinen Augen sprach bereits Panik.
Dem Kampfrichter Joe Cortez war Tysons Stil nicht fremd, denn er fungierte bereits zum sechsten Mal bei einem Tyson-Kampf als Unparteiischer.
Dann endlich begann der Kampf. Tyson ging geduckt auf Holmes los, wodurch der Ex-Champion einen Kopf größer wirkte. Holmes schoß einen Jab, der das Ziel meilenweit verfehlte. In diesem Augenblick ahnte ich, daß der Kampf nicht lange dauern würde, obwohl Holmes so viel Können und Reaktionsvermögen hatte, den auf sein Kinn gezielten Bomben auszuweichen, die alle um einige Zentimeter danebengingen. Dann stellte Tyson seinen Radar genauer ein, und Holmes hatte dem nichts entgegenzusetzen. Verzweifelt versuchte der achtunddreißigjährige Fighter, wie Joe Louis und Sugar Ray Robinson vor ihm, den Altersunterschied wettzumachen, genauso wie Wilfredo Benitez, Ike Williams, Johnny Saxton und Ezzard Charles es zu ihrer Zeit taten. Aber zumindest in den ersten beiden Runden war von dem gewohnten Timing und den Reflexen nichts zu bemerken.
Zum Beginn der dritten Runde wurde Holmes merklich agiler, er tänzelte und agierte mehr mit der Linken. Tyson beeindruckte das nicht, aber die Zuschauer fingen an zu murren. Holmes gelang es, zwei oder drei Jabs zu landen, und mehrmals versuchte er einen rechten Cross, doch Tyson erkannte immer schon den Ansatz und reagierte entsprechen. Doch nun machte er mehr Druck. Holmes erholte sich einige Sekunden an den Seilen und wurde dafür bestraft. Tyson landete ein paar Körpertreffer, die schmerzhaft gewesen sein müssen. Aber Holmes war viel zu professionell, als daß er sich seine Bedrängnis vom Durchschnitts-Publikum hätte anmerken lassen. Als der Gong die dritte Runde beendete, ging Holmes in seine Ecke wie ein alter Mann. Diese drei Runden hatten Holmes arg zugesetzt, und von nun an wußte er, wie schwer es sein würde, Tyson einen anständigen Kampf zu bieten. Ihm blieb nur eine Möglichkeit: Da er nicht wie

ein Champion gewinnen konnte, warum sollte er dann nicht wie ein Champion verlieren?
In der vierten Runde wollte Holmes das Spiel auf seine Weise spielen und es Tyson nicht leicht machen. Er versuchte zu bluffen, und als das keine Wirkung zeigte, setzte er alles aufs Spiel. Mitten in der Runde erwischte Tyson Holmes Kinn mit einer schrecklichen geraden Rechten. Der Ex-Champion ging zu Boden, aber sein Stolz brachte ihn nach acht Sekunden wieder auf die Beine. Nun machte Mike Ernst. Regelrecht zornig ging er auf seinen Gegner los und ließ seine Schläge auf den niederprasseln, der erneut zu Boden ging. Holmes Gehirn befahl ihm, noch einmal aufzustehen. Tyson setzte seine Kanonade fort, und bevor Cortez reagieren konnte, lag Holmes zum dritten Mal am Boden, mehr erschöpft und entmutigt als durch saubere Schläge. Cortez stellte sich zwischen die beiden, beendete den Kampf, um größeres Unheil zu vermeiden. Das war nach zwei Minuten und fünfunddreißig Sekunden der vierten Runde.
Auch nach diesem Kampf fand im großen Festsaal des Trump Plaza eine Feier statt. Tysons Leute klopften einander auf die Schulter und jubelten vor Freude. King ging unauffällig in den Umkleideraum des Verlierers, um den Mann, der ihm Millionen eingebracht hatte, zu trösten. Das war das Verkehrteste, was er tun konnte. Zur Verblüffung der Betreuer des ehemaligen Champions fing Holmes an zu schreien; er beschimpfte King aufs gröbste und warf ihm vor, ihn bewußt verheizt und gedemütigt zu haben.
Später erst erfuhr ich, daß King für seine „Vermittlung“ Holmes eine Rechnung in Höhe von 300000 Dollar für die 3,1-Millionen-Börse präsentierte. Später konnte diese Summe auf 150000 Dollar heruntergehandelt werden, nachdem er dem Promoter mit einem Prozeß gedroht hatte.

14. Kapitel

An einem kalten Januarnachmittag des Jahres 1988 rief mich Jim Jacobs an, kurz vor dem Holmes-Kampf. „Es geht um zwei sehr wichtige Fragen, die Mike betreffen und die wir klären müssen. Die erste ist persönlicher Natur, aber sehr, sehr wichtig. Die zweite ist beruflicher Art. Wann kann ich dich sehen?“
„Wie wär’s jetzt gleich?“
Wir trafen uns in seinem Büro in der East Fortieth Street. Jacobs sah sich um, um sich zu vergewissern, daß uns keiner hören konnte: „Mike hat ein Problem, das ihm Sorgen macht. Ruth Roper sagt...“
„Wer ist das?“ unterbrach ich.
„Ruth Roper ist die Mutter von Robin Givens, Mikes Freundin.“
„Sie gefällt mir... ich meine Robin, klug, unabhängig.“
Was ich jetzt sage, muß unbedingt, ich wiederhole, unbedingt unter uns bleiben. Mir liegt viel an deiner ehrlichen, objektiven Meinung.“
Nach einer kurzen Pause fuhr er fort: „Miss Roper sagt mir, ihre Tochter sei seit dreieinhalb Monaten schwanger... von Mike. Sie sagt, wir müssen entsprechend handeln, sonst...“
„Ist er bereit, sie zu heiraten?„
„Was glaubst *du*?“ fragte Jacobs, in meinen Augen eine Antwort suchend.
„Ich glaube, er sollte es tun. Cus hätte sie gemocht.“
„Bist du sicher?“
„Mein Instinkt täuscht mich selten.“ Damit war die erste Frage beantwortet.
„Das andere Problem ist„, sagte Jacobs, faßte mich am Ellbogen und beugte sich zu mir herüber, „daß Bill und ich einen ernsten Fehler gemacht haben, als wir die ursprünglichen Manager-Rechtsnachfolger-Verträge beantragten.“ Jetzt wisperte er. „Sollte uns was zustoßen – Bill ist nicht mehr der Jüngste, und mit mir kann alles mögliche passieren –, könnten alle unsere Boxer, einschließlich Mike, in falsche Hände geraten. Wir müssen den Vertrag ändern, um unsere Jungs zu schützen... sonst sind sie ernstlich gefährdet.“

Alle New Yorker Boxverträge enthalten eine Klausel, wonach die rechtlichen Verpflichtungen des Boxers mit dem Tod des Managers erlöschen und der Boxer danach *de facto* frei ist. Ich verstand Jacobs' Besorgnis in diesem Punkt und sagte ihm, daß ich diese Frage mit Carl DeSantis, Rechtsvertreter der NYSAC, besprechen und ihm dann Bescheid geben würde. Jacobs gab sich damit zufrieden. Er lächelte und lud mich zum Essen ein. Ich lehnte ab und fand auf der Fahrt nach Hause Gründe, meiner Frau nur über den ersten Teil unseres Gesprächs zu berichten.

„Gott sei Dank!“ sagte sie, nachdem sie die Neuigkeit vernommen hatte. „Die Zeit der Tändelei ist für unseren Casanova nun endlich vorbei.“

Eine Woche später fragte ich Jacobs, ob es irgendwelche weiteren Entwicklungen gäbe. „Keiner hat's nochmal erwähnt, und ich hab auch darüber geschwiegen“, sagte er. „Vergiß nicht, daß Mike demnächst gegen Holmes antreten muß, warum sollten wir ihn damit belasten? Vielleicht nach dem Kampf. Übrigens, was hast du in der anderen Sache unternommen?

Ich sagte ihm, daß ich daran arbeite.

„Es ist äußerst wichtig“, unterstrich er nochmal.

Bill Cayton wußte nicht recht, was er in der Schwangerschaftsfrage unternehmen sollte. „Meinst du, wir sollten Mike damit konfrontieren und ihn beraten?“ fragte Cayton.

„Und was machen wir, wenn es ein falscher Alarm ist?“ fragte ich zurück.

„Nach vier Monaten Schwangerschaft ist das ausgeschlossen“, erwiderte Jacobs. Weder er noch Cayton wußten, was zu tun wäre, wenn Tyson eine Eheschließung verweigert. Vertragsbedingung für Werbeaufschriften und -sendungen, die sie für Mike ausgehandelt hatten, enthielten auch Klauseln, die sich auf sein Verhalten außerhalb des Seilquadrats bezogen. Robins Schwangerschaft könnte möglicherweise den Geltungsbereich einer dieser Klauseln berühren. Und sie glaubten, daß Robins Mutter ohne einen öffentlichen Streit nicht aufgeben würde, falls Tyson sich weigerte, Robin zu heiraten. Trotz all dieser Überlegungen entschlossen sich die beiden, die weitere Entwicklung abzuwarten.

Zwei Wochen darauf erfuhren wir, daß Tyson nicht mehr Junggeselle war.

„Er rief mich am Sonntag [7. Februar 1988] an“, erfuhr ich von Steve Lott, „und fragte mich: ‚Was würdest du sagen, wenn ich Robin jetzt heiraten würde?'" Die hypothetische Frage überraschte Lott völlig. Steve wußte mehr über Tysons Sexleben als jeder andere, ausgenommen Rory Holloway, und er hätte nie gedacht, dem Champ sei Robin so wichtig.

Er sagte Mike, es sei eine großartige Idee.

Am nächsten Tag rief Roper Jacobs an. Mike und Robin seien von Pfarrer George Clements, einem katholischen Priester, getraut worden. Es sei aber nur eine kirchliche Trauung gewesen. Wenn Jacobs keine Vorkehrungen treffen würde, daß Tyson ihre Tochter „sofort" standesamtlich in New York heiratet, würde sie die Sache selbst in die Hand nehmen und mit dem jungen Paar nach Nevada fliegen und es dort trauen lassen. Am gleichen Abend bat Jacobs Lott, alles Erforderliche vorzubereiten.

Jacobs sagte zu Steve: „Ich will's mir mit Roper durch einen falschen Anfang nicht verderben."

Eigentlich hatte sich Tyson vorgenommen, den Schritt in die Ehe beim Spiel der All-Stars, einer der besten Mannschaften der National Basketball Association, in Chicago zu wagen. „Dr. J [der ehemalige Basketballstar Julius Erving] rief uns an und lud uns zum Essen nach dem Spiel ein", sagte mir Tyson, „aber ich wollte lieber zu einer Wohltätigkeitsveranstaltung gehen." Tyson wußte, daß Pater Clements, eine neue Bekanntschaft, der als Zuschauer bei diesem Basketballspiel war, auch zu der Veranstaltung gehen wollte.

„Ich sagte zu Robin: ‚Laß uns heiraten'", erzählte Mike. „Dann wandte ich mich zum Pfarrer und fragte: ‚Haben Sie die Befugnis, uns zu vermählen?' Er antwortete: ‚Ja, die hab ich.' Ich sagte darauf: ‚Robin, komm, laß uns jetzt heiraten.' Robin verstand nicht. Sie war verwirrt, deshalb wiederholte ich: ‚Wir wollen jetzt gleich heiraten.' Wir gingen zum Pfarrer nach Hause, zu Pfarrer Clements, und heirateten dort."

„Er hat euch in seinem Haus vermählt?", fragte ich, „und du betrachtest dich als voll verheiratet?"

„Selbstverständlich."

Die erste, die das erfuhr, war Camille Ewald, freute sich Tyson. „Dann rief Robin ihre Mutter an, und die meinte, wir hätten nicht alle Tassen im Schrank. Ihre Familie hielt uns glatt für verrückt, weil wir keine große Hochzeit feierten....Camille aber war glücklich."

Am Dienstag, dem 9. Februar 1988, um neun Uhr morgens trafen der Brautführer Steve Lott sowie Mike und Robin im Municipal Building in der Nähe des Rathauses in Manhattan ein. Robin erschien in dunkler Bluse und dunklem Rock und hatte eine Sonnenbrille auf. Mike, der einen dunkelblauen Anzug trug, hoffte, daß die Zeremonie schnell vorüber sei, da er mit Larry Hazzard, dem führenden Boxsportbeauftragten von New Jersey, in einer Schule in New Jesey auftreten sollte. Jacobs hatte Lott gebeten, darauf zu achten, daß Tyson die Verabredung einhält.

„Wir mußten hinter etwa zwanzig weiteren Paaren Schlange stehen", erzählte Lott. „Es war so kalt, daß alle ihre Mäntel anbehielten."

Doch bald wurde Tyson erkannt, und man bat ihn in ein warmes Zimmer. Während die beiden dort warteten, erfuhren sie, daß sie sich einem Bluttest unterziehen und mindestens vierundzwanzig Stunden warten müßten, bevor sie heiraten durften. Man hatte ihnen auch gesagt, daß nur ein Richter des Obersten Gerichts des Staates befugt war, Ausnahmen zu genehmigen. Also gingen sie los, um solch einen Richter zu suchen.

„Wir gingen in ein unweit gelegenes Gerichtsgebäude und warteten dort etwa eine Stunde", erfuhr ich von Lott. „Die Aufhebung der Vierundzwanzig-Stunden-Regelung wurde unterzeichnet, und wir begaben uns wieder in das Municipal Building."

Mit lediglich einer Handvoll Anwesenden betraten sie ein kleines Zimmer, wo die offizielle Eheschließung vollzogen wurde.

„Ich umarmte und küßte Mike und Robin«, sagte Lott. „Dann zahlte ich die Gebühr – es waren weniger als zehn Dollar –, und wir gingen alle hinaus, wo Hazzard in einer schwarzen Limousine schon auf Mike wartete."

Robin wurde indessen von Lott zur Wohnung ihrer Mutter in Manhattan in Upper West Side gebracht. „Ich hatte die Eheurkunde in meiner Tasche", sagte Steve, „und ich überlegte im Auto, ob ich sie Robin geben sollte. Ich entschied mich jedoch, die Urkunde zu behalten, da sie eines Tages wertvoll sein könnte. Also gab ich sie Jim Jacobs, der sie in ein Tresorfach legte."

Etwas bedrückte Jacobs und Cayton doch: Hatte man Tyson unter Druck gesetzt, gab es irgendwelche Abmachungen? Hatte man ihn irgendwie reingelegt? Oder hat die Eheschließung sie von einer schweren seelischen Last befreit? Da war schließlich Robins Schwangerschaft, nun wohl schon im fünften Monat, hatte Tyson unter diesen Umständen die vernünftigste Entscheidung getroffen?

Ein paar Tage später erhielt Jacobs darauf Antwort.

„Mike", hatte Jacobs gefragt, „gab es eine voreheliche Abmachung?"

„Hast du eine mit Loraine (Jacobs Frau) getroffen?“ erwiderte Tyson gereizt. „Ich hab geheiratet, weil ich verliebt bin.“
Damit war der Fall abgeschlossen. Das war nicht der Tyson, der mit einer geraden Rechten zum Kinn, die er über den ganzen Kampf aufgespart hatte, in der fünfzehnten Runde zum Gegenangriff übergeht. Diese List ist nur im Ring möglich. Diesmal machte es der Champ kurz und knapp, ganz gegen seine Art. Hatte die neue Partnerschaft ihn so schnell verändert? War das der zukünftige Tyson?
Jacobs, in den vorangegangenen Wochen mehrfach zur Behandlung im Krankenhaus und gleichzeitig in schwierigen Verhandlungen über den Tyson-Spinks-Kampf stehend, war nicht auf Streiten aus. Er konnte nur auf das Beste für seinen Freund und Fighter hoffen. „Es ist sein Leben“, sagte er mir. „Wir sollten ihm alle helfen, wenn er Hilfe braucht.“
Zu diesem Zeitpunkt hatte der NYSAC-Anwalt DeSantis die Unterlagen des Boxer-Manager-Vertrags von Tyson und Jacobs überprüft. Nach den Gesetzen des Staates New York durfte ein Profiboxer nur von einer Person gemanagt werden. Trotzdem durfte ein Dritter als Rechtsnachfolger in beschränktem Maße beteiligt sein. Rechtsnachfolger, die einen Gewinnanteil des Boxers besitzen, sind aus zwei Gründen zugelassen: Erstens, um es ihnen zu ermöglichen, in einen Boxer zu investieren, und zweitens, um einen amtlichen Nachweis über den Geldanleger zur Wahrung seiner Interessen zu haben. Der Rechtsnachfolger hat kein offizielles Mitspracherecht in Vertragsfragen, und jegliche Vergütung wird vom Anteil des Managers abgeführt.
DeSantis berichtete mir, daß neue Bestimmungen für die die Rechtsnachfolger-Regelung in Arbeit seien. Darin sollen auch die Interessen von Boxern im Falle des Todes einer der Co-Manager berücksichtigt werden. Als Jacobs dies erfuhr, war er erleichtert, denn er war ernsthaft besorgt, Mike könne in die Hände von „Haien“ geraten, falls ihm selbst etwas zustoßen sollte. Natürlich würden die neuen Bestimmungen auch Jacobs und Cayton und ihren Familien zugute kommen.
Um Mikes und Robins Eheglück nicht durch eine Nichteinhaltung der gebotenen Form zu gefährden, entschloß sich Robins Mutter Ruth Roper, ihrer Tochter und dem Schwiegersohn ein Hochzeitsgeschenk zu machen. Am 14. Februar 1988, am Valentinstag, gab sie eine kleine, aber gediegene Party im Library Room des Helmsley Palace Hotels in der Madison Avenue. Die Gäste bewegten sich unge-

zwungen und genossen die köstlichen Speisen, Mutter und Tochter waren beide in Schwarz gekleidet und hätten sich ohne weiteres als Schwestern ausgeben können. Für Roper war die Feier eine Art Einführung in die Gesellschaft. Obwohl Roper eine kleine, energische Frau mit zierlichen Zügen ist, erweckten ihr arglistiges Lächeln und ihr verschlagener Blick bei mir den Eindruck, sie vertraue keinem und könne unsichere Leute zum Wahnsinn treiben.

Ramona, meine Frau, die nie um Worte verlegen ist, nahm mich auf der Party beiseite: „Sag deinen Freunden Bill Cayton, Jimmy Jacobs und auch Mike, daß sie sich von nun an gegen diese Frau werden behaupten müssen.“ Ramona hatte mit Olga Rosario, Ruth Ropers Geschäftspartnerin, gesprochen und war danach überzeugt, daß Tysons Schwiegermutter nicht untätig bleiben würde, nachdem ihre Tochter den Weg durchs Leben gemeinsam mit dem größten Mann im Boxsportgeschäft zu gehen beschlossen hatte.

Falls es auf der Party schon Anzeichen von Gefahr gab, so entgingen sie mir. Die Beziehungen zwischen Tysons neuer und seiner alten Familie waren zwar nicht besonders herzlich, aber offensichtlich frei von Aversionen.

Am Tag nach der Party erkrankten beide Manager von Tyson. Cayton mußte wegen Endokarditis, einer Herzinnenhautentzündung, ins Krankenhaus. Jacobs, der die Stadt angeblich verlassen hatte, um Verwandte zu besuchen, erholte sich – das wußten nur seine besten Freunde – nach einer Darmoperation. Gerüchten zufolge litt er an allen erdenklichen Krankheiten: darunter Krebs, Blinddarm, AIDS, Mandelentzündung.

Das erstemal erlebte Cayton Robins Zorn im Krankenhaus. Eigentlich wollte sie Jacobs sprechen, aber da sie ihn nicht finden konnte, ging sie zu Cayton, obwohl er schwer erkrankt war.

„Ich bin Frau Mike Tyson“, erklärte sie am Telefon, „und übernehme die Führung der Geschäfte meines Mannes.“

Cayton war wütend über ihre Art. „Sie sagte das in einem beleidigenden, gebieterischen Ton, als hätte sie bereits das Management in der Hand.“ Cayton war ob dieses Tons überrascht und machte kein Hehl daraus.

Da er zu schwach war, ihrem Angriff etwas entgegenzusetzen, wollte er der jungen Schauspielerin die Zusammenhänge näher schildern.

„Ich sagte ihr, daß Jim und ich seit vielen Jahren seine Manager wären, und wollte sie über die enge Beziehung, die Jim, Cus und ich seit Jahren zu Mike hatten, informieren.

Da stand sie nun, drei Wochen verheiratet, und wollte etwas übernehmen, was Leute seit Mikes zwölftem Lebensjahr aufgebaut hatten."

Einige Tage danach kam ein Brief von Michael Winston, einem „Mr. und Mrs. Mike Tyson" vertretenden Rechtsanwalt, in dem er recht resolut Einsicht forderte in sämtliche Geschäftsangelegenheiten und Finanzunterlagen Tysons. Cayton entschloß sich, auf den Brief nicht zu antworten, bevor er mit seinem Schützling gesprochen hat.

Tyson war gerade in Japan, wo er sich auf den für den 21. März 1988 in Tokio angesetzten Meisterschaftskampf mit Tony Tubbs vorbereitete. Robin begleitete ihn kurzzeitig, kehrte dann aber nach New York City zurück, um unter anderem in Bernardsville, New Jersey, eine Villa zu besichtigen, mit deren Kauf sie liebäugelten. Sie besuchte auch Merrill Lynchs Büro im Pan Am-Gebäude, um dort James Brady, Merrill Lynchs Vizepräsident und Tysons Finanzberater, zu sprechen. Dort verlangte sie Einsicht in die Finanzunterlagen ihres Mannes, aber man teilte ihr mit, daß nur Tyson selbst dazu berechtigt sei. Erzürnt und mit leeren Händen verließ sie das Büro, wobei sie ankündigte, besser vorbereitet wiederzukommen.

Ich traf in Tokio neun Tage vor dem Tyson-Tubbs-Kampf ein. Der Fahrer, der mich abholte, war gekommen, um noch einen anderen Fahrgast vom Flughafen abzuholen – Robin Givens. Ihr Flugzeug landete wenige Minuten nach meinem. Sogar nach dem langen Flug sah sie großartig aus: gut gekleidet, schlank, attraktiv. Im Auto unterhielten wir uns über belanglose Dinge. Sie erklärte mir, daß ihre Mutter in einigen Tagen nachkommen würde, und ich berichtete über die Schwierigkeiten Don Kings, ein Visum zu bekommen.

„Ja", sagte sie, „ich hab ihn ein paarmal gesehen. Er ist ein interessanter Mann."

„Sie müssen mit ihm vorsichtig sein", sagte ich, „er kennt die Kniffe dieses Spiels wie kein anderer."

„King ist jetzt, da Mike und ich verheiratet sind, aufmerksamer zu mir. Er glaubt, ich habe großen Einfluß auf Mike. Ich weiß es besser."

Eine Woche später, zwei Tage vor dem Kampf, bekam King das Visum und kam nach Tokio.

„Weißt du", sagte ich ihm, „ich würde jedem raten, der sich mit Mikes Frau unterhält, davon auszugehen, daß sie nicht dumm ist. An deiner Stelle würde ich sehr vorsichtig sein." King war in keiner Weise überrascht.

„José", ging er auf meinen Ratschlag ein, „Robin Givens führt nichts Gutes im Schilde." Er hatte auch seine Zweifel, was die Rolle Ruth Ropers anbelangte. „Robins Mutter ist ziemlich gerissen, sie wird da irgendwo ihre Hand im Spiele haben."
Tyson wirkte beim Training gut, zu gut für seinen Gegner, obwohl ich auch seine Besorgnis spürte – möglicherweise, weil erstmals in seiner Profiboxlaufbahn Jacobs nicht da war. Mit der Zeit waren sie sich doch nähergekommen, und nun war Jacobs im Krankenhaus, konnte den Kampf nicht miterleben.
„Was quält dich?" fragte ich ihn.
„Mit meiner Frau stimmt was nicht", antwortete er. „Sie erbricht sich und hat Magenschmerzen... sie klagt sehr viel. Ich glaube, sie hat Blutungen."
Das wäre eine plausible Erklärung für seine Zerstreutheit und Unruhe. Erbrechen tritt gewöhnlich im Frühstadium einer Schwangerschaft auf, und eine Zwischenblutung ist eine ernstzunehmende Sache, die möglicherweise sogar eine Krankenhausbehandlung erfordert. Aber auch der Villenkauf beschäftigte ihn. Robin hatte Aufnahmen von dem Anwesen mitgebracht und war aufgeregt dabei, sie jedem zu zeigen.
Zwei Tage vor seinem Kampf gab Tyson öffentlich bekannt, daß Robin ein Baby erwarte. „Wir sind noch nicht sicher, wie das Kind heißen soll, falls es ein Junge wird", sagte ein strahlender Tyson, „aber sollte es ein Mädchen sein, dann wird es D'Amato heißen."
Währenddessen war Tony Tubbs, Ex-Meister im Schwergewicht der WBA, genauso glücklich wie Tyson selbst über dessen Heirat und darüber, daß Robin schwanger war. Tubbs glaubte, diese Ablenkung Tysons würden ihm zum Vorteil gereichen. In Tubbs Lager wurde Tysons Sexleben eingehend besprochen. Tubbs' Betreuer waren überzeugt, daß Tyson auf die Genüsse der Flitterwochen um nichts in der Welt verzichten würde, schon gar nicht wegen eines Boxkampfes.
Tysons Leistung im Tubbs-Kampf widerspiegelte jedoch keinesfalls den Streß, dem er familiär vor dem Kampf ausgesetzt war. Wenn er sich überhaupt auswirkte, dann nur positiv: Mike kämpfte leidenschaftlich, um so schnell wie möglich wieder bei seiner Frau zu sein. Tyson errang einen souveränen K. o.-Sieg in der zweiten Runde, ohne sich sonderlich zu verausgaben.

Tysons Gefolge flog mit einer Boeing 747 der Japan Air Lines zurück. Robin nutzte die Gelegenheit, um Cayton offen herauszufordern. Sie war nun mal die Ehefrau eines reichen Mannes, der nicht ihre Bildung und Kultiviertheit besaß. An Caytons Stelle wäre ich auf einen derartigen Angriff gefaßt gewesen.
„Wir hatten die meisten Plätze der ersten Klasse belegt", erinnert sich Steve, „und ich sicherte die zwölf Plätze im oberen Deck." Dort nahmen Tyson, Robin, Dr. Gene Brody, Roper, John Halpin (Tysons Hypnotiseur), Cayton und seine Frau Doris, Rory Holloway, Rooney und sein Freund Roe und Dr. Ira Gelb (ein Herzspezialist, der Cayton betreute) und seine Frau Platz. Der Rest der Tyson-Truppe im unteren Abteil wurde von Don King unterhalten. Bei ihm waren auch Camille Ewald und Jay Bright.
Das Feuerwerk begann nach der vierten Flugstunde. Tyson und seine Frau saßen auf den ersten beiden Plätzen der rechten Seite, Bill und Doris Cayton hinter ihnen. Holloway saß in der dritten Reihe. Lott hatte für sich und Roper die zwei Plätze der zweiten Reihe links ausgesucht. Doch als Ruth das Flugzeug bestieg, ging sie an dem für sie bestimmten Platz vorbei und setzte sich auf den Gangplatz in der ersten Reihe links, ihrer Tochter gegenüber. Dr. Gelb, dem dieser Platz eigentlich zugeteilt war, sah sie dort sitzen und ging, ohne ein Wort zu sagen, in das untere Deck.
Cayton und Lott besprachen die Vorbereitungen für den im Juni vorgesehenen Kampf gegen Spinks. Zur gleichen Zeit fand ein lebhaftes Gespräch zwischen Robin und ihrer Mutter statt. Plötzlich stand Robin auf und ging zu Bill Cayton.
„Bill", sagte sie ruhig und emotionslos, „wie ich dir bereits sagte, möchte ich den Vertrag sehen, den du mit Mike hast."
„Sobald wir in New York sind", sagte Cayton, „schick' ich dir einen Mustervertrag des Staates New York, genau den gleichen, den wir mit Mike haben."
„Ich will keinen Mustervertrag des Staates New York sehen, ich will deinen Vertrag sehen. Ich will sehen, wieviel Geld du für Mike verdienst."
Da stand Cayton auf und ging zu Tyson hinüber: „Mike, kann ich dich einen Augenblick sprechen?"
„Natürlich", sagte Tyson.
„Sag ihm nun, er soll uns die Papiere geben, über die wir gestern gesprochen haben, Mike", warf Robin ein. „Sag ihm, was ich von ihm will."

Cayton wiederholte: „Kann ich dich einen Augenblick sprechen?" Und ergänzte: „Unter vier Augen?"
Mike wandte sich Robin zu: „Ich will mit Bill allein sprechen."
„Aber Mike", wandte Robin ein, „sag ihm, was ich will, was wir wollen. Sag ihm..."
„Laß uns bitte ein paar Minuten allein", unterbrach Mike ihren Redefluß bereits mit einem Anflug von Verärgerung.
Sie verließ die beiden. Als sie außer Sicht war, setzte sich Cayton zu Tyson.
„Mike", sagte er, „ich gebe dir alle Papiere, alles, was du haben willst. Bedenke aber, es ist *deine* Angelegenheit, die sonst niemand etwas angeht. Ich will, daß du weißt: Egal, welche Papiere du irgendwann haben willst, ich gebe sie nur dir."
„Ich weiß, daß Robin neu im Geschäft ist", sagte Tyson, „ich will nur, daß sie das Gefühl hat, Teil des Teams zu sein. Mehr nicht, nur ein Teil des Teams."
„Wenn du Papiere, Verträge oder irgend etwas haben willst", wiederholte Cayton, „sag es mir, und ich gebe sie dir persönlich."

15. Kapitel

Tysons stellvertretender Manager erfuhr nichts mehr von diesem Gerangel – er lag zu dieser Zeit im New-Yorker Mount Sinai Hospital im Sterben. Acht Jahre lang hatte er gegen die Leukämie angekämpft. Am 23. März, einen Tag nach der Rückkehr Tysons und seiner Begleitung, starb Jacobs.

„Ich war auf dem Weg zu ihm ins Krankenhaus", erzählte mir Tyson später, „als mich meine Frau übers Funktelefon im Auto anrief und mir mitteilte, daß Jimmy soeben verstorben ist. Ich ließ den Fahrer wenden und fuhr ins Büro von Jacobs und Cayton."

Cayton zufolge kam Tyson „in Tränen und außer sich ins Büro."

Am gleichen Tag gingen Tyson und Robin zur Fa. Merrill Lynch, um 1,9 Millionen Dollar von Tysons Konto als Anzahlung für ihre Viermillionen-Dollar-Villa zu überweisen.

„Robin war nicht einmal bekümmert über Jims Tod", berichtete James Brady, Vizepräsident der Fa. Merrill Lynch, einem Reporter der *Daily News*.

Am gleichen Abend noch sah ich Mike. Er war mit seiner Frau zu den Trauergästen in Jacobs' bescheidene Dreizimmerwohnung in New Yorks East Side gekommen, nur zwei Etagen unter seiner eigenen gelegen. Einige Freunde der Familie waren da, und Loraine, Jacobs Frau, tat ihr Bestes, um ihrer Rolle als eine Gastgeberin gerecht zu werden. Ihr fiel es sichtlich schwer, ihre Tränen zurückzuhalten. Ihre feinen Züge und ihr schlichtes Auftreten wirkten durch die Trauer noch ausgeprägter. Sie hatte im Geschäftsleben ihres Mannes stets aktiv mitgewirkt, nur hatte sie es nie gemocht, ins Rampenlicht der Öffentlichkeit zu treten; sie zog es vor, im Hintergrund zu bleiben. Kaffee, Sandwiches und alkoholfreie Getränke wurden aus der Küche gebracht, aber die Stimmung blieb gedrückt.

Später gingen Tyson, seine Frau und ich nach oben, in ihre Wohnung. Es hielt uns dort nicht lange. Mike wollte raus, an die Luft, also gingen wir spazieren.

Er war in einem Zustand tiefer Melancholie. Plötzlich lehnte er sich an meine Schulter und begann zu weinen. „Weißt du“, sagte er, „die Leute denken, ich bin hart. Aber das ist Humbug. Ich bin ein verdammter Feigling. Weißt du was? Ich würde mir am liebsten das Leben nehmen... mich umbringen. Aber ich hab einfach nicht den verdammten Mumm dazu, verstehst du, was ich meine?“

Wir gingen die Second Avenue entlang, und es wehte eine kühle Märzbrise. „Als Cus starb“, sagte er, „ging's mir ähnlich.“

„Mein Freund“, versuchte ich ihn aufzubauen, „du hattest eine Verpflichtung, als Cus starb, und du hast sie erfüllt. Jetzt hast du auch eine Verpflichtung, und ich sehe nichts, was dich daran hindern sollte, auch diese zu erfüllen. Du mußt weiter gewinnen, bis du die Meisterschaft nicht mehr willst. Du und nur du allein mußt diese Entscheidung treffen. Cus und Jimmy werden dann beide glücklicher, wo immer sie auch sein mögen.“

Er sprach davon, wie sehr er ihnen vertrauen konnte. „Weißt du, Vertrauen und Liebe sind zwei verschiedene Dinge.“

Er dachte einen Augenblick nach und nickte mit dem Kopf, wie im Zwiegespräch mit sich selbst. „Ich liebe Robin, aber ich vertraue ihr nicht. Jedenfalls noch nicht. Verstehst du, was ich meine?“ Er legte seine Hand auf meine Schulter. „Ich werde das Gefühl nicht los und kann mich einfach nicht lösen von dem Gedanken, alle Mädchen wollen mich nur meines Geldes wegen haben.... Es hat verdammt lange gedauert, bis ich Cus vertraute. Ich glaubte, ich bin im Grunde paranoisch – meine Vergangenheit, meine Herkunft... Scheiße“, murmelte er und schüttelte den Kopf, als habe er unerträgliche Schmerzen. Die nächsten drei Blöcke ließen wir hinter uns, ohne ein Wort zu wechseln.

„Komm, laß uns zu Brian Hamill gehen“, sagte er so unvermittelt, als wäre er aus einem Trancezustand erwacht. Wir bogen nun rechts ab in die Forty-Second Street. Die Wohnung des Fotografen befand sich am anderen Ende der Stadt in der Forty-third Street, Ecke Tenth Avenue. Als wir an der Südostecke der Kreuzung Forty-Second Street und Third Avenue angelangt waren, bemerkten wir eine Menschenansammlung vor dem Horn and Hardart Restaurant. „He“, rief Tyson und zeigte in Richtung Tür. „Ich war gestern mit diesen Jungs zusammen.“ Er versuchte gerade, sich an ihre Namen zu erinnern, als er von Fotografen umzingelt wurde. Als er drinnen war, verbesserte sich seine Stimmung merklich, aber er brauchte immer noch etwas zum Aufmuntern. Ich ging zur Theke und bestellte einen doppelten Whisky und ein Glas Sodawasser. Der Champ nahm den Whisky und

kippte ihn runter wie Wasser. Seine Augen verlangten noch einen; in dieser Situation verständlich.
Beim Verlassen des Restaurants – etwa eine Stunde später – wünschte eine gerade ankommende schöne junge Frau ein Foto mit dem Eisernen Mike. Es war Brooke Shields. Ich packte sie um die Taille – wer könnte ihr widerstehen? – und forderte Mike auf, sich auf die andere Seite neben sie zu stellen. Als wir gegangen waren, setzte die Melancholie wieder ein, und Erinnerungen an Jacobs und D'Amato überkamen uns.
„Das Leben ist Scheiße“, meinte Tyson. „Man ist heute hier, und morgen ist man weg.“
Wir ließen das Vorhaben fallen, Brian Hamill zu besuchen, und gingen zurück zu Tysons Wohnung. Robin hatte sich bereits hingelegt. Ich wünschte Mike eine gute Nacht und ging heim. Mehrere Nachrichten erwarteten mich dort. Eine davon lautete: „Don King hat angerufen. Ruf ihn bitte an, sobald du zurück bist. Egal um welche Zeit.“
King wollte wissen, ob ich zu Jacobs Begräbnis in Kalifornien fahren würde. „Ja, mit der ganzen Truppe.“ Er fragte noch nach Abflugzeit und Flugnummer.
Am nächsten Tag war auf dem New Yorker John-F.-Kennedy-Flugplatz die auffallend große Gestalt von Don King auf dem Weg zum Terminal der American Airlines kaum zu übersehen. Im VIP-Raum umarmte er jeden von uns: Tyson, Loraine Jacobs, Bill und Doris Cayton, Lott, Rooney, Handelman, Brody sowie Matty Decatur und Sal Rappa, enge Freunde der Familie Jacobs. Aber weder Robin noch Roper wollten am Begräbnis teilnehmen.
Cayton und Jacobs haben King nie richtig vertraut, und Cayton schränkte allmählich Kings Rolle als Promoter bei Mikes Kämpfen ein. Die meisten von uns fragten sich, warum er jetzt da war.
In Los Angeles hatte Tyson Schwierigkeiten, gleich einen Wagen zu bekommen. „Diese Menschen wissen nicht, wie man diesen Jungen behandelt“, beschwerte sich King, aber nur so laut, daß Tyson und ich es hören konnten. „Es hätten gleich ein paar Limousinen vor eurer Ankunft auf den Champ warten müssen. Ich will euch was sagen. Muhammad Ali hat niemals so lange auf einem Flughafen warten müssen. Niemals!“
King war ein Meister des Opportunismus, und Zweifel und Argwohn zu säen, war nur eine der Waffen in seinem Arsenal der psychologischen Kriegsführung. Er verhielt sich auch völlig unorthodox, sofern

damit etwas erreichbar war. Obwohl nicht eingeladen, schien er sich ganz gut in die Trauergemeinschaft einzufügen. King selbst hatte natürlich keine Schwierigkeiten, ein angemessenes Beförderungsmittel vom Flugplatz zu organisieren. Nach wenigen Minuten waren wir alle auf dem Weg zum Beverly Hilton Hotel.

Zwar war im Hotelrestaurant ein Diner bestellt worden, doch Tyson zog es vor, den Abend und die halbe Nacht bei seinem Freund, dem Schauspieler John Horne, zu verbringen. Einige verdächtigten Horne, mit King in Verbindung zu stehen. Zum wichtigsten Thema beim Diner jedoch wurden Robin und ihre Mutter.
„Wenn Mike seine Papiere sehen will", sagte Loraine Jacobs, „gebt sie ihm. Wenn er seiner Frau jeden Penny geben will, den er auf der Bank hat, so ist das seine Sache, nicht unsere. Wir dürfen uns einfach nicht in sein Leben einmischen."
Cayton meinte, es gäbe zu viele Haie. Und schließlich habe Cus ausdrücklich gewünscht, wir sollten Mike schützen.
„Sieh dir das Mädchen an", warf Loraine Jacobs ein. „Sie ist prächtig und intelligent, und sie ist mit Mike verheiratet. Sie sieht ihn jeden Tag und geht jede Nacht mit ihm ins Bett. Wollen wir doch die beiden allein lassen. Wie ich es sehe, sind wir sowieso auf der Verliererseite; was wir auch tun, es wird sowieso das Falsche sein."
Am nächsten Tag frühstückten King und ich in einem afrikanischen Restaurant. Wir sprachen über Cayton und Tysons Zukunft. King schien meine Treue zu der Tyson-Crew prüfen zu wollen und äußerte Bedenken im Hinblick auf Robin Givens und Ruth Roper. Er schien sich nicht sicher zu sein, was er tun müsse, um an Tysons Zukunft teilhaben zu können. Nach dem Frühstück gingen wir in seine Wohnung an der Küste von Los Angeles, unweit des Hilton-Hotels, weil er noch zu telefonieren hatte. Danach, so gegen 10 Uhr, kehrten wir ins Hotel-Foyer zurück, wo sich die Trauergäste zum Leichenzug versammelten.
Dreitausend Meilen entfernt waren Robin und ihre Mutter nicht untätig. Während Tyson und seine gesamte Boxerfamilie um Jacobs trauerten, befanden sich Mutter und Tochter im Büro der Fa. Merrill Lynch, diesmal mit einer Vollmacht Tysons in der Hand. Sie stießen erneut auf den harten Widerstand Bradys, und Robin begann zu schreien: „Ich will mein Geld! Wo ist mein Geld! Sie sind einer von den Cayton-Boys. Wir werden unser Geld hier rausholen."
Und das taten sie auch.

Der Tempel im Hillside Memorial Park, wo sich auch die Leichenhalle befand, war nicht für so viele Menschen gedacht, wie sich dort versammelt hatten, um Jimmy Jacobs das letzte Geleit zu geben. Cayton, ich und ein Rabbiner hielten die Trauerreden auf unseren verstorbenen Freund.
Nicht alle wußten um seine Vergangenheit als Sportler, und einige hörten ehrfürchtig zu, als sie von seinen einstigen Leistungen erfuhren. Er hatte als Halbschwergewichtler beim Militär geboxt und war an den Olympiaausscheidungen der USA beteiligt. Zudem war er einer der größten Squash-Spieler in der Geschichte dieser Sportart. Er lief die 100 Yards in 9,6 Sekunden und war in seiner High-School-Zeit ein hervorragender Basketballspieler. In der High School ereignete sich auch jene Geschichte, die von seiner Fürsorge, von seinem Mitgefühl und Verständnis für andere zeugt.
Eines Abends, es ist Jahre her, hatte er einige Freunde in seine Wohnung in New York eingeladen. Einer der Anwesenden bat darum, sein Telefon benutzen zu dürfen, um einen Freund in Los Angeles anzurufen. „Meine Schwester ist mit David Janssen (Hauptdarsteller in der Fernsehserie *The Fugitive*) verheiratet", sagte der Freund, „und ich möchte den beiden gern guten Tag sagen."
„Falls du David an den Apparat kriegst", stimmte Jacobs zu, „würde ich auch ganz gern mit ihm sprechen." Der Freund sah ihn an, als wollte er sagen: ‚Was bildet der Kerl sich denn ein?' Er rief dann an und sagte Janssen nach einer Weile, ein „ihm Unbekannter" wolle ihm guten Tag sagen.
„Sei gegrüßt, mein Lieber", rief Jacobs in den Apparat. Am anderen Ende wurde seine Stimme sofort erkannt. Es stellte sich heraus, daß sie einst gute Freunde in der High School waren. Als man ihrem Mitschüler Sherrill Luke mitteilte, er dürfe als Schwarzer nicht in der Schulmannschaft Basketball spielen, beschlossen Janssen und Jacobs, zwei führende Spieler der Mannschaft, nicht mehr in der Mannschaft zu spielen, solange Luke nicht spielen durfte. Ihre Konsequenz hatte Erfolg.
„Sherrill Luke durfte spielen", sagte Jacobs.

Acht Sargträger, darunter auch Tyson und ich, trugen Jacobs zu seiner letzten Ruhestätte, die neben der seiner Mutter lag. Der König aller Boxer, Mike Gerard Tyson, kam während der ganzen Beisetzungsfeier aus dem Schluchzen nicht heraus.
Derweil hatte Loraine einen kleinen Imbiß im Hotel organisiert.

King, dessen Computer auf Hochtouren lief, war da, nicht um zu trauern, sondern um zu sondieren. Tyson lud Shelly Finkel, einen der Trauergäste, zu einem Spaziergang ein.

Finkel erzählte mir später: „Nach der Beisetzung gingen wir in Loraines Zimmer. Später machten Mike und ich noch einen Spaziergang. Da berichtete mir Mike, worüber Don King zuvor mit ihm gesprochen hatte:

‚Laß den Spinks-Kampf sausen. Ich biete dir dafür fünf leichte Kämpfe für jeweils fünf Millionen.‘ Mike hielt dagegen: ‚Warum sollte ich *fünf* leichte Kämpfe nehmen, wenn ich genauso viel Geld mit *einem* leichten Kampf verdienen kann.‘“ Was King natürlich nicht erwähnt hatte: Bei den von ihm angebotenen fünf Kämpfen waren Boxer vorgesehen, die unter seiner und seines Sohnes Regie standen.

Shelly ging zu Cayton. „King will Mike vereinnahmen, er riet ihm, den Spinks-Kampf zu vergessen.“

„Was für ein abscheulicher Mensch“, war Caytons erste Reaktion. Dann äußerte er die Absicht, sich von King zu trennen, er habe keine andere Wahl. „Wir können es uns einfach nicht mehr leisten, diesen Mann mit uns arbeiten zu lassen. Er ist Gift für das Geschäft“, sagte Cayton, „und absolut schädlich für Mike.“

Statt den Rückflug am nächsten Morgen anzutreten, wie ursprünglich vorgesehen, flogen Tyson und ich noch in der gleichen Nacht heimwärts. Mike wollte zu seiner Frau, und er äußerte diesen Wunsch so unmißverständlich, daß Lott ihn nicht ignorieren konnte. Robin erwartete ihn auf dem Kennedy-Airport.

Im Flughafen von Los Angeles begegnete Tyson dem Schauspieler Arnold Schwarzenegger, der für die gleiche Maschine gebucht hatte. Die beiden ungeschlachten Stars begrüßten sich herzlich.

Während des Fluges überredete mich Mike, erst mit in seine Villa in Bernardsville zu kommen, statt gleich nach Hause zu fahren.

„Du mußt mein Haus sehen“, sagte er mit jenem kindlichen Tonfall, den er anschlug, wenn er etwas unbedingt wollte und eine Absage ausschloß. „Es ist ein Prachtstück, mit achtundzwanzig Räumen und...“

„O. K., Mike.“

Kein Mensch, selbst der Champ nicht, hätte dieses Haus richtig beschreiben können. Robin zügelte ihre Aufregung, aber ich konnte meine Bewunderung nicht unterdrücken, als ich Tysons Minischloß zum erstenmal sah.

„Das ist ein verdammt schönes Haus!« stimmte ich Mike zu. Er versetzte mir spielerisch einen Schlag in den Bauch. Mit der Gründlichkeit eines Fremdenführers erklärte er mir detailliert nicht nur alles, was vorhanden war – wertvolle alte Möbel, ausgefallene Bilder, Tennistrophäen und Küchenutensilien, zurückgelassen vom ehemaligen Besitzer –, sondern auch, was er noch anzuschaffen beabsichtigte, denn er wolle alle Zimmer neu einrichten. „Und die Verzierungen in den Räumen unten werden erneuert, aber aus echtem Gold. ... Und meine Kinder sollen genügend Platz haben."

Ich fragte, ob sie eine große Familie haben wollen.

„Wahrscheinlich ja", sagte er, ohne nachzudenken. „Ich glaube, meine Frau hätte nichts dagegen. Ich kann das erste Kind kaum erwarten... es ist unterwegs..."

„Vielleicht sogar ein Mädchen", unterbrach ich ihn, „das wird dann bestimmt so hübsch wie Robin."

Mike lachte und stieß erneut nach meinem Bauch. „Robin und ich hätten nichts dagegen... so oder so", fuhr er fort. „Ein Mädchen, ein Junge, was soll's. Viele Kinder will ich..."

Sachlich setzte er seine Absichtserklärungen fort. „Weißt du, ich werde wahrscheinlich eine Million Dollar dafür ausgeben, dieses Haus nach *meinem* Geschmack einzurichten."

Mike machte das wahr. Schon wenige Wochen später hatte sich vieles verändert, obwohl vor allem in den unteren Räumen noch fleißig gewerkelt wurde. Aber auf der Parkfläche vor der Villa standen schon etliche teure Autos, darunter sogar einige Rolls-Royce.

Wollte er der Welt oder sich selbst beweisen, daß es ihn gab?

Einer von denen, die daran nicht zweifelten, und der jetzt, da Jacobs nicht mehr unter uns weilte, sein Bestes tat, Tysons Wohlstand auch für die Zukunft zu sichern, war Bill Cayton.

Äußerlich betrachtet, war Cayton kaum liebenswürdig. Er galt als kalt, distanziert und unbeteiligt. Einige behaupteten auch, sein Reichtum hätte ihn träge gemacht. Aber keiner zweifelte je an seiner Ehrlichkeit und Integrität oder an seiner Fähigkeit, für seine Boxer das Beste auszuhandeln.

Unterstützt von Rooney, Lott und Baransky, was boxsportliche Fragen, und gestützt auf seine eigene Erfahrung, was die geschäftliche Seite betraf, war Cayton in der Lage, dort weiterzuwirken, wo Jacobs aufgehört hatte. Aber entscheidend dafür war Mike Gerard Tysons Bereitschaft, dabei mitzumachen.

Unglücklich für Cayton wirkte sich aus, daß der Champ seine Loyalität neu interpretierte. Seiner Frau nicht völlig nachgebend, setzte er sich ohne Robins oder ihrer Mutter Wissen bei Cayton zunehmend durch. Ob es richtig war oder nicht, sei dahingestellt; er fühlte sich jedenfalls verpflichtet, seiner Frau nachzugeben.

„Er ist mein Mann, also muß er für mich einstehen", sagte mir Robin in Bernardsville Anfang April 1988. „Er muß noch lernen, daß er dazu verpflichtet ist." Sie war wütend und gesprächig, und da ich mehr über ihre wahren Gefühle für Mike erfahren wollte, war ich dreist und ziemlich direkt.

„Wurde dieses Haus auf Ihren Namen gekauft?" fragte ich, „gerüchteweise hörte ich, daß . . ."

„Warum können die Leute nicht verstehen, daß ich für Mike bin, weil ich ihn liebe, weil ich ihm zugetan bin", unterbrach sie mich wütend, „und nicht wegen seines Geldes! Warum verstehen sie das nicht?" Sie schwieg kurz. „Natürlich wurde das Haus nicht auf meinen Namen gekauft. Das ist Mikes Zuhause. Mike arbeitet zu schwer, zu gefährlich. Wie könnte ich so gemein sein, so zu tun, als hätte ich dieses Haus für sein Geld, aber für mich gekauft?"

„Sind Sie schwanger?" fragte ich weiter. Mir war klar, daß meine Fragen nicht sonderlich taktvoll waren, aber ich stellte sie um Mikes Willen.

„Natürlich bin ich das", sagte sie ohne zu zögern. Irgendwie glaubte ich ihr das.

Ich ging zu Cayton und sagte ihm, eine Versöhnung zwischen den beiden Seiten sei möglich, sie liebt Mike, sie sei schwanger und man könne ihr vertrauen. Ich riet ihm auch, warm und einfühlsam mit Mike umzugehen, ihn gelegentlich nach seiner Gesundheit zu fragen und persönliches Interesse auch an Dingen zu zeigen, die mit dem Boxsport nichts zu tun haben. Cayton blieb skeptisch.

„Das gleiche gilt für dein Verhalten Robin gegenüber", fuhr ich fort. An diesem Punkt hakte Bill ein. „Warum machst *du* das nicht für mich?", fragte er scherzhaft.

Als ich meiner Frau über Gespräche mit Robin und Bill berichtete, faßte sie die Situation sehr schnell zusammen: „Ich mag keine Klischees, aber was Cayton anbelangt, so kann man einem alten Hund keine neuen Tricks beibringen, und was Robin betrifft – so gelten Cervantes' Worte im *Don Quixote*: ‚Ich kann genau so gut wie jeder andere sehen, aber laß mich allein die Spinnweben von meinen Augen fernhalten.'"

16. Kapitel

Im Mai 1988 hatte der Weltmeister Mike Gerard Tyson ein Problem: Übergewicht. Er hatte nicht gerade spartanisch gegessen, und das sah man ihm an. Sein Hals mit einem Umfang von knapp 51 cm verlängerte gewissermaßen sein Kreuz . Sogar sein Gang hatte sich verändert. Die zusätzliche Körpermasse drückte seine Muskeln derart zusammen, daß man den Eindruck hatte, sie könnten bei jeder Bewegung platzen. Die Gewichtszunahme wirkte trügerisch. Die meisten Leute hielten ihn trotz des sichtlichen Übergewichts von sieben bis neun Kilo – bei einem normalen Kampfgewicht von 99 Kilo – für fit, wähnten ihn in guter körperlicher Verfassung. Als Schwergewichtler und Meister seiner Gewichtsklasse erweckte er den Eindruck, größer zu sein, als er tatsächlich war – überlebensgroß sozusagen. Aber unter dem Strich war Tyson, der in der Regel lang und hart trainierte, unbesorgt über sein schwankendes Gewicht, da er annahm, wie die meisten um ihn herum, das sei absolut normal. Zudem nötigte ihm Spinks keinen Respekt ab, nicht als Boxer und erst recht nicht als Schwergewichtler. Folglich glaubte Mike, daß er nicht so hart zu trainieren brauche.

Für Tyson war Spinks kein echter Schwergewichtler, und er hatte wahrscheinlich recht, wenn er von sich selbst ausging. Ich hatte seinerzeit Jacobs gebeten, für Tyson einen Kampf gegen Spinks zu organisieren, sobald der Halbschwergewichtler seinen Konkurrenten Gerry Cooney ausgetrickst und ausgeknockt hätte. Meine Begeisterung für Spinks als Gegner gründete sich nicht auf dessen Schwächen, sondern auf Tysons überlegene geistige Beweglichkeit und physische Stärke.

Cus D'Amato, der stets davor gewarnt hatte, Voraussagen über den Ausgang eines Boxkampfes zu machen, achtete stets darauf, daß seine Jungs spätestens sechs Wochen vor dem Kampf in der Trainingshalle waren. Es wäre geradezu sündhaft gewesen, anders zu handeln. Er kannte zu viele hervorragende Fighter, die allein durch ihre Lethargie in der Kategorie ‚ferner liefen' gelandet waren.

Aber Cus lebte nicht mehr, und Tyson war in keiner Trainingshalle zu finden. Ein Gefühl des Unbehagens überkam uns alle. Wir erinnerten uns an die Zeiten, als Tyson noch ein Neuling unter den Profis war und manchmal wochenlang verschwand, ohne jemandem zu sagen, wo er zu finden sei.

„Er glaubt, er kann tun und lassen was er will, nur weil er ein guter Boxer ist“, sagte mir einst Cus. „Das muß er sich abschminken, sonst wird er dafür eines Tages bezahlen müssen.“ Cus hatte damals die Hand zur Faust geballt. „Er wird noch mitkriegen, wer hier Boß ist; es wird eine heilsame Lehre für ihn sein.“ Einige Tage später hatte er Mike aufgefordert: „Komm mal raus und zeig mir, wie hart du wirklich bist.“ Als damals Siebzigjähriger forderte Cus den Jungen heraus – eine Lektion, die ihre Wirkung nicht verfehlte.

Rooney war jetzt verständlicherweise irritiert und unruhig. Fünf Wochen nur noch vor dem Kampf, und Tyson hatte sich noch immer nicht zum Training blicken lassen. Keiner wußte, wo er war, und das einzige, was Rooney tun konnte, war am Telefon zu sitzen und zu warten.

„Wenn ich Spinks im Fernsehen oder in der Zeitung sah, dann immer beim Training. Wenn ich Michael sah, dann war er immer dabei, Robin zu küssen“, klagte Mikes Schwester Denise. „Ich befürchte, Spinks wird meinem Bruder eine Tracht Prügel verpassen, er wird ihm den Hintern versohlen.“

Sie war nicht die einzige, die so fühlte. Kenner der Boxsportszene ließen sich privat wie in den Medien über Mikes Privatleben aus, er wurde aufs Korn genommen, wo immer er auch war. Man unterhielt sich öffentlich über Tyson und Robin Givens, Ruth Roper, den Rechtsanwalt Michael Winston und den Manager Bill Cayton wie über alte Bekannte.

In den Medien spielte vorerst zumindest der unermüdliche Don King kaum eine Rolle im Tyson-Drama; er begnügte sich damit, die Handlung genau zu verfolgen. Er beobachtete, wer was tat, unterhielt Kontakte zu beiden Seiten, hielt stets Tuchfühlung mit Tyson und tastete beide Seiten ab, um zu sehen, auf welche Seite er sich schlagen müßte. Gewohnt, rauhe Männer in einem rauhen Geschäft zu manipulieren, mußte King diesmal vorsichtig sein. Robin und ihre Mutter waren keine Marionetten, die sich herumschubsen ließen. Sie hatten ihren eigenen Kopf und wußten auch mit harten Bandagen zu kämpfen.

Als Tyson in Begleitung von Robin am 8. Mai 1988 mit seinem silber-

farbenen Bentley auf der Varick Street im Geschäftsviertel Manhattans fuhr, verlor er plötzlich die Kontrolle über den Wagen und rammte zwei parkende Autos. Zwei Polizisten der Hafenbehörde von New York und New Jersey waren gleich zur Stelle.
Etwas Unglaubliches geschah: Mike schenkte ihnen das Auto. Wollte er damit die Angelegenheit unter den Teppich kehren? Für die Reporter bot der Vorfall eine hervorragende Möglichkeit, Vermutungen über Mikes Großzügigkeit wie auch über die Gründe für den Unfall selbst zu verbreiten. Erst als er vor seinem Kampf unter dem üblichen Streß stand, befragte ich ihn dazu.
„Warum hast du eigentlich den Bullen dein Auto geschenkt?" wollte ich wissen. „Und stimmt es, daß sie in deiner Tasche Kondome gefunden haben? Ich weiß, daß du ein lausiger Fahrer bist und daß du dich nicht mit anderen Frauen herumtreibst, also was war los mit dir?„
Tyson erwiderte, er habe am Vormittag jenes Tages an einem Werbespot gearbeitet und wollte danach mit Robin ungestört essen gehen.
„Es ist komisch", sagte Mike weiter, „keiner will es mir glauben. Aber die Wahrheit ist, daß ein Freund von mir diese Dinger bei sich hatte und mich bat: ‚Behalt du sie mal, bevor ich mir Ärger damit einhandle.' Ich meine es ernst, so wahr ich hier stehe. Mein Freund gab mir die Kondome, weil er nicht wollte, daß seine Frau oder Freundin oder wer weiß wer ihn damit erwischt."
„Und du stecktest sie einfach ein?"
„So war es", sagte der Champ. „Als wir beim Essen saßen, steckte meine Frau die Hand in meine Tasche, um Geld rauszuholen, und entdeckte die Kondome. Weißt du, es gibt Situationen, wo die Wahrheit einfach nicht funktioniert. Ich mußte lügen, weil die Wahrheit einfach nicht nach Wahrheit klang." Mike schloß die Augen. „Ich mußte lügen, als hätte *ich* sie betrogen, und das machte mich kaputt. Es machte mich kaputt, weil ich mich selbst und sie belog. Das tat weh. Während ich noch dachte, du gehst mit keinen anderen Frauen ins Bett, wenn dir danach ist, dann tust du's mit ihr, versetzte sie mir einen Schlag."
„Was tat sie?" fragte ich. „Wo?"
„Ins Gesicht. Soll ich dir was sagen? Meine süße, liebe Frau hat eine komische Ader. Sie läßt sich nicht zum Narren halten."
„Und was hast du gemacht, als sie dir eine Ohrfeige gab?"
„Ich kann meiner Frau nichts antun. Ich machte rein gar nichts... konnte gar nichts machen. Sie ist meine Frau."
„Hast du gelacht oder warst du ernst?"

„Ich war ernst“, sagte er, „aber mir war zum Lachen. Ich find's niedlich, wenn sie mich zu schlagen versucht. Sie versetzte mir einen Schlag und ich sagte ‚Au‘. Das war alles... ‚Au‘.“
Sie verließen das Restaurant ruhig, aber Mike wußte, daß Robin innerlich kochte. Er war nervös. „Beim Fahren“, sagte er, „sah ich eine Katze mitten auf der Straße. Ich wich nach rechts aus und – krach! – kollidierte ich mit einem geparkten Wagen. Und dann standen da zwei Männer neben dem Auto...“
„Was, du hast zwei Leute angefahren?“
„Ja“, sagte Mike, „ich fuhr einen Mann an, er verletzte sich den Arm. Ich gab ihm fünfhundert Dollar, und er rannte sofort zur Wettannahme dort in der Nähe. Dann kamen die Bullen, und ich gab ihnen ein paar Autogramme. Sie schafften den zweiten Mann weg, damit er mir keine Schwierigkeiten bereitet.
Den Beamten sagte ich: ‚Die Weißen glauben nicht, daß ihr solche Wagen besitzen könnt, weil ihr schwarz seid, stimmt's? Ich schenke euch den Wagen.‘ Mir war danach, verstehst du, ich wollte nicht, daß sie mich nach meinem Führerschein fragen. Ich hab nämlich keinen. Also um Ärger zu vermeiden, sagte ich mir: Scheiß drauf. Die Karre ist's nicht wert. Und ich schenkte sie ihnen.
‚Nehmt es!‘ sagte ich. Und sie nahmen den Wagen. Ich glaub nicht, daß es ihre Schuld ist, daß sie den Wagen annahmen. Es war *meine* Schuld.“ Tyson sinnierte einen Augenblick. „Weißt du“, fuhr er fort, „als sie davonfuhren, kam ich ins Grübeln: Sie sind zu zweit, wie zum Teufel sollen sie den verdammten Wagen unter sich aufteilen?“
King war auf Publicity aus – er kaufte Tyson einen Rolls-Royce (es war nicht der erste, den er ihm schenkte), aber das öffentliche Echo blieb verhalten. Statt dessen handelte er sich von Cayton eine Rüge ein, weil der den Wagen nicht hatte versichern lassen.
Die beiden Beamten gaben Tyson den Bentley wieder zurück. Er hatte ihnen einen Verweis ihrer Chefs eingebracht.
Danach schossen sich die Medien gnadenlos auf Tyson, seine Frau und seine Schwiegermutter ein. Über Robin, die die High School mit fünfzehn abschloß und sich am Sarah Lawrence College immatrikulieren ließ, schrieb die New Yorker *Daily News*: „Ihr Lebenslauf ist zu schön, um wahr zu sein. Und er ist nicht wahr. „Es heißt dort, sie wurde in die Harvard Medical School aufgenommen, und Robin Givens gab in verschiedenen Interviews an, sie hätte bis zu drei Jahre dort studiert. Aber das Büro des Registrators behauptet, sie hätte sich dort nicht einmal angemeldet.

In ihrem Lebenslauf heißt es ferner, sie hätte an der American Academy in New York mit zehn Jahren ‚angefangen zu studieren'. Aber Jack Melanos, Direktor der Saturday School der Akademie, behauptet, Robin Givens hätte nur fünf Vorlesungen besucht und sei dann ausgeschieden.
Laut Lebenslauf ist sie ‚eines der Topmodelle' bei der Ford-Agentur gewesen. Aber Eileen Ford meint, sie hätte dort nie gearbeitet."
In diesem Bericht der *Daily News* wird Ruth Roper als „eine ehrgeizige, habgierige und herzlose Geschäftsfrau", bezeichnet, „die vor nichts zurückschrecken würde, um voranzukommen." Unter Berufung auf Gerichtsakten hieß es weiter, Ruth Roper sei „durch ein Gerichtsurteil zur Zahlung eines Schadenersatzes von 5856 Dollar verurteilt worden, da sie sich vertragsbrüchig aus einem Mietvertrag für eine Wohnung in Peekskill, New York, zurückziehen wollte, für die die Monatsmiete 750 Dollar betrug." Zudem wurde da behauptet, daß die Amtec Management Associates eine Schuld von über 50000 Dollar von ihr einklagen mußte.
„Darüber hinaus hat Henry Hinden, ein ehemaliger Geschäftspartner und Ex-Präsident der Firma R. L. Roper, eine Klage über 31000 Dollar gegen ihre Firma angestrengt", war da zu lesen. Ebenso, daß der Baseballspieler Dave Winfield, der bei den New York Yankees spielte, von Ruth Roper angehalten wurde, in ihr Geschäft zu investieren, und daß die beiden einst miteinander liiert waren. Es war diese Beziehung, hieß es in dem Artikel, „die offensichtlich zu dem berüchtigsten Prozeß führte, in den Ruth Roper je verwickelt war. In dem Verfahren, das dann außergerichtlich geschlichtet wurde, behauptete sie, Winfield hätte sie mit einer durch Geschlechtsverkehr übertragbaren Krankheit angesteckt."

Am 25. Mai 1988 war Tyson endlich bereit, das Training aufzunehmen. Mit seinem Gefolge zog er in sein Penthouse im Ocean Club in Atlantic City, um sich auf die Begegnung mit Michael Spinks vorzubereiten. Aber schon eine Woche später unterbrach er sein Training, fuhr er über 200 Kilometer weit zum Madison Square Garden, nur um seinen Stallgefährten Edwin Rosario anzufeuern, der im Felt Forum gegen Ramiro Lozano boxte. Tyson kam in Gesellschaft eines Mannes, den ich nie zuvor gesehen hatte, ziemlich früh in das Felt Forum. Er saß in der ersten Reihe auf der Ringseite mir gegenüber, neben der Ringabgrenzung, hinter der die Presse, die Offiziellen der Boxsportkomission und die drei Punktrichter saßen. Bill Cayton und seine Frau Doris saßen nicht weit von Tyson entfernt. Bill und Mike sprachen nicht miteinander zu dieser Zeit, als wäre eine Mauer zwischen ihnen, die ständig höher wurde. Zuvor schrieb Wally Matthews von der *New York Newsday* am nächsten Tag, der Fighter und sein Manager hätten sich gegenseitig beleidigt, doch nach meiner Beobachtung hatten sich die beiden nicht einmal angesehen. Ich ging zu Mike hinüber.

„Wie steht's?", fragte ich. Mike lächelte, gab mir die Hand und bat mich, neben ihm Platz zu nehmen. Er legte seine Hände auf meine und fragte nach meiner Familie und einigen gemeinsamen Freunden.

„Bei mir ist alles bestens", behauptete er von sich. Nachdem wir einige Minuten lang einen Kampf im Ring verfolgt hatten, schlug er vor: „Gehen wir zu Edwin." In Begleitung des bereits erwähnten Unbekannten, den ich für eine Art Leibwächter hielt, gingen wir in Rosarios Umkleideraum, um ihm alles Gute zu wünschen. Steve Lott, der im Umkleideraum Rosarios Trainer Lalo Medina half, holte nach, was Mike versäumt hatte, und stellte den Mann vor, den ich für einen Sicherheitsmenschen gehalten hatte. Es war Ruth Ropers Rechtsanwalt. Nach einigen Minuten verließ ich Mike, der im Umkleideraum bei Winston, Lott, Rosario und Lalo blieb, und ging zurück zum Ring, um die Vorkämpfe zu beobachten.

Fünfundvierzig Minuten später stieg Rosario in den Ring; von Tyson und Winston war nichts zu sehen. Ich fand es seltsam, wollte der Champ doch Rosario kämpfen sehen. Rosarios Trainer sagte mir später, er habe Tyson mehrmals am öffentlichen Fernsprecher neben dem Umkleideraum gesehen. Tyson war noch einmal zu Rosario zurückgekehrt und hatte ihm ausgerichtet, er könne leider nicht bleiben. „Er sagte, es handele sich um eine sehr ernste Angelegenheit", wußte Lalo noch.

Rosario knockte Lozano in zwei Runden aus, und wir gingen alle zufrieden und in gehobener Stimmung nach Hause. Lott machte noch einen Umweg in seine Wohnung, um einige Besorgungen vor seiner Rückkehr nach Atlantic City zu machen. Dort fand er zu seiner Überraschung auf dem Anrufbeantworter eine Nachricht von Robin vor: „Steve, ich hatte ein Problem. Ich bin im Krankenhaus. Mike war so lieb, mich zu besuchen. Es tut mir leid, daß ich ihn die Nacht über bei mir behielt. Ich werde darauf achten, daß er morgen wieder zum Training erscheint. Ich wollte nur, daß ihr wißt, wo er ist."

„An dieser Nachricht stimmt etwas nicht", meinte Lott.

Tags darauf war Tyson niedergeschlagen. „Meine Frau hatte eine Fehlgeburt", sagte er fast weinend. Als Lott das hörte, wurde aus seinem Unbehagen ein Verdacht. Warum sollte eine Frau, die gerade eine Fehlgeburt hatte, sich darüber Sorgen machen, den Trainingszeitplan ihres Mannes zu stören? Und warum machte sie sich extra die Mühe, anzurufen, was doch ihr Mann genauso gut hätte machen können? War sie von den Gerüchten, sie *sei nicht* schwanger, derart betroffen, daß sie das Gefühl hatte, sie müsse etwas beweisen? Lott dachte über all das nach, kam aber zu dem Schluß, daß er diese Rätsel nicht lösen kann.

Wenige Tage danach ging ich zum Trump Plaza, um zu sehen, wie Tysons Training vorankommt, aber auch um einige Leute für dieses Buch zu interviewen. Mike war da, aber Rooney hatte das Sparring abgesagt, da der Champ zu sehr durcheinander war. Tyson schlug wütend auf den Sandsack ein. Als der Gong für die Einminutenpause erklang, kam er zu mir.

„Wir haben unser Baby verloren", sagte er. Ich legte meinen Arm auf seine verschwitzte Schulter und sagte ihm, er hätte noch viel Zeit für mehr Babys. Er schüttelte den Kopf; etwas wie Abscheu sprach aus seinem Blick. Ich beobachtete ihn beim Training genauer. Trotz oder vielleicht gerade wegen seines Trübsinns wirkte er fit und aggressiv. Seine wilden Angriffe auf den Sandsack riefen mir ein Gespräch in Erinnerung, das ich mit ihm Wochen zuvor über seine Brutalität während der Kindheit geführt hatte.

„Hast du je einen Menschen erschossen?"

„Ich hab auf viele Menschen geschossen."

„Auf viele Menschen? So was hat dir Spaß gemacht?"

„Ja, ich sah sie gern laufen. Ich hatte es gern, wenn sie um Gnade flehen."

„Was sagten sie?"

„‚Nicht schießen. Bitte nicht schießen. Schieß nicht. Ich mach alles, was du willst. Schieß nicht!' ... Ich hab' dann ganz nahe vorbeigeschossen, hautnah oder so ... ich befahl ihnen, die Hose runterzuziehen und so auf der Straße rumzurennen. ... Wir haben manchmal die anderen Jungs eingeschüchtert und zwangen sie zu stehlen, eine Kette zu schnappen oder Leute auszurauben."

„Und wenn sie sich weigerten?"

„Dann haben wir sie verprügelt."

An diesem Abend fand ich in meinem Zimmer eine Nachricht von Frau Roper vor. Ich rief zurück und erfuhr, daß sie mich persönlich sprechen wolle. „Können wir uns morgen zum Frühstück treffen?“ fragte sie.

Seit der Hochzeit hatte ich sie nicht mehr gesehen. Sie hatte sich nicht verändert, nur war sie jetzt stärker mit Mike verbunden, hatte sie nun offensichtlich auch sein Vertrauen gewonnen. Nach anfänglichen Belanglosigkeiten kam sie schnell zum eigentlichen Thema. Sie fragte mich nach meiner Meinung über Cus D'Amato. Ich lobte meinen alten Manager, erzählte von der überaus bedeutenden Rolle, die dieser Mann Jacobs und Cayton in Tysons Laufbahn spielten. Dann lenkte sie das Gespräch auf Tyson und sein Verhalten. Wir waren uns einig, daß sein Benehmen dem eines jüngeren Mannes entsprach, auch daß die Unreife des knapp Zweiundzwanzigjährigen mit seiner Vergangenheit zu tun habe. Mit der Beredsamkeit eines Rechtsanwalts, der ein Resümee zieht, sprach sie dann über die Sensibilität ihres Schwiegersohnes.

„José, Sie hätten ihn im Krankenhaus sehen sollen“, sagte sie, und ihr Gesicht wurde traurig. „Wissen Sie, meine Tochter gerät in Panik, wenn sie eine Spritze sieht. Und gestern Abend versuchte Mike sie zu überzeugen, daß die Spritzen gut für sie seien. Er sagte zu Robin: ‚Willst du, daß der Doktor die Spritze zuerst bei mir reinsticht, damit du siehst, daß gar nichts dabei ist?‘ Dabei sah er so lieb und echt rührend aus.“

Ihr folgender Satz überraschte mich. „Wußten Sie, daß Mike sämtliche Ausgaben im Camilles Haushalt bezahlt?“ Ich war verblüfft, gelinde gesagt. Ich war damals dabei, als Cus in Jacobs Anwesenheit seine Sorge um Camille im Falle seines Todes äußerte. Ich kann mich entsinnen, daß Jacobs daraufhin einwandte, er, Cus, hätte noch viele Jahre vor sich, und ich weiß auch noch, daß Jacobs damals versprach, für Camille für alle Zeiten sorgen zu wollen.

„Er bezahlt sogar Jay Brights Krankenkosten“, sagte Roper. Ich traute meinen Ohren nicht.

„Ich hab die Rechnungen“, beteuerte sie, „jeder Penny, der in jenem Haus ausgegeben wird, kommt aus Mikes Tasche.“

Mir fiel ein Gespräch ein, das ich unlängst mit Jacobs über diese Ausgaben hatte. Er meinte, daß Tyson durch die in Manhattan gekaufte Wohnung und seine Ausgaben dort mit beträchtlichen Kommunalsteuern an die Stadt New York rechnen müsse. Bei dieser Gelegenheit sagte sein Buchhalter, Tyson müsse mehr Geld für das Haus in

Catskill ausgeben, um jenen Ort als seinen Hauptwohnsitz zu rechtfertigen.
Davon sagte ich Ruth nichts. Sie erwähnte dann im Trump Plaza noch weitere Details, die zwei Schlußfolgerungen zuließen: Erstens war sie gut informiert, und zweitens war sie offensichtlich der Meinung, daß Mike seine Bindungen an die alte Boxerfamilie lösen sollte. Hauptsächlich aber hatte Ruth Roper mich eingeladen, um mich für ein weiteres Treffen zu gewinnen, diesmal zwischen mir und Michael Winston, ihrem Rechtsanwalt, der, wie ich gehört hatte, inzwischen auch Tysons Rechtsanwalt war. Ich sagte ihr, daß ich nichts dagegen hätte.
Wie erwartet, interessierte Winston, was sich wann und wo vor drei Monaten, als ich noch Vorsitzender der New York State Athletic Commission war und Jacobs noch lebte, bei der Unterzeichnung der Anlagen zum Boxer-Manager-Vertrag zwischen Tyson und Jacobs abgespielt hat. Ich sagte ihm, daß wir – Cayton, Jacobs, ich und Tyson – uns irgendwann im Februar in meinem Büro fast familiär versammelt und die vom Rechtsanwalt der Kommission, Carl DeSantis, vorbereiteten Unterlagen unterzeichnet haben.
„War noch jemand außer den unterzeichnenden Parteien anwesend?“ fragte Winston. Diese Frage verwirrte mich. Zunächst sagte ich, daß außer mir nur ein weiterer Beamter der Athletic Commission zugegen war, Peter Della, ein ehemaliger Boxer und ausgezeichneter Kampfrichter, der die Unterlagen als Zeuge unterzeichnete.
„Und Mrs. Cayton oder Mrs. Jacobs?“ fragte Winston weiter.
„Ja“, antwortete ich, „ich glaube, Jacobs Frau war da, aber Doris (Caytons Frau), nein das glaube ich nicht.“ Ich dachte einen Augenblick nach und erinnerte mich dann, daß die Unterlagen an zwei verschiedenen Tagen unterzeichnet worden waren, zuerst in meinem Büro und dann bei Tysons Hochzeit in Helmsley. Ich war mir aber nicht ganz sicher. Deshalb rief ich am nächsten Tag meine ehemalige Sekretärin im Büro der Athletic Commission an, Michelle Lavina, die, wie üblich, mein Gedächtnis auffrischte.
„Nein, die Verträge wurden hier nicht unterzeichnet“, sagte sie, „Sie gingen zuerst in Jim Jacobs Büro, und dann wurden die restlichen Unterlagen einige Tage später bei der Hochzeitsfeier unterzeichnet.“
Am nächsten Tag korrigierte ich Winston gegenüber meinen Irrtum und entschuldigte mich für die Ungenauigkeiten, die ich mit meiner Boxerlaufbahn und dem leichten Gedächtnisschaden erklärte, den

ich davongetragen hatte. Ich schilderte dann, was sich an diesem kalten 12. Februar 1988 abgespielt hatte.
Die Unterzeichnung der Unterlagen sollte im NYSAC-Büro stattfinden, das im Geschäftsviertel von Manhattan lag. Tyson wohnte damals in Catskill, also über 200 Kilometer entfernt. Als er an dem besagten Tag früh aufstand, lag eine Schneedecke über der Stadt. Er rief Jacobs an und sagte ihm, daß er wahrscheinlich nicht aus dem Haus rauskäme. Als Cayton das erfuhr, schlug er vor, er werde bei der Polizei in Catskill anrufen. Einige Minuten später wurde Mike von einem Polizisten aus Catskill angerufen, der ihm versicherte, er würde ihn gleich abholen. Der Termin wurde derweil um einige Stunden verschoben, und es wurde vereinbart, die Unterlagen nicht im Büro der Athletic Commission, sondern bei Jacobs und den Caytons im Zentrum Manhattans zu unterzeichnen.
Als Mike zur Unterzeichnung eintraf, murmelte er etwas über die Art und Weise, wie er in Catskill abgeholt wurde; abscheuliche Kindheitserinnerungen habe das bei ihm wachgerufen. Er wollte nicht viel Zeit mit dem Papierkram verbringen und bat uns, das Ganze möglichst schnell über die Runden zu bringen.
Wir warteten auf eine Notarin, und als sie eintraf, erläuterte Jacobs den Inhalt der Urkunden. „Wie du weißt", fing Jacobs an, „bin ich dein offizieller Manager, und Bill ist Rechtsnachfolger..."
Tyson hob seinen Arm und sagte seinem Manager, er brauche das alles nicht zu erläutern. „He, Mann", sagte er, „ich fühl mich komisch, wenn ich den ganzen Mist höre. Du bist mein Manager. Ich vertraue euch hundertprozentig. Wir brauchen nicht den ganzen Kram durchzukneten. Gebt mir die Papiere", sagte er und nahm einen Füllfederhalter aus Jacobs Hemdtasche. „Wo muß ich unterschreiben?"
„Mike, wir haben eine Notarin bestellt, und sie muß wissen, warum sie hier ist", erfand Jacobs ein natürlich nicht zutreffendes Argument, um Tyson zu bewegen, genau hinzuhören. „Wenn ich dir den Inhalt dieser Papiere detailliert erläutere, so ist das eine Frage der Gesetzlichkeit und der Einhaltung der Regeln, nicht eine Frage des Wollens oder Nichtwollens."
„O. K."
„Wie gesagt, ich bin der Manager, Bill ist der Rechtsnachfolger. Der Inhalt dieser Papiere mag kompliziert erscheinen, aber er ist es nicht... Da steht, daß für den Fall, daß mir etwas zustoßen sollte, Bill dein offizieller Manager wird und meine Frau Loraine die Rechtsnachfolgerin. Sollte im umgekehrten Fall Bill etwas zustoßen, und ich

bin noch am Leben, so wird Doris [Bills Frau] die Rechtsnachfolgerin."

Ich sagte Mike, daß sich an seinem Zweidrittelanteil nichts ändern würde. „Deine Unterschrift bedeutet lediglich, daß du Bill als offiziellen Manager akzeptierst, sollte Jim etwas zustoßen."

„Ich dachte, da wir schon alle da sind", warf Jacobs ein, „sollten wir bei der Gelegenheit gleich einen neuen Fünfjahres-Boxer-Managervertrag unterzeichnen, statt zwei Jahre zu warten, bis wir den bestehenden Vertrag verlängern."

„Hast du irgendwelche Einwände?" fragte ich Mike, der anfing zu lachen. „Ich mein's ernst", sagte ich. „Das ist eine ernste geschäftliche Angelegenheit." Er lachte weiter, und ich hatte Mühe, nicht mitzulachen. Schließlich waren alle Papiere unterzeichnet, wobei Cayton, der eine Vollmacht von seiner Frau hatte, für sie unterzeichnete.

Ich rief DeSantis an und teilte ihm mit, daß alles unterschrieben und besiegelt ist und Cayton für seine Frau unterzeichnet hat. „Der Rechtsnachfolger des Champs war dazu bevollmächtigt und juristisch berechtigt", versicherte ich ihm.

„Mir wäre es lieber, Mrs. Cayton würde die Papiere persönlich unterzeichnen". meinte DeSantis.

„Dann wollen wir das am Sonntag bei der Hochzeitsfeier nachholen", schlug Jacobs vor.

Und genau das taten wir auch, informierte ich Winston, der sich für die Auskunft bedankte.

17. Kapitel

Der Juni des Jahres 1988 wurde zu einem Monat der Qualen für den Schwergewichtsweltmeister. Seine Kindheitsängste wurden durch eine Reihe von Ereignissen wachgerüttelt, die kein Ende zu nehmen schien. Mitte Mai hatten sich Roper und Robin dem Kampf zwischen King und Cayton, der bald zum öffentlichen Streit wurde, angeschlossen. King registrierte, daß Tyson sich immer weiter von seiner alten Boxerfamilie entfernte und seiner neuen Familie näher kam, also entschloß er sich, mit Robin und ihrer Mutter zu paktieren. Die Zeit während Tysons Trainings für den Kampf am 27. Juni erschien ihm dafür günstig.
Jede Zeitung des Landes wußte etwas über Tysons Privatleben und sein Auftreten in der Öffentlichkeit zu berichten, aber merkwürdigerweise reagierte die Presse ablehnend gegenüber King, Ruth Roper und Robin. Die Medien stempelten die drei als Bösewichte ab und stellten Tyson als das junge, ungebildete Opfer dar. Die Frauen wurden als „Goldgräber" und „Opportunisten" angeprangert, und gegen King wurden alte Beschuldigungen aus der Mottenkiste geholt. King wußte jedoch, wie man sich in so einer Situation verhält: Man macht seine eigenen Schlagzeilen. Mit seinem üblichen Hang zur Übertreibung bezeichnete King seinen Widersacher Cayton als „das gemeinste, skrupelloseste und verlogenste Individuum der Boxgeschichte."
Auch Ruth Roper und ihre Tochter Robin wehrten sich gegen die ständigen öffentlichen Demütigungen, denen sie ausgesetzt waren.
Es geschah oft, daß Cayton in seinem Büro mit Lott über die beiden Frauen in Tysons Leben sprach, sie kritisierte. Und irgendwie wurde das zum Teil wortwörtlich entweder von Ruth oder Robin an Mike herangetragen, der seinerseits mit Lott und Rooney darüber sprach. Cayton nahm an, daß in seinem Büro entweder ein Spitzel oder eine durchtriebene Klatschbase am Werke war.
„Wenn wir z. B. im Büro über den Schaden sprachen, den Ruth und Robin Mikes Karriere zufügten", wußte Lott zu berichten, „so dau-

erte es nicht lange, bis Don, Ruth oder Givens unsere Bemerkungen nahezu im Wortlaut Tyson zutrugen, eindeutig in der Absicht, einen Keil zwischen Bill und Mike zu treiben, damit King die Führung des Boxgeschäfts von Cayton übernehmen konnte."

„Diese Leute verunglimpfen deine Frau und deine Schwiegermutter", beschwerte sich Robin bei Mike, „sie erzählen schmutzige Dinge über uns, und du unternimmst nichts dagegen. Du mußt dich für uns einsetzen!"

Das Training hatte Tyson in Atlantic City wieder aufgenommen, aber Lott ignorierte er. Er vermied es, mit ihm zu sprechen oder ihn anzusehen. Auch verbrachte er mehr Zeit in seiner Suite im Trump Plaza als in seiner Penthouse-Wohnung im Ocean Club. Schließlich wandte er sich an Rooney. „Ich möchte Steve nicht mehr in unserem Camp haben", sagte er. „Er soll nach Hause gehen."

„Wenn du willst, daß Steve geht", fuhr Rooney ihn an, „dann sag's ihm selbst."

Dennoch informierte Rooney Lott vertraulich über Tysons Ansinnen. Lott blieb nichts anderes übrig, als die weiteren Ereignisse abzuwarten. Am nächsten Tag mußte Tyson im Sportraum des Hotels Bally trainieren, da das Trump-Theater und der Chelsea Room nicht frei waren. Lott fuhr den Champ zum Hotel Bally, und Tyson verlor während der Fahrt kein Wort. Erst als er sich vor dem Training die Hände bandagierte, rief er Lott zu sich.

„Ich stand ganz in der Nähe von Tyson und Rooney", erinnert sich Steve, „als Mike mich heranbat. Dann sagte er: ‚Steve, Kevin und ich werden von nun an zusammenarbeiten. Du kannst nach Hause gehen, wir brauchen dich nicht mehr.' Ich fragte ihn: ‚Mike, willst du das wirklich?' – ‚Yeah.' Ich sagte nur: ‚Viel Glück. Mach's gut.' Und er: ‚Okay.'"

Minuten später gab es einen wüsten Schlagabtausch mit Oliver McCall, und Tyson ging zu Boden. Es entstand ein Streit darüber, ob Tyson zu Boden geschubst worden oder durch einen Schlag dort gelandet war.

„Die Wahrheit ist", erfuhr ich von Cayton, „McCall gab damit an, daß er Mike niedergeschlagen hätte, in Wirklichkeit ist Mike ausgerutscht, er ist ausgerutscht und bekam dazu noch einen Schubs."

Cayton und Shelly Finkel setzten sich mit Robin und Ruth Roper in Verbindung und baten sie, mit Mike über Lotts Wiedereinstellung zu reden. Sie machten den Frauen klar, daß dies im Interesse Tysons liege, denn Lott verstünde es besser als jeder andere, dem Champion

zu helfen, den Vorkampfstreß zu überwinden. Die Frauen erklärten sich dazu bereit, und Lott wurde wieder eingestellt. Einen Tag vor seiner Rückkehr begegnete Lott Robin zufällig im Lincoln Building. Sie stieß beinahe mit Mikes früherem Zimmergenossen zusammen, „aber die Frau hat mich nicht einmal angesehen".
Am nächsten Tag rief Ruth Roper Cayton an, um ihm mitzuteilen, daß Tyson Lotts Wiedereinstellung zugestimmt hat. Lott war gerade bei Cayton, als der Anruf kam. Um sich zu vergewissern, ob die Nachricht stimmt, ließ er sich von Cayton den Hörer geben.
„Ruth, wäre es möglich, Mike selbst zu sprechen und ihn zu fragen, ob ich zurückkommen kann?"
„Steve", erwiderte Ruth Roper, „er ist völlig damit einverstanden, absolut sicher. Er sagte, es wäre alles in Ordnung. Er sagte sogar, Sie möchten morgen früh zu seinem Pepsi-Cola-Werbespot kommen."
Am nächsten Morgen traf Lott gleichzeitig mit Mike und Robin vor dem City-Center-Gebäude ein, und die beiden begrüßten ihn überschwenglich, als wäre nichts geschehen.

Ruth Roper und ihre Tochter verloren nicht viel Zeit, ehe sie sich in die nächste Kontroverse stürzten. Diesmal legten sie sich mit der Pepsi-Cola-Gesellschaft an. Sie forderten mehr Geld, als ursprünglich vereinbart war. Lott nahm an diesen Verhandlungen nicht teil. „Sie meinten, sie würden mit der Situation allein fertig werden", sagte er, „und ich wollte mich nicht einmischen."
Lott fuhr nach Atlantic City und traf dort Tyson im Penthouse. „Wir umarmten uns wie in den alten Zeiten, und alles war wieder normal wie früher", freute sich Steve.
In den folgenden Wochen war Tyson auf den Titelseiten fast aller führenden Illustrierten des Landes zu sehen, darunter in *Life*, *Time*, *People* und *Sports Illustrated*. Ruth Roper übernahm die Terminvergabe für die Interviews und Fotoaufnahmen, und Lott, der instinktiv spürte, daß seine Tage mit Mike gezählt waren, hielt sich strikt an ihre Anweisungen. „Wir haben der *Life* versprochen, daß sie als erste Illustrierte eine Titelseite bringen kann", sagte sie zu Steve. „Sehen Sie zu, daß niemand von einer anderen Illustrierten mit Mike spricht, absolut keiner."
„Die Reporter von *People* kommen diese Woche her", sagte Lott zu Ruth. „Aber ich werde darauf achten, daß keiner mit Mike spricht, bevor *Life* das Titelbild hat."
„Wunderbar", sagte Ruth, „vielen Dank."

Zwei Tage später kam eine Reporterin der Illustrierten *People* nach Atlantic City und stellte sich Lott mit der Bitte vor, den Champ zu sprechen.
„Sie müssen ein paar Tage warten, aber wir werden Ihnen Bescheid geben, sobald Sie ihn sprechen können."
Sie wollte wissen, warum sie nicht gleich mit Tyson sprechen könne. Lott sagte ihr, er sei nicht berechtigt, die Gründe dafür zu erläutern, aber er würde mit ihr in Verbindung bleiben.
„Kann ich ihn wenigstens beim Training beobachten?" fragte sie.
„Aber selbstverständlich, kein Problem", gab Lott nach. „Nach dem Training gibt es eine Pressekonferenz. Dort können Sie Ihre Fragen stellen. Ein Exklusivinterview aber ist zur Zeit nicht möglich."
„Kann ich Kevin Rooney sprechen?"
„Ja, das können Sie. Kein Problem."
Sie wartete im Büro, stellte einige Frage, und alles schien in Ordnung zu sein – bis auf die Tatsache, daß Lott vergessen hatte, Rooney über sein Gespräch mit Ruth Roper zu informieren. Nach der Pressekonferenz blieben Tyson und Rooney zurück, und Lott ging zum Ocean Club. Als die Reporterin sich bei Rooney darüber beschwerte, daß man ihr den Zugang zu Tyson verwehrte, rief der Trainer Ruth Roper an. „Ich hatte keine Ahnung, damit etwas Falsches zu tun", sagte Rooney später.
Die Reporterin war bei diesem Telefonat zugegen. „Warum dürfen die Reporter von *People* Mike nicht sprechen?" fragte ich Ruth Roper, die daraufhin förmlich explodierte. Robin übernahm den Hörer, von ihrer Mutter; auch sie beschimpfte Rooney geradezu hysterisch. „Offensichtlich", meinte Rooney, „wollten sie nicht, daß jemand von dem Exklusivvertrag mit *Life* erfährt, zumal diese Illustrierte Mike mit Robin auf der Titelseite bringen wollte."
Die Frauen intervenierten sofort bei Lott.
„Ruth sprach zuerst", schilderte Lott dieses Gespräch. „‚Steve, hatten Sie mir nicht versprochen, daß die Reporter von *People* mit Mike nicht sprechen würden?' Ich antwortete: ‚Sie taten es auch nicht.' Sie darauf: ‚Aber haben Sie nicht versprochen, daß sie keine Interviews bekommen, daß Sie ihnen nichts geben würden?' ‚Ich hab ihnen nichts gegeben', sagte ich. ‚Ich kann denen nicht verbieten, zum Training zu kommen. Die Reporterin war hier, sie wollte wissen, wer seine Sparringspartner sind. Ich hatte Ihnen versprochen, sie würden mit Mike nicht sprechen, und die Reporterin sprach nicht mit Mike.'"

Ruth Roper antwortete nicht. Sie übergab Robin den Hörer, die Lott zufolge gleich mit schwereren Geschossen loslegte. „Du verdammtes Arschloch", waren Steve zufolge ihre ersten Worte, „du Hundesohn", „du Dreckskerl. Du versuchst mich zu zerstören, du verdammtes Arschloch!"

„Nun halten Sie mal an", verteidigte sich Lott, „ich hab doch nichts Falsches gemacht und..."

„Du Dreckskerl", wütete sie weiter, „ich werde meinem Mann sagen, er soll dir die Fresse polieren und dich zum Teufel schicken. Du Miststück, man hat mir erzählt, daß du eine Schlange bist, ein Hundesohn."

Lott begann zu zittern. Jetzt war Ruth Roper wieder am Apparat. „Wo ist Mike?" fragte sie, „wir müssen Mike sprechen."

„Ich wußte natürlich, wo er war", erzählte mir Lott, „aber ich wollte es nicht sagen, wollte ihn selbst erst sprechen. Roper legte auf und rief Rooney im Hotel an. Kevin entschuldigte sich sofort."

Rooney sagte Lott, er hätte doch die Zusammenhänge nicht gekannt.

„Kevin", sagte Lott, „versuch Mike herzuholen und ihm genau zu erklären, was hier los war, damit er im Bilde ist. Komm gleich, sonst gibt es mächtigen Ärger."

„Er holte also Mike", fuhr Lott fort, „und informierte ihn über alles. Als Kevin mich allein sprechen konnte, sagte er: ‚Mike war es peinlich, dich zu sehen, Steve, weil ich ihm erzählt hatte, wie seine Frau dich beleidigt und beschimpft hat.‘

Als Kevin und Mike eintraten, sagte ich: ‚Mike, ich möchte dir etwas erklären.‘ Er sagte: ‚Steve, Mann, es ist alles okay.‘ Ich drängte ihn: ‚Mike, bitte, laß mich alles erzählen, was vorgefallen ist.‘" Lott erzählte ihm alles.

„Steve, vergiß es", meinte Mike abschließend. Lott erinnerte sich daran, daß Mike in sein Zimmer ging und Robin im Büro ihrer Mutter anrief. „Bald darauf hörte ich Tysons Stimme: ‚Scheiß auf die Titelseite. Ich will die verdammte Titelseite nicht‘, und er legte auf." Tyson ging dann hinaus. Zwei Minuten später kam er zurück und bat Lott, mit ihm spazieren zu gehen. „Ich zitterte", erzählte Lott, „denn ich wußte nicht, was geschehen würde." Als die die Strandpromenade erreichten, begann Tyson das Gespräch.

„Steve, du weißt wahrscheinlich nicht, mit welchen Mitteln die beiden arbeiten", sagte Tyson, auf die beiden Ladies Bezug nehmend. „Es hat selbst eine Weile gedauert, bis *ich* mich daran gewöhnt habe.

Beim erstenmal, als sie mich anschrieen... man fühlt sich nicht wohl dabei, nicht wahr? Man weiß nicht, wie man darauf reagieren soll, stimmt's?"
„Mike, niemals bisher bin ich so gemein beschimpft worden."
„Weißt du, als die beiden das erstemal mit mir so umgingen, war ich genauso entsetzt wie du. Du bist es nicht gewohnt, daß jemand so mit dir redet. Sie verstehen unsere Arbeit nicht. Wir bleiben zusammen. Wir sind Brüder. Sie verstehen uns beide nicht. Sie wissen nicht, was wichtig ist. Sie sind aus einer anderen Welt. Du solltest vergessen, was war."
Steve war erleichtert.
Danach fuhr Lott Tyson zum Trump Plaza Hotel.
„Als wir dort ankamen", fuhr Steve fort, „beugte Mike sich zu mir herüber und küßte mich. ‚Steve', sagte er, ‚wir sind Brüder, vergiß einfach den ganzen Mist.'"
Einige Tage später, am 14. Juni 1988, beim Training. Tyson saß schweigend am Ring, als Rooney seine Hände bandagierte. Der Champion sah nicht sonderlich glücklich aus. Ich fragte ihn, ob er am Abend für mich Zeit hätte.
„Ich will mit niemandem reden", sagte er. Mir ist überhaupt nicht danach, mit irgendeinem Arschloch zu reden. Ich weiß, was vor sich geht. Ich weiß verdammt genau, was vor sich geht. Aber ich werd's überstehen."
Diese Reaktion überraschte mich; ich war verärgert. Nach längerem Schweigen schlug ich zurück.
„Ich kenne dich seit deinem zwölften Lebensjahr. Ich betrachte unseren täglichen Meinungsaustausch als Gespräche zwischen Brüdern. Ich habe dich immer respektiert, selbst als du fast noch ein Rotzjunge warst. Ich erwarte gleiches von dir." Er wußte, daß ich verärgert war.
„He, nimms nicht persönlich", sagte er. „Was ich sagen wollte, war, daß ich mich mit niemandem unterhalten will. Ich meinte nicht dich persönlich, sondern auch alle anderen."
Er war sehr deprimiert; es war einfach schrecklich, ihn so zu erleben. So schlimm hatte er beim Training noch nie ausgesehen. Er ließ sich so gehen, daß Rooney drauf und dran war, zu explodieren. Sichtlich irritiert, brüllte er fast seine Anweisungen heraus. „Stoß", rief er, „los, schlag zu." Tyson schien nichts zu hören. In der vierten Sparringsrunde hatte Rooney genug. „Pause!" Wies er entnervt an.
„Du bringst mich in die Klemme", sagte Tyson zu seinem Trainer.

„Quatsch", antwortete Rooney.
„Du kannst mich mal", sagte Tyson.
„Du mich auch", schnauzte Rooney zurück, und sein Gesicht lief rot an.
Meinen Rat mißachtend, ließ Rooney Tyson weitere neun Runden boxen, in denen Mike absichtlich einige Treffer durchließ, nur um Rooney zu ärgern.
Tyson hatte mir erzählt, daß Robin eine Weile bei ihm im Camp war, daß sie aber nach einer hitzigen Auseinandersetzung nach New York zurückgefahren sei.
Nach dem Training ging Tyson zu Richard Joselit, einem Geschäftsmann und Boxsporthistoriker, der Eddie Mustafa, Ex-Meister im Halbschwergewicht, zum Training mitgebracht hatte. Wie Tyson ist auch Mustafa in Brownsville großgeworden. Er war der erste schwarze Boxmeister aus diesem Viertel. Die drei unterhielten sich eine Weile, danach ging Tyson in den Umkleideraum. Als Tyson später die beiden Männer gehen sah, rief er ihnen nach.
„Wo geht ihr hin?"
„Zurück nach Hause", antwortete Mustafa.
„Laß das doch, Mann", sagte Tyson. „Bleibt heute bei mir, seid doch keine Spielverderber. Ich zeig euch meine Bude in New Jersey." Da er annahm, daß die beiden die Stadt Morristown eher kennen würden als den in der Nähe dieser Stadt liegenden kleineren Ort Bernardsville, sagte er ihnen, er wolle nach Morristown. Er stieg in Mustafas Auto, während Joselit in seinem Sportwagen folgte.
Etwa eine Stunde nach dem Training rief mich Joselit im Hotel an und erkundigte sich nach dem Weg zu Tysons Haus in Bernardsville. Tyson hatte als Ziel nicht „Moorestown", wie Joselit und Muatafa gehört zu haben glaubten – eine Stadt, die in der entgegengesetzten Richtung liegt –, sondern „Morristown" gesagt, die im Norden des mittleren Teils des Staates New Jersey liegt. Joselit telefonierte per Funk aus seinem Wagen, Tyson hatte sich offensichtlich auch noch verfahren. „Achte bitte darauf, daß Tyson morgen pünktlich zur Pressekonferenz erscheint", erinnerte ich Joselit. Danach rief ich Ruth Ropers Büro an.
„Ruth", sagte ich, „Mike sieht beim Training gar nicht gut aus, und ich glaube, er vermißt seine Frau sehr."
Von meinem Anruf überrascht, war Ruth zunächst sprachlos. „Ah... ich... mein Gott... Sie meinen, Robin sollte bei ihm sein?", stammelte sie.

„Ich glaub schon“, erwiderte ich. „Er ist gerade auf dem Weg nach Bernardsville. Sie sollten Ihre Tochter anrufen und ihr vorschlagen, daß sie ihn dort überrascht. Das würde ihm bestimmt Auftrieb geben.“

In den darauffolgenden zwanzig Minuten rief mich Ruth Roper noch zweimal an, bevor sie sich mit ihrer Tochter auf den Weg machte. „Sie sollten mitkommen“, meinte sie. Sie befürchtete, daß Mikes Stimmung umschlagen könnte, und glaubte, sie wären in meinem Beisein sicherer.

„Er hat Gesellschaft“, begründete ich meine Ablehnung, „zwei meiner Freunde sind bei ihm.“

Als Tyson das Haus erreichte, war es bereits sechs Uhr abends. Die Fahrt, sonst zwei Stunden dauernd, hatte sich auf vier Stunden ausgedehnt. Daß Mike die Hausschlüssel in Atlantic City vergessen hatte, drückte die Stimmung noch weiter. Er mußte die Hintertür eintreten.

„Er war richtig stolz auf das Haus“, erzählte mir Joselit später. „Ein Zimmer hatte besondere Bedeutung für ihn. ‚Seht euch das hier an‘, sagte er voller Stolz, ‚es ist für meinen Sohn.‘“

Joselit sagte, Tysons braune Augen waren dabei feucht vor Rührung. Der Champ führte seine Freunde durch das Haus, und Joselit machte einige Witze, um die Stimmung aufzulockern.

„Ich hab gehört, Dave Winfield zieht bald zu euch“, sagte Joselit, auf Ruth Ropers Klage gegen den Star-Baseballspieler bei den New York Yankees anspielend.

Tyson wußte nicht, was Joselit meinte, denn er las kaum Zeitungen, allenfalls schaute er mal über die Sportseiten. Außerdem wurden die ersten Seiten der Zeitungen, auf denen Geschichten wie diese sowie immer häufiger Artikel gegen Robin Givens und Ruth Roper erschienen, normalerweise von seiner Frau oder seiner Schwiegermutter sofort in den Abfalleimer befördert.

„Wer sagt, Dave Winfield zieht hier ein?“ fragte er verwundert. Joselit wechselte rasch das Thema.

„Ich hab Hunger“, stellte Tyson fest und schlug vor, zu einer etwa drei Kilometer entfernt liegenden Gaststätte zu fahren.

Dort versuchte Mustafa, Tyson einige Ratschläge für das Boxgeschäft zu geben, und er kam auch auf einige Leute wie Don King zu sprechen. Tyson hörte zu, hatte aber Schwierigkeiten, sich zu konzentrieren.

„Sowie er ein Mädchen witterte“, erzählte Joselit, „richtete er seine

Aufmerksamkeit ausschließlich ihr." Tyson hatte genau den Eingang im Blick – davon ließ er sich nicht ablenken.
Aber Mustafa blieb beharrlich beim Thema. Zwischen ihm und Tyson gab es viel Gemeinsames. Mustafa war seinerzeit ganz oben als Boxer und er kannte die Spielregeln des Boxgeschäfts in- und auswendig, außerdem stammte Tyson aus dem Ort seiner Kindheit.
„Sei vor Don auf der Hut", warnte Mustafa. „Laß dich nicht mit ihm ein. Er manipuliert jeden. Schau, was er mit Tim Witherspoon gemacht hat, schau, was er Larry Holmes angetan hat."
Danach waren Witze und Geschichten über Frauen dran.
„Wir waren alle bestens gelaunt", erzählte mir Mustafa später. „Wir redeten über Sex, und es herrschte eine Bombenstimmung. Mike scherzte, erzählte Witze und lachte."
Plötzlich veränderte sich Tysons Gesichtsausdruck schockartig, doch ebenso plötzlich lächelte er. „Als ich mich umdrehte", so Joselit, „sah ich Robin Givens und Ruth Roper hereinkommen. Welch ein Zufall!"
Tyson war wie verwandelt. „Seine Gesichtszüge veränderten sich", schilderte Joselit, „er hörte auf zu scherzen, zu lachen und zu erzählen; er wurde sehr, sehr ernst, fast wie ein völlig anderer Mensch."
„Soll das bedeuten, daß ich dich nicht nach Philadelphia fahren soll?" fragte Joselit scherzend, auf die vierundzwanzig Frauen anspielend, die Tyson dort gehabt haben soll.
„Hör auf mit solch blöden Scherzen, wenn sie dabei ist", zischte Tyson Joselit harsch zu. „Sie weiß nicht, daß du Spaß machst. Hör also auf mit der Scheiße."
Am nächsten Vormittag wählte ich Robins Telefonnummer in New York City. Insgeheim hoffte ich, sie sei mit Tyson nach Atlantic City gefahren, und war enttäuscht, als ich ihre Stimme vernahm.
„Sie sollten jetzt bei ihm sein", sagte ich ihr. „Mike braucht Sie. Ihm gehts dreckig ohne Sie. Sie sollten heute noch, Sie sollten jetzt an seiner Seite sein." In der Leitung ertönte plötzlich ein Tüt-tüt-Signal, sie unterbrach das Gespräch offensichtlich, um einen anderen Anruf entgegenzunehmen. Gleich darauf meldete sie sich wieder: „Es ist Mike."
„Okay, sagen Sie ihm nicht, daß Sie mit mir sprechen, und kommen Sie bitte her, sobald Sie können."
Gegen Mittag ging ich in die Trainingshalle. Tyson schien entspannt und in guter Verfassung zu sein. Die schlechte Laune der letzten Tage schien er überwunden zu haben. „Meine Frau kommt mit einem

Hubschrauber. Sie ist bald hier", strahlte er. „Übrigens, heute Abend sollten wir auch gemeinsam über das Buch reden, das du über mich schreibst."

Als Robin hereinkam, hatte Mike gerade begonnen, auf den Sandsack einzuschlagen. Eine innere Wärme schien ihn urplötzlich zu überfluten. Er bearbeitete den schweren Sack mit herrlichen Kombinationen, immer wieder Blicke auf seine Frau werfend. Er schien seinen Rhythmus und seine Gemütsruhe wiedergefunden zu haben.

Plötzlich stand Robin auf und ging mit John Horne zum Hallenausgang. Sofort hörte Mike auf, den Sandsack zu bearbeiten. „Wo zum Teufel geht sie hin?", fragte er ungehalten, „geh ihr nach und find heraus, wo sie hingeht."

Ich rannte Robin und Horne hinterher. „Ihr Mann möchte wissen, wo Sie jetzt hinwollen und warum?", fragte ich sie.

„Ich hole mir einen Kaugummi", sagte sie lachend und den Augenblick genießend, denn ihr war klar, daß Tyson durch ihr Weggehen aus der Fassung geraten war. „Sagen Sie ihm einfach, ich wollte einen Kaugummi holen", und lachte weiter.

Am 15. Juni holte mich King mit seiner schwarzen Limousine vom Hotel Trump Plaza ab. Erstmals fuhr ich in einem nach Kundenwunsch hergestellten Cadillac; wir fuhren zu einem afroamerikanischen Spezialitäten-Restaurant. Meine Warnung an Tyson, mit keinem einen Exklusivvertrag abzuschließen, weder mit einem Promoter noch mit sonst jemandem, war wohl der Anlaß für die Einladung. King, den ich in Boxkreisen mehr verteidigte, als ich es hätte tun sollen, war sauer auf mich.

„Wir haben die Möglichkeit unseres Lebens versäumt", brummte er, kaum daß wir im Restaurant saßen. „Warum nur hast du Mike gesagt, er soll den Vertrag mit mir nicht unterschreiben?"

Als ich noch Vorsitzender der New York State Athletic Commission war, hätte ich Tyson in dieser Frage nicht beraten dürfen, das hätte Interessenkonflikte auslösen können. Warum aber sollte ich jetzt einem Freund, noch dazu einem Schwergewichtsweltmeister, den schlechten Rat geben, einen Exklusivvertrag zu unterzeichnen?

„Es wäre Munition für Cayton, würdest du den Vertrag durchbringen", sagte ich King.

„Mit Rechtsfragen werde ich schon fertig, das wäre für mich kein Problem", erwiderte er kopfschüttelnd. „Wir hatten Tyson, und durch dich haben wir ihn verloren."

„Du wolltest sagen, *du* hast ihn verloren“, stellte ich richtig. „Aber jetzt, da ich nicht mehr Beauftragter der Boxsportkommission bin, könnte ich ihn vielleicht dazu bringen, sich die Sache nochmal zu überlegen.“

King war zu schlau, um mir zu glauben. Ich zeigte ihm das Manuskript für einen Artikel, worin ich das Rassenproblem und die Erfolgsaussichten von politischen Kandidaten in diesem Lande behandelte, die Minderheiten angehören.

„Mann“, meinte er, „du verstehst wirklich die Probleme zwischen den Schwarzen und Weißen in diesem Lande, aber warum nutzt du dieses Wissen nicht auch für dich selbst?“ Er schaute sich im Restaurant um. „Du weißt doch so gut wie ich, José, daß die Juden, die Jacobs', die Caytons, die Finkels... alle wollen sie Mike Tyson unter ihre Kontrolle bringen. Du weißt es doch.“

Am folgenden Tag besuchte ich Tyson in seinem Penthouse. Es war so gegen 10 Uhr. Er saß in der Küche an einem kleinen Tisch und blätterte in der Morgenzeitung. Rooney saß neben ihm, Lott hielt sich im Wohnzimmer auf.

„Wie fühlst du dich?“ fragte ich Tyson, aber der machte nur eine schwer definierbare Kopfbewegung. Ich legte zwei Eier in kochendes Wasser. Da Kevin inzwischen die Küche verlassen hatte, setzte ich mich zu Mike. „Stimmt etwas nicht?“ fragte ich ihn. „Mir gefällt deine Wortlosigkeit nicht.“

„Mir ist danach, jemanden umzubringen“, fuhr er mich an mit wutverzerrtem Gesicht.

„Das ist gut so“, meinte ich, „so muß dir auch zumute sein, zwei Wochen vor einem wichtigen Kampf.“

„Ich mein's nicht so. Ich meine, ich werde jemanden umbringen, vielleicht schon heute. Dann kannst du mich ja im Knast besuchen.“

Entrüstet stand ich auf und ging ins Wohnzimmer.

„Er scheint schlecht gelaunt zu sein“, sagte ich zu Lott.

„Hast du die Zeitungen gelesen?“ fragte Lott. Ich schaute auf die auf dem Tisch ausgebreiteten Zeitungen. Eine der Schlagzeilen verkündete, daß Cayton den hervorragenden Rechtsanwalt und ehemaligen Stellvertretenden Justizminister Thomas Puccio engagiert habe, um ihn zu vertreten. In einer Story wurden Rechtsstreitigkeiten angekündigt seitens der neuen Tyson-Familie – Robin, Ruth und Winston – bzw. gegen sie. In einem anderen Bericht wurde spekuliert, ob der World Boxing Council (WBC) den Kampf sanktionieren würde, wenn er nicht über fünfzehn Runden ginge.

„Die meisten dieser Geschichten sind reiner Quark“, sagte ich, „möglicherweise steckt Butch Lewis dahinter, der dich beunruhigen will.“

„Aber nicht alle Geschichten“, widersprach Tyson. „Einiges von dem Quark ist wahr, das weiß ich. Wenn du wirklich mein Freund bist, dann sag King und Cayton, sie sollen mit dem Scheiß aufhören.“ In einer Story hieß es, seine persönlichen Schwierigkeiten hätten dazu beigetragen, seine Gewinnchancen im Kampf gegen Spinks erheblich sinken zu lassen.

18. Kapitel

Am Abend des 17. Juni 1988 schrieb ich in meinem Hotelzimmer den Teil über Jesse Jackson für meinen Artikel über Kandidaten politischer Minoritäten, als das Telefon klingelte. Es war Wally Matthews von der *New York Newsday*. Matthews war ein gutaussehender, ehrgeiziger junger Journalist, der schon alle Gefolgsleute von Tyson gegen sich aufgebracht hatte, aber trotzdem auf Zugang zu ihnen bestand. Zweimal hatte er ganze Kolumnen über mich geschrieben, ohne mich auch nur einmal zu interviewen. Die Leute um Tyson hielten ihn für „unsensibel" und „unprofessionell".

Jetzt sagte er mir, er müsse mit Tyson sprechen, er sei im Besitz von heiklen Informationen, die ebenso exklusiv wie explosiv wären. „Ich kann dir nicht sagen, worum es sich handelt, José", sagte er, „aber es ist ziemlich ernst."

Ich notierte seine Telefonnummer und rief Tyson an. Er selbst war nicht da, aber Rooney. Ich bat ihn, dafür zu sorgen, daß Tyson mit Matthews spricht. Eine halbe Stunde später rief Tyson an. „Soll ich den Kerl wirklich anrufen?" fragte er, „du weißt doch, wie der ist, und..."

„Ich denke, du solltest das tun", unterbrach ich ihn, „mach es für mich, bitte. Ich glaube, er hat wichtige Nachrichten für dich."

Am 19. Juni 1988 veröffentlichte die *New York Newsday* einen vernichtenden Artikel, der den jungen Champion als einen unempfindsamen und gefährlichen Mann beschrieb. Stephanie Givens, Robins einundzwanzigjährige Schwester, hatte Matthews von Portugal aus angerufen, wo sie gerade in einem Tennisturnier spielte, und ihm erzählt, sie hätte Angst um ihre Schwester. Auch dies sagte sie:

„Ich habe mich bis jetzt da völlig rausgehalten, aber jetzt wird es mir langsam zu viel. Ich habe lange gezögert, damit herauszukommen... Ich habe das von Mike vom ersten Tag an gewußt, als Robin ihn kennenlernte. Ich habe gemerkt, daß alles von Anfang an ein großer Fehler war. Michael ist angeblich der brave Junge, den alle Welt angeblich beleidigt. Aber niemand weiß, wie beleidigend Mike selbst ist.

Robin ist bestimmt in ihren Gefühlen verletzt worden. Physisch vielleicht nicht so sehr. Aber bei ihm weiß man nie, was er als nächstes tut."

Sie schilderte Einzelheiten einiger persönlicher Erlebnisse mit Tyson, die so klangen, als gehöre der Champion eher in eine psychiatrische Klinik als in einen Boxring.

Tysons Schwägerin erzählte Matthews, daß Tyson sich ständig betrank, daß er eines Tages sogar betrunken dort auftauchte, wo Robin gerade eine Folge der Serie *Head of the Class* aufnahm. Stephanie sagte, Tyson habe „eine entsetzliche Szene" gemacht. Er hätte Scheinwerfer zerschlagen, fürchterlich geflucht und alles umgeworfen. Sie hätten aufhören müssen zu filmen. Robin hatte hingehen und ihn beruhigen müssen."

Von einer anderen Nacht erzählte sie, als Tyson zu toben begann und nicht beruhigt werden konnte. „Sie kämpften miteinander, und er schlug Robin mit der geballten Faust an den Kopf. Er weiß, wie er sie treffen muß, um sie nicht ernstlich zu verletzen. Unsere Zimmer lagen nebeneinander, und ich hatte große Angst, deshalb holte ich Robin zu mir ins Zimmer, und wir verschlossen beide Türen. Ich schob auch noch den Riegel vor. Er hat dann aber einfach beide Türen eingetreten. Ich wußte zwar, daß er stark war, aber das hat mich doch überrascht.

Man kann noch so lieb sein, man weiß nie, was ihn aufbringt. Er glaubt, weil er Mike Tyson ist, kann er tun und lassen, was er will. Er liebt es, irgend etwas zu zerschlagen, einfach so, grundlos. Wenn ihm danach ist, den Fernsehapparat zu zerschmettern, dann tut er es. Wenn ihm danach ist, ein Loch in die Wand zu schlagen, dann tut er es. Und wenn ihm danach ist, jemanden zu schlagen, dann tut er es.

Man wacht morgens auf und fragt sich, wie wird Michael heute sein? Es kann ein Weilchen gutgehen, und dann... Selbst wenn andere dabei sind, dreht er auf. Wenn man in seiner Nähe ist, lebt man in ständiger Furcht. Er kann einfach explodieren. Robin ist nie mit ihm allein. Es ist immer jemand bei ihr, weil wir Angst um sie haben.

Es ist erstaunlich. Er verstellt seine Stimme, spielt Baby, und alle finden ihn einfach süß. Er ist der netteste Mensch für Leute, die nichts mit ihm zu schaffen haben."

Die Story war sehr glaubhaft dargestellt. Ich wußte, daß er Robin geschlagen hatte, bevor sie verheiratet waren. Ich war Zeuge einiger hitziger Auseinandersetzungen und hörte, wie er sie und ihre Mutter am Telefon anschrie. Stephanies Darstellung paßte zu dem, was ich

über Tysons Kindheit und seine düsteren Stimmungen vor Boxkämpfen wußte. Vielleicht gab es wirklich *zwei* Tysons. Einen, der lachte, umarmte und küßte, der sensibel und leidenschaftlich war; und einen, der sich am Schmerz und Leid anderer ergötzte.
Die Fragen von Medienvertretern wegen Stephanie Givens' Story beantwortete Cayton, der von Ruth und Robin beschuldigt worden war, versucht zu haben, die Ehe des Champions zu zerstören, äußerst zurückhaltend: „Ich bin weder Ruth Ropers noch Robin Givens' Feind." Und er ergänzte, daß er sich immer bemüht habe, Tysons neue Familie nicht zu diffamieren.
Nach Stephanie Givens' heftiger Attacke erklärte Tyson vor der Presse: „Ich bin mit Robin verheiratet. Ich scheiß auf alle anderen. Bill wird in zehn Jahren tot und vergessen sein, aber ich werde immer noch mit meiner Frau zusammen sein."
Der bevorstehende Kampf zwischen Tyson und Spinks war durch diese Kampagne etwas in den Hintergrund geraten. Die Kontroverse hatte den Kartenverkauf jedoch nicht beeinträchtigt, und als der 27. Juni 1988 näherrückte, hatte der Kampf seinen Platz in der Sportgeschichte sicher. Beide sollten an einem einzigen Kampf mehr Geld verdienen als je ein Sportler zuvor. Tyson sollte mehr als 21 Millionen Dollar erhalten, Spinks mehr als 13 Millionen.
Doch noch ging es um andere Spiele. Journalisten und Presseagenten vom Trump Plaza und Donald Trump selbst saßen keine einzige Minute still. Sie arbeiteten daran, die Begegnung zu einem wahrhaft großen Ereignis werden zu lassen. Der nominelle Promoter des Boxprogramms war King, der drei Millionen Dollar bekommen sollte, ohne viel dafür getan zu haben.
Cayton zufolge war King für die Trump-Organisation bei allen Geschäften, an denen Trump und King beteiligt waren, darunter auch die Kämpfe Tyson – Biggs und Tyson – Holmes, eher ein Hindernis. „Sie wollten King eigentlich bei keinem Wettkampf dabei haben, in keiner Weise und zu keiner Zeit", erzählte mir Lott. „Da der Kampf zwischen Tyson und Spinks jedoch einen eingetragenen Promoter haben mußte, kam man auf Don zurück. Aber zum erstenmal hatte King als Promoter nicht die volle Verfügungsgewalt über die hereinkommenden Gelder."
Lott sagte, King habe als Promoter bei den vorangegangenen Veranstaltungen bei Trump Plaza ein solches Durcheinander verursacht, hatte, daß diesmal der Mitarbeiterstab von Trump beispielsweise für die Unterbringung der VIPs und der Presse verantwortlich war. Auch

die Pressekonferenzen wurden kaum noch von King geleitet, sondern überwiegend von Trumps Leuten.
Lott wußte nicht zu sagen, wofür King seinen Anteil erhielt. „Es fällt mir nichts ein, außer daß er die Ausscheidungskämpfe angesetzt hat. Er organisierte das Semifinale Trevor Berbick gegen Carl Williams und bezahlte dafür. Aber außer dieser Tatsache gab es nichts. Keine einzige von ihm organisierte Pressekonferenz, keinerlei Pressekontakte, keine Presseerklärung. Nichts, einfach nichts kam von der Don-King-Organisation, was diese Begegnung gefördert hätte, nicht mal ein Telefongespräch."
Lott führte Kings untergeordnete Rolle auf drei Faktoren zurück: „Erstens hat die Trump-Organisation eine bessere Arbeit als je zuvor bei der Förderung des Originalwettkampfs geleistet; zweitens verstand es Shelly Finkel hervorragend, Lokalfunk und Profikämpfe zu koordinieren sowie Presseinformationen und Videoaufzeichnungen zu verschicken. Drittens hoffte und betete King, daß die Organisation ein Debakel werden würde, wofür er dann Bill Cayton die Schuld hätte zuschieben können. Jede Anstrengung, die King unternommen hätte, um den Kampf zu unterstützen, hätte nur Bills Behauptung untermauert, daß er einen Wettkampf dieser Größenordnung erfolgreich durchführen kann – ohne Don King."

Endlich, nach all diesem Trara, dem Klatsch und der Spannung, kam am 27. Juni der Kampf im Ring. Ein gemischtes Publikum mit vielen Leuten aus dem Showgeschäft füllte die vorderen Plätze; echte Boxexperten waren darunter kaum zu finden. Einer davon war Bill Cayton, der sich gerade leise mit einem Reporter unterhielt, als ein Fremder hinzukam und Cayton einige Papiere überreichte. Später erfuhr ich, daß es eine gerichtliche Vorladung und die offizielle Mitteilung über die Eröffnung eines Prozesses war, angestrengt von Tyson, der die Geschäftsverbindung mit seinem Manager beenden wollte.
Ich suchte Tyson in der Garderobe auf und war beeindruckt von seinem offensichtlichen Selbstvertrauen. Er schien sehr gelassen, fast zu gelassen.
Beide Kontrahenten wurden aufgefordert, sich die Handschuhe anlegen zu lassen. Nelson Lewis, Butchs Bruder, sah wortlos zu, wie Tysons Hände umwickelt wurden. Er überprüfte Tyson von Kopf bis Fuß, und als seine Handschuhe festgeschnürt wurden, beanstandete Lewis einen kleinen Huckel oben am rechten Handschuh in der Nähe des Handgelenks; wahrscheinlich zu viel Bandage.

„Das muß weg", forderte Nelson mit lauter Stimme.
„Das ist nicht regelwidrig", widersprach Rooney. „Aber ich kann noch mehr Bandage drumwickeln, wenn du das wünschst."
„Das reicht nicht", sagte Nelson. „Ich bin nicht zufrieden damit, daß einfach Bandage drübergewickelt wird."
„Ich finde das in Ordnung", sagte Larry Lee, ein Inspektor der Boxkommission.
Der Streit wurde lauter. Tyson drehte sich um und verpaßte einem unsichtbaren Gegner ein paar kurze Gerade und bearbeitete dann die Wand mit einer gekonnten Schlagkombination. Das klang so hart und laut, daß Lewis seine Stimme dämpfte. Er verließ den Raum und kam mit seinem Bruder Butch zurück. Rooney, nachdem er sich mit Lee konsultiert hatte, verweigerte Butch Lewis den Zutritt zum Umkleideraum. Ein aufgebrachter Butch Lewis kam mit Larry Hazzard – Kommissions-Vorsitzender und seit langem mit Lewis bestens befreundet – zurück, der sich nun mit Lee anlegte. Lewis und Lee begannen sich laut zu streiten und wüst zu drohen.
Ich sagte Hazzard, daß die Aufregung dem Champion schade. „Die Kämpfer kommen her, um sich auszuruhen", sagte ich, „um sich zu entspannen und zu meditieren."
„Ich werde mich darum kümmern", sagte Hazzard, der schließlich Lewis überzeugte, den Raum zu verlassen, nachdem Addie Futch, Spinks' Trainer, hereingekommen war und gesagt hatte, daß der Huckel auf dem Handschuh harmlos sei. Tyson hatte inzwischen noch mehrmals gegen die Wand geboxt und sich dann schließlich hingesetzt; er ließ sich den Schweiß abwischen und schien völlig unbeteiligt. Fünfzehn Minuten später war Spinks im Ring. Tyson sah mich an, blinzelte und begab sich auf den Weg zum Ring, umgeben von Sicherheitskräften.
Während der Vorstellung der beiden durch den Ringrichter blickte Tyson in Spinks' Augen. Panik sah er da. Die letzten paar Sekunden vor dem Gong waren für Tyson wahrscheinlich schwerer als der Boxkampf selbst. Ich studierte beide Kontrahenten so objektiv ich konnte und kam zu dem Schluß, daß diese Begegnung sehr einseitig sein würde. Auf dem Weg zu meinem Platz stieß ich auf Michael Winston.
„Was glaubst du, wird geschehen?" fragte er.
„Keine echte Auseinandersetzung", sagte ich.
Als der Gong ertönte, kam Tyson agil wie immer aus seiner Ecke heraus; er schaltete auf Vorwärtsgang, forcierte den Kampf. Spinks ver-

suchte auszuweichen, aber Tyson wußte das zu verhindern. Spinks schlug einmal, zweimal, dreimal zu. Jedesmal in die Luft. Dann aber landete Tyson eine rechte Gerade auf Spinks Stirn. Der war zwar etwa eine Sekunde wie benommen, doch der Schlag hatte nicht den richtigen Punkt getroffen. Unfähig, der Gnadenlosigkeit eines angreifenden stärkeren Gegners zu entkommen, suchte Spinks innen Schutz, auf Tysons eigenem Territorium. Tyson landete schmerzhafte Treffer mit einem linken halben Aufwärtshaken und halben Haken fast, aber nicht ganz, auf den Unterkiefer. Darauf folgte ein linker Haken auf Spinks' rechte untere Rippen, so daß ihm die Luft wegblieb. Spinks' Körper wollte fallen, aber sein Stolz und sein Selbstwertgefühl kämpften dagegen an. So blieb er auf den Beinen und wartete darauf, aus seiner Not erlöst zu werden. Spinks als intelligenter Kämpfer wußte, daß er dabei war, ein weiteres hoffnungsloses Opfer Tysons zu werden. Ein kurzer rechter Haken etwa eine halbe Sekunde nach dem Körpertreffer brachte ihn zu Boden. Während der Ringrichter Frank Cappuccino ihn anzählte, beobachtete ich Butch Lewis, der sich über die Ringseile beugte und versuchte, das Ausmaß des Schadens bei seinem Schützling abzuschätzen.
Als Cappuccino Spinks' Handschuhe abwischte, wollte Lewis in den Ring steigen, wahrscheinlich, um diesen einseitigen Kampf zu beenden. Aber Tyson erwischte Spinks schon vorher. In Erwartung eines linken Hakens wandte Spinks sein Gesicht nach links, um dem Schlag auszuweichen. Tyson verpaßte ihm jedoch einen *rechten* Haken, ungeheuer hart und genau auf die Kinnlade. Einundneunzig Sekunden nach dem ersten Gong hatte Tyson annähernd 221 000 Dollar pro Sekunde verdient; der Verlierer 145 000 Dollar pro Sekunde. Das alles für den ungleichsten Wettkampf, den ich je bei einer Schwergewichts-Meisterschaft gesehen hatte.
Ein paar Tage später beschrieb der Komiker Jackie Gayle in einer Fernsehsendung, was ihn an diesem Wettkampf am meisten fasziniert hat. „Mir gefiel“, sagte er, „wie sich Don King und Donald Trump die Hand schüttelten. Man wird fünf Jahre brauchen, um herauszufinden, wer der Anscheißer und wer der Angeschissene war.“

19. Kapitel

Der 30. Juni 1988 war ein guter Tag für Mike Tyson. Es war sein dreiundzwanzigster Geburtstag, und die Stadt Bernardsville veranstaltete für den jungen Millionär eine große Party.

Die Feier begann mit Verspätung. Mike hatte den Tag bei Camille in Catskill verbracht und sollte am späten Nachmittag in New Jersey eintreffen. Der Bürgermeister von Bernardsville fuhr zum nahegelegenen Flughafen Morristown und fand heraus, daß der Champion seine Maschine verpaßt hatte. So begann alles mit neunzigminütiger Verspätung.

Vor der Feuerwache ging es los. Tyson saß ganz oben auf einem Feuerwehrwagen, einige Einwohner stellten sich dahinter auf, gefolgt von einer kleinen Band. Dann kamen ein paar Autos. Ich saß in einem Wagen zusammen mit Michael Winston, Richard Joselit und einem Rechtsanwalt, der mit Winston befreundet war. Etwa 40 Minuten dauerte die Tour durch die kleine wohlhabende Stadt.

Don King blieb indessen geduldig bei der Feuerwache zurück. Niemand hatte ihn eingeladen und auch Robin, die ihn nicht gern in Tysons Nähe sah, war offensichtlich nicht gerade glücklich über seine Anwesenheit. Nach der Feierlichkeit ignorierte sie Kings Einladung, sie und ihren Mann in seinem leeren Wagen nach Hause zu bringen. Vielmehr bat sie Mike eindringlich, den Wagen zu nehmen, in dem ich saß und der bereits mit vier Personen besetzt war.

Wieder zu Hause, zog sich King für etwa fünfzehn Minuten mit Tyson in einen Raum zurück und kam mit einem breiten Grinsen wieder heraus. Einige Minuten später kam er in die Küche, wo er von Ruth Ropers Hand mit chinesischem Essen bewirtet wurde.

„Ich glaube, die beiden haben etwas miteinander", sagte Joselit.

„Hier geht wirklich etwas vor", sagte ich meinem Freund. „Aber mit leiblichen Genüssen hat es nichts zu tun." Um Geld ging es hier, nicht um Liebe. Um Geld wurde hier gepokert, in diesem Haus mit seinen achtundzwanzig Zimmern. Tyson bekam davon nichts mit, ebensowenig wie seine Gäste.

Winston und sein Freund, der Rechtsanwalt, sprachen mit mir über den Vertrag zwischen Jacobs, Cayton und Tyson, und ich wiederholte meine Meinung, daß Tyson von guten, ehrenhaften Leuten gemanagt wird. Da sie dennoch weiter auf mich einredeten, wollte ich mich gerade verabschieden, als King hereinkam.
„Du bist ein guter, ehrlicher und aufrechter Mensch“, sagte King zu mir und wandte sich an Winston und Ruth Roper: „Wir brauchen uns seinetwegen keine Sorgen zu machen. Er ist auf unserer Seite ... auf Mikes Seite.“
Einige Wochen nach seinem Geburtstag lud Tyson zu einer Pressekonferenz im Plaza-Hotel in Manhattan ein, um seine Absicht zu verkünden, Bill Cayton zu kündigen. Die Pressekonferenz dauerte dreizehn Minuten. Tyson, flankiert von Robin, Ruth Roper und seinem neuen Berater, Donald Trump, ließ kein gutes Haar an Cayton.
„Ich habe hier das Sagen“, erklärte Tyson. „Ich werde von jetzt an mich selbst managen. Wer sich gegen mich stellt, kann nicht mehr mein Freund sein. Er (Cayton) möchte über alles und jeden herrschen ... Ich war es, der sich im Ring abgerackert hat, nicht Bill Cayton. Ohne mich hätte Cayton keine Chance gehabt, auch nur mit einem Fuß beim Home Box Office einzusteigen.“
Es gab viele Ungereimtheiten und Übertreibungen. Die Bemerkung zum HBO war eine der eklatantesten. Caytons Verbindung mit dieser Einrichtung hatte 1975 begonnen, als er und Jacobs Features, Boxsportberichte und Olympia-Specials sowie auch Filme aus ihrer großen Filmothek an das Kabelfernsehen lieferten. Cayton später dazu: „Als wir (Anfang der achtziger Jahre) Mike Tyson ernährten und versorgten, waren wir bereits gut im Geschäft mit dem HBO.“
Am gleichen Tag noch hatte Roper bei mir angerufen und nach mir gefragt. Ich fuhr gegen 19.00 Uhr zu ihrer Wohnung in der Upper West Side, begleitet von John Parsons, Steve Dunleavy und einem Fernsehteam. Sie filmten eine Episode für „The Reporters“ für Fox Television, die ausschließlich Mike Tyson gewidmet war. Der Portier, ein alter Boxfan aus meiner Heimatstadt in Puerto Rico, sagte mir: „Die Roper ist nicht da, nur Robin mit ihrer Friseuse.“
Ich rief oben an. Robin teilte mir über das Haustelefon mit, daß ihre Mutter gleich kommen würde, aber sie bat mich nicht herauf. Während das Kamerateam außer Sichtweite wartete, wollte ich mir draußen ein wenig die Füße vertreten. Vor dem Eingang stieß ich auf Tyson und seine Schwiegermutter, die gerade aus einem Wagen stiegen. Wir fuhren mit dem Fahrstuhl hinauf zur Wohnung. Tyson wollte

gleich ins Schlafzimmer gehen. Da dort seiner Frau gerade die Haare gemacht wurden, wurde er nicht eingelassen: „Ich kann hier niemanden brauchen“, rief sie ihm zu.
Ich fragte Mike, ob er Parsons und Dunleavy, die unten warteten, ein Interview geben würde. „Sie sind gute Freunde“, fügte ich hinzu, „und ich bürge dafür, daß sie fair sein werden.“
„Ich bin zu kaputt“, erwiderte er, während er seine Jacke auszog. Es war wirklich heiß, und Tyson schwitzte bereits. So verschwitzt wie er war, ließ er sich auf das Sofa fallen und schlief sofort ein.
„Ich werde chinesisches Essen bestellen“, sprach mich Ruth Roper an. „Was möchten Sie essen?“
„Ich habe keinen Hunger.“
„Kommen Sie, José“, lächelte sie mich an, „essen Sie was.“
„Also gut, bestellen Sie mir Garnelen mit gebratenem Reis und ein Omelett.“ Sie witzelte über meinen Geschmack, nahm den Hörer ab und gab die Bestellung auf.
„Sie sollen wissen, daß Mike Sie wirklich gern hat“, setzte sie das Gespräch mit mir fort. „Er achtet Sie. Ich nehme an. Sie mögen ihn auch.“
„Natürlich“, antwortete ich und fragte mich, was sie wohl im Schilde führte.
„Ich denke Sie wissen, was hier vorgeht, und wie Winston Ihnen gesagt hat, werden auch Sie vom Gericht vorgeladen werden. ... Sie wissen, daß dieser Prozeß sehr wichtig für Ihren Freund ist.“
„Kann sein, er hat Probleme,“ erwiderte ich. „Die Wahrheit könnte ihm schaden. Andererseits – vielleicht auch nicht.“ Ihr Gesicht wurde ernst und strenger. Die Freundlichkeit war wie weggeblasen.
„Wenn Mike Ihr Freund ist“, sagte sie bestimmt, „dann sollte man von Ihnen erwarten, daß Sie ihm helfen.“ Ich sah auf Tysons feuchtes Gesicht herab. Er war groggy und schnarchte laut.
„Ruth, ich kann nicht lügen. Ich schwöre, ich kann nur hoffen, daß meine Wahrheit ihm nicht schadet.“
„Ich bin sicher, wenn er an Ihrer Stelle wäre, er würde Ihnen helfen.“
„Aber ich sage doch nicht, daß ich ihm nicht helfen werde. Ich habe nur gesagt, daß ich nicht lügen werde.“
In diesem Moment klingelte es an der Tür. Ich glaubte schon, es wäre das bestellte Essen, und der Disput wäre damit beendet. Aber es war Winston, in weißen Shorts und mit T-Shirt. Er war nicht zufällig da.
„Sagen Sie dieser Frau“, herrschte ich Winston mit leicht spaßigem

Unterton an, „daß sie nicht mehr und nicht weniger als die Wahrheit von mir verlangen kann."
„Das stimmt, Mrs. Roper". Der Sarkasmus in Winstons Stimme war unverkennbar. „Sie sollten Mr. Torres hier um nicht mehr und nicht weniger bitten als um die Wahrheit." Als er das sagte, wußte ich, daß in seinem Kopf etwas vorging. Ruth Roper war in den Küchenbereich gegangen, der vom Wohnzimmer nur durch eine Theke und drei Barhocker abgegrenzt war. Winston räusperte sich.

„War Tyson durch einen Rechtsanwalt vertreten, als er die Verlängerung des Vertrags unterzeichnete?"
Ich schüttelte den Kopf.
„Haben Sie ihn gefragt, ob er sich zuvor mit seiner Frau beraten hat?"
Ich gab ihm die gleiche Antwort.
„Wenn Sie das alles noch einmal machen müßten, würden Sie anders handeln?"
„Wenn ich das alles noch einmal machen müßte", nahm ich langsam und bedächtig seine Frage auf, „würde ich es genau so wieder tun und..."
Bevor ich ausreden konnte, wandte er sich Ruth Roper zu: „Sie sehen, Ruth", sagte er, „das ist die Wahrheit, von der José spricht."
Ich war verärgert. „Kein Boxer kommt jemals mit einem Rechtsanwalt in mein Büro", sagte ich. „Keiner (ich hätte besser sagen sollen: kaum einer) der Boxer, die Verträge unterzeichnen, hat die Mittel, sich einen Rechtsanwalt zu leisten. Dazu ist die Kommission da, sie vor skrupellosen Scheißkerlen zu schützen. Wenn sie einen Rechtsanwalt mitbringen, der ihnen hilft, um so besser. Aber sie machen es nie. Ich war selber Boxer, ein Champion, ich weiß, wer in diesem Geschäft wer ist. Und Mike Tyson war einer der wenigen Glücklichen, die die besten Manager in diesem Spiel hatten...
Und was die zweite Frage betrifft", fuhr ich fort, „so würde ich niemals einen Boxer fragen, ob er sich hinsichtlich seines Boxgeschäfts mit seiner Frau berät. Ich könnte von einem unerwarteten linken Haken getroffen werden."
Das Essen kam, und wir aßen; außer Tyson, der immer noch schnarchte. Noch während des Essens verließ Winston die Wohnung so plötzlich, wie er aufgetaucht war. Ruth Roper brachte ihn noch an die Tür und flüsterte ihm etwas zu. Als sie zurückkam, war sie aggressiv wie Tyson im Ring. Nicht wie die Katze um den heißen Brei herumschleichend, zielte sie geradeswegs auf die Halsschlagader.

„Ich denke, als Sie diese Verträge unterschrieben, schützten Sie die Rechte von Jacobs und Cayton", erklärte sie. „Sie sind in Wahrheit nicht Mikes Freund, Sie sind Caytons Freund. Sie nutzen Mike immer noch aus."
Ich fürchtete die Kontrolle über mich zu verlieren, also schwieg ich lieber.
Das ermunterte sie fortzufahren. „Wenn ich Ihnen einen guten Rat geben darf: Setzen Sie die Freundschaft mit Mike vorübergehend aus, bis sich die Dinge beruhigt haben."
„Sie haben ein Recht darauf, Ihre Meinung zu haben", sagte ich kühl. „Aber Ihre Idee, meine Freundschaft mit Mike vorübergehend auszusetzen, ist keine sehr gute. ... Sollte es der einzige Weg sein, meine Freundschaft mit Mike aufrechtzuerhalten, vor Gericht zu lügen, dann würde ich die Freundschaft lieber *für immer* aufgeben."
„Bevor ich gehe", sagte ich voller Überzeugung, „möchte ich Ihnen etwas sehr Wichtiges sagen. Dieser Junge", ich zeigte auf Mike, der sich unruhig hin- und herwälzte, aber immer noch schnarchte, „hat eine Konzentrationsspanne von vielleicht drei Minuten. Wenn Thomas Puccio (Caytons Rechtsanwalt) ihn erst einmal für zwei bis drei Tage in den Zeugenstand bekommt – Sie Arme, Ihre arme Tochter, armer Mike Tyson. Mike wird die Wahrheit sagen."
Ruth stand auf; sie war blaß geworden. Unwillkürlich massierte sie ihr Gesicht mit beiden Händen. Sie wollte wohl etwas sagen, brachte aber kein Wort heraus. Grußlos ging ich.
Zu Hause erzählte ich meiner Frau, Ramona, was ich an diesem Abend erlebt habe.
„Ich wette, daß Robin nicht einmal herauskam, um euch zu begrüßen", sagte Ramona. Daran hatte ich gar nicht gedacht, aber sie hatte recht. „Und noch eine Wette", sagte sie. „So wie Ruth reagiert hat, glaube ich nicht, daß dieser Fall vor Gericht kommt."
Zwei Tage später wollte mich Ruth Roper wiederum sprechen.
„Wir haben etwas Gutes für Sie, José", sagte sie am Telefon. „Es wird Ihnen gefallen. Warten Sie eine Sekunde, ich rufe Winston vom anderen Apparat aus an."
Nach wenigen Augenblicken war sie wieder zurück: „Gehen Sie morgen um 10.00 Uhr in Winstons Büro." Winston würde mir dort alles erzählen.
Winstons Rechtsanwaltsbüro war groß, imposant und wirkte bedrohlich. Nach einigen Höflichkeitsfloskeln kam er zur Sache. „Es gibt da die Idee", sagte er, „eine Beratergruppe zu bilden, die Mike helfen

soll. Aufgrund Ihrer früheren Beziehungen zu Cus D'Amato und Mikes großer Achtung vor Ihnen sind wir der Meinung, Sie sollten daran teilnehmen. Donald Trump wird den Vorsitz führen, und wir sind gerade dabei festzulegen, wer sonst noch dazugehören sollte."

„Was wollen Sie von mir?" fragte ich.

„Wir bitten Sie zu überlegen, ob Sie nicht teilnehmen könnten."

Mir gefiel der Gedanke nicht, daß Trump Entscheidungen über Mikes Zukunft treffen sollte, und ich sagte ihm das. „Er ist ein Experte in geschäftlichen Angelegenheiten, aber nicht im Boxen", begründete ich meine Zweifel. „Aber ich bin bereit zu hören."

Er schlug mir ein Treffen mit Peter Parcher und Steven Hayes vor, den Prozeßanwälten, die Tyson im Rechtsstreit gegen Cayton vertraten. Ihr Büro war ganz in der Nähe, also ging ich hin. Ich wußte, daß ihre Kanzlei auch Trump vertrat.

Schon nach den ersten Sätzen fand ich sie sympathisch. Ihr Standpunkt war ein völlig anderer als der von Winston. Sie waren daran interessiert, alle Fakten über die Unterzeichnung von Mikes Boxer-Manager-Verträgen zu erfahren. Damit konnte ich dienen. Auch mit weiteren Informationen, die ich für relevant hielt.

„Als früheres Ausschußmitglied kann ich Ihnen garantieren, daß es sehr wenige Manager-Teams gegeben hat wie D'Amato, Jacobs und Cayton", fügte ich hinzu. „Jacobs und Cayton haben jahrelang viel Geld in Tyson und andere junge Boxer investiert. Sie riskierten viel Geld für Mike und die anderen, Cus zuliebe, der immer den Wunschtraum hatte, noch einmal einen Champion aufzubauen."

Ich machte auch kein Geheimnis daraus, daß ich den Prozeß, den Tyson auf Geheiß von Robin und ihrer Mutter gegen Cayton angestrengt hatte, für ausgesprochen unfair und ungerecht hielt.

Eine Woche später hatte ich ein Gespräch – von dem ich glaubte, es sei ein Gespräch unter vier Augen und damit vertraulich – mit Mike Katz von der New Yorker *Daily News*, das er später auszugsweise veröffentlichte. Ich hatte ihm erzählt, daß Tysons Schwiegermutter mich bewegen wollte, meine Zeugenaussage vor Gericht zu ändern; daß sie mich zwar nicht direkt zur Lüge, aber zur „Hilfe für Tyson" aufgefordert und mir einen Job als einer von Tysons Beratern angeboten hat. In dem Artikel, der auf meiner Unterhaltung mit Mike Katz fußte, wurde auch Winston zitiert: „Ich habe ihn (Torres) nie hinsichtlich eines Postens im Mike-Tyson-Unternehmen angesprochen. Punkt." Und als Katz ihn fragte, ob *Ruth Roper* mir ein Angebot gemacht habe, antwortete Winston: „Ich glaube, nicht."

Kurz danach erhielt mein Verlag, Warner Books, einen Brief von Winston. Tyson wolle nicht mehr, daß ich seine Biographie schreibe. Es erübrigt sich zu sagen, daß ich von diesem Brief äußerst betroffen war. Aber da ich bereits den größten Teil meiner Interviews mit Mike geführt hatte, beschloß ich, die Arbeit an diesem Buch fortzusetzen.

Am 17. Juli 1988 begleitete ich das „The Reporters"-Filmteam nach Atlantic City, um Don King zu interviewen. Inzwischen war der üppige Promoter bereit, seine Karten auszuspielen. Nachdem Tyson der Welt mitgeteilt hatte, daß er Cayton aus seinem Boxerleben raushaben wolle, war King nur zu gern bereit, dem Champion dabei behilflich zu sein.

„Ich habe öffentlich gesagt", erklärte King, „daß Bill Cayton ein Lügner ist, ein Heuchler der schlimmsten Sorte, ein verkleideter Satan, ein entsetzlicher, egozentrischer, selbstsüchtiger Irrer, der sich einbildet, er beherrsche das Universum. Er drückte sich vor vielem, das er selbst versprochen hatte. Das sind starke Beschuldigungen, die ich vorbringe, also muß ich sie auch belegen können. Das ist kein Problem, denn ich fühle mich wie ein offenes Buch."

King brachte zur Sprache, daß Cayton es unterlassen hat, Tysons Rechtsanwalt, seiner Familie, seinem Buchhalter und Tyson selbst Einblick in die Geschäftsbücher zu gewähren.

„Das Ganze hätte unter die Decke gekehrt werden können", sagte er, „die ganze Situation hätte vermieden werden können. Alles was er (Cayton) dafür zu tun gehabt hätte, wäre gewesen, Tyson zu erklären, was er hatte, wo er es hatte und wie er es bekommen hatte und wie alles gekommen war. Anders gesagt, wieviel er (Cayton) davon in seinen Verträgen abzweigt. Das sind die Hauptfragen. Alles andere lenke nur ab.

Hier kommt es darauf an, wieviel wir bekommen sollten und wieviel Bill Cayton von Tysons Verdienst kassiert... Zufällig weiß ich genau, daß Cayton zwanzig Prozent vom Bruttobetrag abzieht und ein Drittel vom Nettobetrag."

Einige Monate zuvor hatte King mir erzählt, daß Cayton Abzüge von Tysons Einnahmen abzweige, die „überhaupt nicht koscher waren". King erzählte mir, das sei „ein alter Geschäftstrick". Worauf der Promoter besonders anspielte, war die Art, in der Cayton die Gelder aus Auslandsrechten aufteilte.

„Als ich herausfand, wie wenig King (der praktisch alle wichtigen Kämpfe von Mike veranstaltete) für die Vergabe der Auslandsrechte hereinholte, hielt ich das für lächerlich", sagte mir Cayton, als ich ihn für die Arbeit an diesem Buch befragte. „Ich wußte aus Erfahrung, daß viel mehr einzunehmen war." Also übernahm Cayton in Übereinstimmung mit King die Verwertung der Auslandsrechte und die Verantwortung für die entsprechenden Verhandlungen. Dadurch konnte er nach seiner Aussage „fünf- bis sechsmal so viel einnehmen wie King".

Cayton hielt sich für vollauf berechtigt, zwanzig Prozent von den Einnahmen aus Auslandsrechten für sich zu beanspruchen, einmal, weil andere Verwerter oft einen noch größeren Anteil forderten, und zum anderen, weil der Gesamtumfang der Vergabe von Rechten unter seiner Regie enorm angestiegen war. Dann aber nahm Cayton von dem Nettoeinkommen, das nach Abzug seines Anteils übrigblieb, noch einmal ein Drittel, wozu er als Manager berechtigt war, wodurch er sich Kings Beschuldigung zuzog, „zweifach abzuschöpfen". Cayton ist nach wie vor der Meinung, er habe rechtlich und moralisch richtig gehandelt, wobei er unterstrich, daß dieses Arrangement letztlich auch größere Einnahmen für Mike mit sich brachte.

Nachdem King den ersten Teil seiner Tagesordnung hinter sich gebracht hatte, nutzte er den Rest des Interviews, um auch den zweiten abzuarbeiten:

„Ich unterstütze Ruth Roper, wenn sie sagt, daß ihre Tochter schlecht behandelt wird und daß sie für deren Leben fürchtet, weil sie ihre Meinung gesagt und die unverzeihliche Sünde begangen hat zu fragen, wo das Geld sei, und ich unterstütze Robin Givens, die eine wunderbare junge Frau ist, das Beste, was Mike Tyson jemals in seinem Leben passiert ist. Ich glaube, daß man diesen Mann für sich allein entscheiden lassen sollte wie jeden anderen Menschen, damit er bei der Frau seiner Wahl sein, sie lieben, sie verstehen und für sie sorgen kann, wie es seine Pflicht ist."

King holte tief Atem und lachte laut.

„Ich finde daran nichts Schlimmes, und als Schwarzer wäre es säumig, wenn ich für die Interessen dieser Frauen nicht einstehen würde, denn jemand muß aufstehen und sie unterstützen. Sie können nicht für alles verantwortlich sein, denn sie sind noch nicht lange da."

Schließlich wurde der Streit zwischen Tyson und Cayton außergerichtlich beigelegt. Man einigte sich darauf, daß Cayton das Management bis 1992 weiterführt, daß jedoch sein Manageranteil von 33 1/3 auf 20 Prozent reduziert wird. Tyson schien das alles zu langweilen, seine Frau und seine Schwiegermutter aber triumphierten.

20. Kapitel

Während sich die Hauptakteure in diesem aufregenden Drama die Köpfe einrannten, war Howard Rubinstein, der neue Publicity-Manager von Tyson und zufällig auch von Trumpf eifrig damit beschäftigt, das bröckelnde Image des Champions wieder aufzupolieren. Am 22. August 1988 erfuhr ich, daß Tyson mit dem Segen eines Schulinspektors namens Richard Green einige Schulen in weniger renommierten Wohnvierteln besuchen würde, beginnend mit Schulen in Brownsville und Bedford-Stuyvesant, wo er aufgewachsen war. Die Fernsehgesellschaft Capital Cities-ABC bereitete ein spezielles Video mit einigen Episoden aus Robins Serie *Head of the Class* vor, die in den Schulen gezeigt werden sollten. Das war die erste gute Nachricht seit langem über Tyson – abgesehen von seinen Siegen im Ring –, die die New Yorker zu lesen bekamen. Der Champion, der die Schule vorzeitig verlassen hatte, schloß sich einer Kampagne zur Beseitigung des Analphabetentums an. „Ich möchte einiges davon zurückgeben, was dieses Land für mich getan hat", sagte Tyson der Presse, „ich liebe es, Kindern zu helfen, die an die Wand gedrückt werden und es schwer haben."

Vierundzwanzig Stunden nach der Ankündigung seiner großartigen Schultour kaufte sich Tyson eine Lederjacke in der Dapper-Club-Boutique, einem jener Läden in Harlem, die Tag und Nacht geöffnet haben. Dort stieß er auf seinen ehemaligen Boxrivalen Mitch Green. Der einstige Spitzenboxer hatte in letzter Zeit mehr Aufmerksamkeit seitens der Medien wegen seines wilden Benehmens in der Öffentlichkeit als wegen seiner sportlichen Leistungen erregt. Es gab Streit, und nach wenigen Minuten landete Tyson einen rechten Cross bei Green, der dessen linkes Auge schloß und einen Haarriß im dritten Mittelhandknochen von Tysons rechter Hand verursachte.

Die wohlklingenden Pläne Rubinsteins und seiner Trabanten lösten sich damit in Rauch auf. Green verklagte Tyson, konnte aber überredet werden, die Klage zurückzuziehen, als Cayton ihm einen Titelkampf anbot. Cayton spitzbübisch: „Ich habe ihm durch seinen

Rechtsanwalt sagen lassen, er brauche nur gegen einen der zehn besten Boxer anzutreten und ihn zu besiegen, dann könnte er einen einträglichen Kampf gegen Mike haben. Das akzeptierte Green."
Mein Kontakt zu Tyson war abgebrochen. Bis ich eines Tages in einem Restaurant, am Fenster sitzend, Tyson in seinem Bentley erblickte. Zufällig hielt er mit dem Wagen fast vor dem Fenster. Wir schauten gleichzeitig hoch und starrten uns an. Im gleichen Moment hoben wir die Hände und grüßten uns schweigend. Er zeigte mir seine bandagierte Hand und bedeutete mir, daß er auf dem Weg zum Arzt sei.
Zwei Tage danach rief mich Shelly Finkel an, um mir mitzuteilen, daß Tyson ihm gesagt hätte, er habe sich gefreut, mich zu sehen.
„Hast du ihn gegrüßt?" hatte Shelly Mike gefragt.
„Ja", sagte Tyson, „vom Auto aus."
„Hast du ihm was zugerufen?"
„Nein. Ich bin im Auto geblieben."
„Warum?"
„Ich war verlegen."
Mich beeindruckte das nicht, ich kannte ihn wohl zu gut.
Zwei Wochen nach der Schlägerei mit Green fuhr Tyson mit dem neuen silbernen BMW, den er für seine Schwiegermutter gekauft hatte, auf Camille Ewalds Hof gegen einen Baum. Den Medienberichten zufolge war er einige Minuten lang bewußtlos. Ein Kolumnist der New Yorker *Daily News* bezeichnete den Unfall als einen Selbstmordversuch. Seltsam! Warum sollte ein Champion im Schwergewicht und junger Millionär, um Selbstmord zu verüben, ausgerechnet mit einem Auto, das noch dazu mit Airbags ausgestattet ist – gegen einen Baum fahren? Es gab nur einen Unfallzeugen: Camille.
Die Nacht zuvor hatte es in Catskill geregnet. Außer Mike und Jay Bright hatte Camille noch ihre Schwester Nellie, ihren Schwiegersohn John und ihren Sohn zu Gast, und wegen des Wetters hatten sie beschlossen, zu Hause zu essen. Tyson lud sie großzügig ein: „Morgen abend seid Ihr alle meine Gäste. Ich kenne da ein exquisites chinesisches Restaurant in Albany..."
„Aber wir sind zu viele... sechs", sagte Camille.
„Schon gut", erwiderte Mike, „ich kann es mir leisten."
„Nach dem Abendessen", erinnerte sich Camille, „ging er aus. Zwischen halbeins und ein Uhr morgens kam er zurück und legte sich gleich schlafen." Am nächsten Morgen gegen acht Uhr hörte sie ihn telefonieren. „Wahrscheinlich war Robin dran, denn er schrie", sagte

sie. Nach dem Frühstück, es nieselte noch immer, bestieg Tyson seinen auf dem Rasen dicht an einem Walnußbaum geparkten Wagen und startete den Motor. In diesem Augenblick klingelte das Telefon. Es war Finkel. Camille lief aus dem Haus, um Tyson noch zu erreichen. Sie rief ihn laut, doch da sah sie schon, wie der Wagen ins Rutschen kam und Tyson sich mühte, ihn von dem feuchten Rasen runterzubekommen.

„Ich stand in der Einfahrt, rief ihm zu, daß Finkel am Telefon sei, und glaubte, er würde mich hören", sagte sie mir. Er hörte sie nicht. Sie sah dann den unkontrolliert rutschenden Wagen gegen den Baum prallen.

„Ich lief sofort hin", erzählte mir Camille, „und drehte den Zündschlüssel rum." Tyson saß mit geschlossenen Augen zurückgelehnt auf seinem Sitz. „Ich schrie und schlug auf sein Gesicht ein, aber er reagierte nicht."

Knapp zehn Minuten später war ein Krankenwagen da. Während der Fahrt zum Greene-County-Krankenhaus in Catskill lag er bewegungslos, und er reagierte auch nicht, wenn *Camille* ihn ansprach. Bei der Ankunft im Krankenhaus war er wieder bei sich. Er wurde untersucht und bald darauf zum Hudson-Memorial-Krankenhaus ein paar Meilen weiter nordöstlich gebracht; dort wurde ein Computer-Tomogramm angefertigt. Am späten Nachmittag verspürte Tyson Appetit – es wurde chinesisches Essen geholt; da lächelte der Champion wieder. Gegen sechs Uhr kamen Robin und ihre Mutter, und Tysons dreiundachtzigjährige Ersatzmutter räumte das Feld. „Jetzt, wo Robin und Ruth hier sind", sagte Camille zu Mike, „kann ich ja wieder nach Hause gehen."

Robin ließ Tyson dann in das Columbia-Presbyterian Medical Centre im oberen Manhattan bringen, und zusätzlich ließ sie noch einen Psychiater kommen, der auf Sportler spezialisiert war.

Robin und ihre Mutter listeten dann auf, wer Tyson besuchen dürfe. Nicht auf dieser Liste standen Bill Cayton, Steve Lott, Kevin Rooney, Jay Bright, José Torres, Doris Cayton, Loraine Jacobs, Dr. Gene Brody, Dr. Bruce Handelman – einfach niemand aus Tysons Vergangenheit, aus der Zeit vor Robin. Als der Schauspieler Danny Aiello und der Fotograf Brian Hamill ihn besuchen wollten, wurden sie von Robin und ihrer Mutter abgewiesen. Donald und Ivana Trump passierte das nicht, sie waren „zugelassen".

In einem späteren Gespräch mit Camille äußerte ich Zweifel daran, daß Tyson so lange bewußtlos war. „Es ist doch schwer vorstellbar,

daß jemand, der so lange nicht bei sich war, ohne schwere Gehirnerschütterung davonkommt", sagte ich.
„Ich weiß nicht", antwortete sie, „aber wenn er sich schlafend gestellt hat, dann war das die beste Vorstellung seines Lebens."
Nach den dramatischen Schlagzeilen in der *Daily News* gab es wilde Spekulationen darüber, was wirklich geschehen war. Woher hatte Mike McAlary, der Kolumnist, der die Selbstmord-Story verbreitet hatte, seine Informationen? Wer hatte ihm erzählt, daß Tyson kurz vor dem Unfall mit seiner Frau telefoniert und gesagt hat: „Ich gehe jetzt raus und bring' mich um. Ich fahre das Auto kaputt."? Von wem erfuhr er, daß der Champion unlängst zwei Schrotflinten gekauft hatte und bei ihrer Lieferung zu seiner Frau sagte: „Ich werde dich umbringen und dann mich."? Und schließlich, daß die ersten Worte Tysons zu seiner Frau im Hudson Hospital waren: „Ich hab' dir gesagt, ich tue es. Und sobald ich hier rauskomme, mache ich es wieder!"?
Wer da auf Robin und ihre Mutter tippte, lag wohl nicht falsch. Die beiden zogen noch am ehesten Nutzen aus dieser Story, wurden doch auch ihre Streitgespräche und Auseinandersetzungen mit Tyson in allen Einzelheiten wiedergegeben. Fürchteten sie, der Champion könnte ihnen schaden? Vielleicht.
Zwei Wochen nach dem Unfall fuhr Tyson mit Givens und Roper nach Moskau, wo zwei oder drei Episoden für *Head of the Class* gedreht werden sollten. Weitere zwei Wochen später, am 6. Oktober 1988, reichte Robin die Scheidungsklage ein. Denn in Moskau „verlor Mike vollends die Kontrolle über seine Gefühle. Einmal warf er in unserem Zimmer mit Sektflaschen, dann – auf dem Höhepunkt seines Wahnsinnsanfalls – ließ er sich in der Bar mit Wodka vollaufen, als ob es Wasser wäre. Als er dann zurückkam, griff er sich eine Handvoll Tabletten und schloß sich im Badezimmer ein. Dabei wiederholte er immer wieder, daß er sich das Leben nehmen werde."
Es gab auch Berichte, Tyson habe einen Moskauer Polizisten bedroht, Ruth Ropers Sekretärin einen Tritt verpaßt und Robin etwa zehn Minuten durch das Hotel gejagt, wobei er drohte, sie umzubringen.
Die New Yorker *Daily News* zitierte Robin: „Auf dem Rückflug (aus Moskau) beschimpfte mich Mike, nannte mich eine Hure und Schlampe, sagte, daß er mich umbringen werde, und dann: ‚Die Welt wird mir verzeihen, denn ich habe erreicht, daß alle glauben, *du* bist die Schlechte'."

Als sie in ihrer Villa in Bernardsville ankamen, warteten dort zwei Privatdetektive, die Ruth Roper als Leibwächter engagiert hatte.
„Schick sie weg“, verlangte Mike von seiner Frau.

Gegen Mitternacht ging Tyson mit Rory Holloway aus, rief Camille in Catskill an und bat sie, die Tür nicht zu verschließen. Er schlief dann dort, kam aber am nächsten Tag wieder nach Hause. Beim Lauftraining sah er sich plötzlich mit einem Kamerateam vom WNBC-TV konfrontiert.
„Verschwindet hier“, herrschte er sie an. Er warf mit seinem Walkman nach ihnen, riß Craig Sandbourne die Kamera von der Schulter und warf sie zu Boden. Am gleichen Tag noch fuhr er zu Ruth Ropers Stadtwohnung in New York; dort posierte er mit seiner Frau für die Fotografen, als wäre nichts geschehen.

Der *New York Post* gegenüber äußerte Tyson, er sei manisch-depressiv und bereits dabei, etwas dagegen zu tun.
„Ich habe diese Krankheit von Geburt an“, sagte er, „ich kann nichts dagegen machen. Vielleicht bin ich deshalb so erfolgreich bei allem, was ich mache. Ich bin eben abnorm reizbar. Da gibt es noch eine andere Bezeichnung dafür, ich hab' den wissenschaftlichen Namen vergessen... es ist eine Manie, eine manische Depression, eine Form von irgendeiner Erbkrankheit.“
Robin erweiterte diese Aussage im gleichen Interview: „Er ist schon viele Jahre manisch-depressiv, sie (seine alte Boxerfamilie) haben das nicht beachtet. Michael braucht viel Schutz... Aber man kann ihn doch nicht in Watte einpacken. Wen kümmert's, ob er wieder boxt. Der Junge muß im Leben halt damit zurechtkommen.“
Sie und ihre Mutter sorgten dafür, daß Tyson zu Dr. Henry L. McCurtis ging, einem schwarzen Psychiater im Harlem Hospital. Als sich die Nachricht von Tysons vermutlicher Geisteskrankheit verbreitete, kamen noch andere Geschichten ans Tageslicht. McAlary von der *Daily News* befragte Maury Diaz und seine Frau Lilly, die in Tysons Haus gearbeitet hatten. Er war Chauffeur und Butler, sie Zimmermädchen. „Mike begann uns gern zu haben“, erzählte Diaz McAlary. „Ruth Roper kriegt Angst, wenn Mike Tyson anfängt, jemanden gern zu haben.“ Diaz erinnerte sich, daß Robin eines Morgens nach einem heftigen Streit mit Mike in die Küche kam und Lilly um eine Eispackung bat.
„Ihr Gesicht“, so Maury McAlary, „sah nicht gerade gut aus.“

Die beiden Hausangestellten gaben noch zum besten, daß Tyson in Connecticut eine Bulldogge für 1200 Dollar gekauft hatte und darauf bestand, den Hund im Haus zu halten. Ruth Roper war das überhaupt nicht recht, und wenn Tyson nicht da war, riefen die Frauen den Hund mit seinem Namen: „Komm, Mike Tyson."

Auch diese Geschichte wurde publik: Am 30. September 1988 waren Tyson und die Frauen zu Hause. Der Champion war ungewöhnlich gut gelaunt. Er bat den Hauskürschner Stuart Cohen von Jack & Paul Waltzer zu sich mit einer Kollektion ihrer Pelzmäntel.

Cohen und sein Schwager, Paul Waltzer, fuhren mit ein paar Pelzmänteln zu den Tysons. Mike entschied sich für einen goldenen Zobelpelz im Wert von 85000 Dollar plus Mehrwertsteuer.

„Insgesamt kostete er über 92000 Dollar", sagte Cohen.

Tyson gab ihm eine Kreditkarte, aber weder Cohen noch Waltzer hatten das Kreditkarten-Gerät bei sich.

Cohen meinte, daß er den Mantel sowieso nach New York mitnehmen müsse, um „Ruth Ropers Namen im Futter anbringen zu lassen". Bis dahin, sagte er, könnte Mike die Bezahlung regeln. Ruth Roper gefiel das überhaupt nicht; sie wollte den Mantel sofort, weil sie ihn „an diesem Freitagabend und während des ganzen Wochenendes" schon tragen wollte. Die Pelzhändler stimmten zu. „Tyson wollte uns den Scheck mit der Post zusenden", sagte Cohen. „Seitdem habe ich nichts mehr von ihm gehört." (Zur Zeit der Niederschrift, fünf Monate später, war der Mantel immer noch nicht bezahlt.)

An diesem Freitagabend gingen Robin und ihre Mutter eines der größten Risiken ihres Lebens ein. Herausgeputzt für das „20/20" Fernsehprogramm bei ABC, ließen sie das Land wissen, daß Tyson ein sehr, sehr kranker Mann und das Leben mit ihm die reinste Hölle wäre.

Robin, die Schauspielerin, stellte ebenso redegewandt wie selbstbewußt der Welt einen neuen Tyson vor, eine „unheimliche und furchterregende Person". Sie erzählte der Moderatorin Barbara Walters, daß ihre Ehe „die reinste Hölle" wäre. Tyson saß bei diesem Interview neben ihr. Seine gläsernen Augen bewegten sich langsam von einer Seite auf die andere. Er glich einem Boxer, der von einer mächtigen Schlagkombination erwischt worden war und mühsam versuchte, wieder zu sich zu kommen. Zugleich streichelte er den schmalen Nakken seiner Frau mit seiner Linken, als ob er sie zum Weiterreden ermuntern wollte.

Camille Ewald und Jay Bright, die das Programm in Catskill ansahen, litten schrecklich. „Ich bin von Natur aus nicht gewalttätig", sagte mir Jay am nächsten Morgen, „aber ich schrie vor dem Fernsehapparat: ‚Schlag sie doch, Mike. Schlag ihr die Seele aus dem Leib.'"

Auch Camille war außer sich über die schamlose Art, wie mit Mike umgegangen wurde, aber ihre Reaktion war gedämpfter: „Man kann die Schmähung und Entmannung eines Jungen, den man wie einen eigenen Sohn liebt, nicht mit ansehen, ohne wütend zu werden", sagte sie mir. „Ich wurde richtiggehend krank, als ich das sah. Aber ich bin sicher, das steckt Mike nicht so einfach weg. Ihre (Ropers und Robins) Verachtung für Mike war zu offensichtlich. Jeder sah da durch, selbst dieser schrecklich verliebte Junge."

Die neue Mieterin in Tysons alter Wohnung in der East Side, seine Schwester Denise, sah das Programm „20/20" gemeinsam mit einem Freund aus Brownsville.

„Wir brüllten den Apparat an, als ob sie uns im Studio hätten hören können", sagte Denise, „und mir war danach, zu dem Haus in Bernardsville zu gehen und Ruth und Robin zu verprügeln. Was sie taten, war unverzeihlich."

21. Kapitel

Noch Tage nach dem Interview mit Barbara Walters sprachen die Leute von kaum etwas anderem, und achtundvierzig Stunden nach der Ausstrahlung der Show erwachte Tyson offensichtlich aus seiner Lethargie und geriet in Wut.

Kevin Valentine, der Streifenpolizist von Bernardsville, gab in seinem Bericht vom 2. Oktober 1988 folgende Schilderung:

„Um 10.14 Uhr erhielt der Funkdispatcher Nr. 4 von der County Somerset einen Anruf von einer Frau, die sich als Auga (Olga) ausgab. Sie wies darauf hin, daß am Wohnsitz Tysons ein Fall 9 (häuslicher Streit) stattfindet. Sergeant Howell und ich fuhren zu besagtem Wohnsitz.

Bei meiner Ankunft sprach ich mit Sergeant Howell, der erklärte, daß er mit dem Opfer, Mrs. Given (Robin Givens), und mit Mrs. Ruth Givens (sic!) gesprochen habe. Sie baten uns, mit Mr. Tyson zu sprechen, um zu sehen, ob er okay wäre, und zu versuchen, ihn zu beruhigen. Ich und Sergeant Howell begegneten ihm an der Vordertür. Er erschien gelassen und sprach sehr leise. Er erklärte, daß alles in Ordnung sei und daß er nur in Ruhe gelassen werden wolle. Sergeant Howell sprach nur ungefähr dreißig Sekunden mit ihm; Mr. Tyson hatte nichts weiter zu sagen.

Wir kehrten zum Opfer und mehreren anderen Personen vom Hauspersonal zurück, die zugegen waren. Es schien einige Verwirrung darüber zu herrschen, was gerade geschehen war und was zu tun war. Ich sprach mit dem Opfer, das mir sagte, daß es Angst vor Mr. Tyson habe und daß er Schaden in der Küche angerichtet hat. Die Frau erbot sich dann, uns die Küche zu zeigen. Sergeant Howell begleitete sie. Ich begab mich wieder an die Vordertür, um mit Mr. Tyson zu sprechen. Ich redete mit ihm, um ihn von der Frau fernzuhalten. Indem wir sie voneinander getrennt hielten, hofften wir, weitere Auseinandersetzungen zu verhindern. Während ich mit Mr. Tyson sprach, betraten Sergeant Howell und das Opfer die Küche durch eine Seitentür.

Ich erklärte Mr. Tyson, daß wir uns lediglich seines Wohlbefindens vergewissern und sichergehen wollten, daß alles in Ordnung sei, bevor wir wieder gehen.
Er fragte mich, was er tun solle, und ich erklärte, er habe mehrere Möglichkeiten, die Lage zu klären. Ich steuerte auf eine friedliche Lösung hin, aber er sagte, daß es kein Problem gäbe, und fragte, warum die Polizei da wäre. Ich erklärte ihm, daß seine Frau sich wegen des Schadens in der Küche und seinetwegen Sorgen mache. Daraufhin wurde er zornig und verwies darauf, daß er auf seinem Besitztum tun könne, was er wolle. Ich blieb ruhig, wollte vernünftig mit ihm reden. Ich versuchte ihm zu erklären, daß juristisch möglicherweise von Hausfriedensbruch die Rede sein könne. Er erregte sich noch mehr und begann zu schreien. Das Haus und alles, was sich darin befände, sei sein Eigentum, erklärte er, und daß er zerschlagen könne, was er wolle, und daß ihn niemand daran hindern könne. Dabei ergriff er eine große Kaminverzierung aus Messing und warf sie durch ein Glasfenster neben der Vordertür. Dann begab er sich in ein Nebenzimmer. In diesem Augenblick wurde mir gesagt, daß sein Arzt am Telefon wäre. Ich fragte ihn, ob er mit seinem Arzt sprechen wolle, der am Telefon wäre. Trotzdem ging Mr. Tyson weg.
Da hielt ich es für das beste, ihn allein zu lassen, damit er sich beruhigen kann. Ich wollte mit dem Arzt sprechen und ihn fragen, wie ich mich gegenüber Mr. Tyson verhalten soll. Mr. Tyson schien weder für sich noch für irgend jemanden im Haus eine unmittelbare Bedrohung darzustellen.
Der Arzt, Dr. Henry McCurtis, deutete an, daß es das beste wäre, Mr. Tyson vom Opfer fernzuhalten und es der Frau und ihrer Familie zu ermöglichen, das Haus zu verlassen. Er gab auch zu verstehen, daß das Opfer um eine Anhörung wegen Hausfriedensbruchs und um eine dringliche psychiatrische Untersuchung ersuchen solle.
Ich setzte meine Unterhaltung mit dem Opfer in der Küche fort. Mr. Tyson befand sich in einem anderen Teil des Hauses. In der Küche und in der Vorratskammer, überall lag zerbrochenes Glas. Das Opfer erklärte, daß Mr. Tyson alles umhergeworfen habe. Ich sagte ihr, was Dr. McCurtis empfohlen hatte, und wies sie auf die entsprechenden Möglichkeiten hin. Mehrfach sprach Mrs. Givens mit ihrer Mutter, doch war sie sich nicht darüber im klaren, was sie tun sollte. Ich schlug vor, gemeinsam zum Polizeipräsidium zu fahren und die Angelegenheit dort zu klären und Mr. Tyson im Hause zurückzulassen. Wir betraten die Seitenauffahrt, um zum Wagen zu gehen. Da kam

Mr. Tyson aus dem Haus und stellte sich uns in den Weg. Er wurde wütend und sagte, er gehe weg.
Mr. Tyson forderte uns auf, sein Grundstück zu verlassen. Er schrie: ‚Ihr kotzt mich alle an, ihr Bullen. Ihr seid alle ein Scheiß – auch ihr Bullen!' Dann nannte er mich und Sergeant Howell ‚Abschaum' und wies uns zurecht: ‚Runter von meinem Grundstück, verduftet!' Er stieg in seinen Wagen und fuhr weg. Wir standen direkt neben dem Opfer und Mrs. Givens, während Mr. Tyson, als er uns beschimpfte, ungefähr zwanzig Yards entfernt stand. Zu keiner Zeit hat der hier berichtende Polizeibeamte bemerkt, daß Mr. Tyson jemanden geschlagen oder bedroht hätte. Die Auseinandersetzung fand verbal statt.
Das Opfer erklärte, keine Strafanzeige erstatten und auch nicht irgendwelche Papiere für die Beantragung von Hilfe unterzeichnen zu wollen. Um 11.04 Uhr unterschrieb das Opfer den Benachrichtigungsvordruck betreffs Hausfriedensbruchs und wies darauf hin, daß sie keine weitere Unterstützung wolle. Sie wolle sich nach Finley Manor begeben, um sich mit Dr. McCurtis in Verbindung zu setzen. Sergeant Howell begleitete die beiden Frauen in die Stadt. Sie sagten dann, daß sie vor hätten, direkt nach New York City zu fahren.
Als wir das Grundstück verließen, kehrte Mr. Tyson zurück. Er war allein und stellte keine Bedrohung für andere dar. Wir fuhren los, da Mr. Tyson offensichtlich die Anwesenheit der Polizei nicht wünschte. Unsere Gegenwart schien ihn nur zu reizen und wütend zu machen.
Sergeant Howell unterrichtete Kommissar Sciaretta von dem Vorfall. Ich verblieb ungefähr zehn Minuten am Ort und kehrte dann zur Berichterstattung ins Polizeipräsidium zurück.
Ich unterrichtete Sergeant Howell über die Lage, und wir informierten auch Kommissar Sciaretta, der uns ermächtigte, die erforderlichen Maßnahmen zu treffen, bis Mrs. Tysons Sicherheit gewährleistet sein würde. Wir versuchten die Polizeidienststellen Bedminster und Peapack um Streifenunterstützung vor Ort.
Bei der Ankunft läuteten wir an der Tür, ohne daß sich jemand meldete. Wir stellten fest, daß der Mercedes Benz (schwarz) mit New Yorker Nummernschild, den Mr. Tyson nahm, als er zum ersten Mal wegfuhr, nicht mehr auf der Auffahrt stand.
Wir stellten weiter fest, daß die seitliche Tür der Vorratskammer offenstand und das Schloß an der Tür aufgebrochen war. Als wir im Begriff waren, das Haus zu betreten, traf Mr. Rory Holloway ein. Er wußte nicht, was sich hier ereignet hat. Ich unterrichtete ihn über die

Situation, und er half uns dabei, das Haus, die Nebengebäude und das Gelände zu überprüfen.
Mr. Holloway erklärte, daß Mr. Tyson höchstwahrscheinlich zu Camille Ewalds Haus in Catskill, New York, fahren würde. Um 15.38 Uhr wurde der Polizeibeamte Jacobs von der Polizeidienststelle Catskill über den Vorfall unterrichtet. Mr. Holloway erklärte, daß er des öfteren Gast des Hauses sei und daß er die Verantwortung für die ungesicherte Tür übernähme..."
Als die Berichte über diesen Vorfall ganze Zeitungsspalten füllten, waren Robin und Roper bereits unterwegs nach Hollywood. Tyson hielt nach jemandem Ausschau, der ihm moralischen Halt geben könnte. Er rief seinen alten Freund Mark Breland an, den Olympia-Goldmedaillengewinner von 1984 und ehemaligen Weltmeister im Weltergewicht, der gerade für einen Kampf trainierte, der drei Tage später stattfinden sollte.
Daß Tyson gerade ihn wählte, erinnerte an den Tag, an dem Breland im Kampf gegen Marlon Starling nur ein deprimierendes Unentschieden in Columbia, South Carolina, erreicht hatte. Als damals die Entscheidung verkündet wurde, schaute Breland hinunter und sah Tyson weinend unter den Zuschauern.
„Es hat mich gerührt", sagte Breland, „es hat mich wirklich umgeworfen."
Als nun Tyson um Hilfe bat, kümmerte sich der hochgewachsene Fünfundzwanzigjährige nicht um seinen bevorstehenden Kampf. Er war für seinen Freund da.
„Er befand sich irgendwo an der Columbus Avenue in Höhe der siebziger Hausnummern, als ich ihn abholte", erzählte mir Breland. Sie sprachen eine Weile miteinander, und dann warnte Breland ihn vor King.
„Ich kenne Bill Cayton nicht so gut", hatte Breland zu Mike gesagt, „aber ich weiß über Don King Bescheid. Schau dir deine jetzige finanzielle Situation an und betrachte mal die finanzielle Lage aller Schwergewichtler, die von King über mehrere Jahre gemanagt worden sind. King und Cayton unterscheiden sich voneinander wie Tag und Nacht." Breland sagte, daß Tyson intensiv zugehört und zustimmend mit dem Kopf genickt habe. „Er hat alles verstanden", fuhr Breland fort, der in denselben Slums wie Tyson geboren und aufgewachsen war.
Dann schlug Breland vor, Cayton gemeinsam aufzusuchen. „Es ist mir peinlich. Ich habe zuviel Schlechtes über ihn gesagt.«

„Vergiß doch einfach die Vergangenheit und schau in die Zukunft."
„Okay, dann los."
Breland rief Cayton an und erklärte ihm, daß Tyson ihn sprechen wolle. „Ich bringe ihn 'rum", sagte Breland, „aber er sagt, daß es ihm etwas peinlich sei."
„Sag Mike, er soll das vergessen", erklärte Cayton. „Ich würde mich sehr freuen, ihn zu sehen. Nichts würde mich mehr freuen, als Mike wiederzusehen."
Die beiden Champions stiegen in Brelands Mercedes 380 und fuhren zur East Fortieth Street in Manhattan. Gegen 11 Uhr vormittags erreichten sie Caytons Büro in der siebzehnten Etage. Das war am 3. Oktober 1988.
„Ich freue mich, wieder da zu sein", sagte Tyson, „tut mir leid wegen der Sachen, die ich gesagt habe. Ich will mit dir arbeiten."
„Nichts ist mir lieber, als wieder mit dir zu arbeiten", erwiderte Cayton, „also mach dir keine Sorgen. Jetzt müssen wir als erstes dafür sorgen, daß du das manisch-depressive Stigma loswirst, mit dem man dich abgestempelt hat."
Cayton war wie viele andere, die Tyson kannten, davon überzeugt, daß der Champion nicht manisch-depressiv war, wie Mikes Frau und Schwiegermutter behaupteten. Er bat Tyson, am nächsten Tag wiederzukommen. „Bis dahin", sagte er, „hoffe ich, den zuverlässigsten Psychiater, den es gibt, für dich gefunden zu haben."
Als Tyson sich am Tag darauf gegen Mittag einfand, wartete Dr. Abraham Halpern, ein namhafter Psychiater vom United Hospital Medical Center in Portchester, New York, schon auf ihn. Der Arzt hatte zuvor einige mit Tyson eng vertraute Leute angerufen: seine Schwester Denise, seinen Bruder Rodney, Camille Ewald, Jay Bright und mich. Dr. Halpern zog sich mit Tyson für etwa eine Stunde zurück. Danach, nun in Caytons Büro, verkündete der Arzt: „Mike Tyson ist auf keinen Fall manisch-depressiv."
Cayton schlug vor, sofort eine Erklärung für die Presse zu formulieren.
„Nein", widersprach Halpern. „Ich muß erst Henry McCurtis, den Psychiater, anrufen, der vermutlich die Erstdiagnose gestellt hat."
Nach einem längeren Telefonat mit McCurtis stellte Halpern überraschend fest: „McCurtis sagt, daß er Mr. Tyson niemals als manisch-depressiv diagnostiziert habe."
Möglicherweise hat McCurtis damit nicht die Wahrheit gesagt, denn Camille hatte (nach zahlreichen Gesprächen mit ihm einen ganz an-

deren Eindruck. Sie begründete das auch: „Doktor McCurtis rief mich eines Tages an, um sich zu vergewissern, daß Mike Lithium einnimmt." Als er ihr erklärte, daß Mike manisch-depressiv sei, hatte sie erwidert: „Der Junge ist seit seinem dreizehnten Lebensjahr bei mir, und niemals gab es irgendwelche Anzeichen dafür."

Mir erklärte Dr. Halpern später, Dr. McCurtis habe angeblich bei Mike etwas anderes diagnostiziert. Tyson leide an etwas, das er als „atypische pugilistische Störung" bezeichnete, auch hätte er „stimmungsregulatorische Probleme". Dr. Halpern hatte noch nie von solch einer Störung gehört.

Da Lithium nicht nur Manisch-Depressiven verordnet wird, könnte McCurtis durchaus dieses Medikament gegen Tysons „atypische pugilistische Störung" verschrieben haben. Wieso aber erinnerte sich Camille Ewald so lebhaft an McCurtis' Feststellung, daß Mike manisch-depressiv sei? Ich versuchte, auf diese Frage von Dr. McCurtis eine Antwort zu bekommen. Meinen Anruf indes ignorierte er.

Für Tyson sei es jetzt das Wichtigste, erklärte Halpern, sich wieder einem disziplinierten Trainingsregime und Tagesablauf zu unterwerfen. Dieser Gedanke paßte gut zu dem Fünf-Kämpfe-Plan, den Cayton gerade vorbereitete. Cayton dachte da an Frank Bruno in London, an Addison Rodriguez im Rahmen der Karnevalsveranstaltungen in Brasilien, an Carl „the Truth" Williams für die obligatorischen IBF-Meisterschaften sowie anschließend im Juni 1989 an eine große Veranstaltung für das „Closed-Circuit"-Fernsehen und für das „Pay-Per-View"-Netz gegen Evander Holyfield, sofern der sich vorher gegen Michael Dokes durchsetzt. Schließlich war noch ein Kampf gegen Francisco Damiani in Italien vorgesehen.

Cayton ging davon aus, daß allein dieses Programm Tyson ein Bruttoeinkommen von über 50 Millionen Dollar sichern würde.

Breland und Tyson verließen Caytons Büro gemeinsam. Auf der Straße wurden sie von Presseleuten und einer begeisterten Menge empfangen. Tyson erklärte den Leuten, daß er nicht begierig darauf sei, seine Frau zu sehen. „Liebe ist ein Gefühl", sagte er, „aber ich bin nicht bereit, mein Leben dafür aufzugeben. Ich muß das tun, was für mich das Richtige ist." Er sagte weiter, daß er seine Frau noch immer liebe und daß er keine Tabletten brauche.

„Wenn man einen Menschen ändert", sagte er, „dann kann man den Menschen zerstören, der Mike Tyson ist. Aber ich bin kein Verlierer. Ich komme wieder. Ich bin glücklich, wenn ich in der Sporthalle bin. Ich werde wieder so sein wie früher – nur noch besser!"

Ein paar Tage später sagte Robin in der Fernsehsendung „20/20“ zu der Interviewerin Barbara Walters, während ihr die Tränen die Wangen hinunterliefen, daß sie Tyson nie und nimmer beleidigen wollte, als sie ihn als manisch-depressiv, als gefährlichen Menschen bezeichnete, mit dem zusammenzuleben die „Hölle“ sei. „Wenn ich jemanden beleidigt haben sollte“, sagte sie, „dann entschuldige ich mich dafür.“

Cayton war im Himmel, aber nicht für lange.

Das nächste, was er von seinem Boxer zu hören bekam, war eine Salve von Kraftausdrücken. Tyson hatte mit Don King gesprochen, der sich verzweifelt auf die Suche nach der „verlorenen Seele“ gemacht hatte. Bei einem Rockkonzert spürte er den Champion auf. Als erstes ging King mit Tyson alle Bankkonten durch, die dieser gemeinsam mit seiner Frau hatte. Und als King einen Scheck sperrte, ausgestellt von einem Assistenten in Ruth Ropers Büro auf 581000 Dollar, die von Tysons Konto auf das der Robin Givens Productions überwiesen werden sollten, war der Promoter King für Tyson der gerissenste Wohltäter. King brauchte keine Woche, um Mikes Kopf meisterhaft umzupolen. Cayton hatte keine Cance, und Tysons alte Boxerfamilie wurde wieder einmal zum Buhmann, soweit es Tyson betraf. In jener turbulenten Zeit, als Kings Gesicht das letzte war, was Tyson vor dem Schlafengehen sah, und das erste, wenn er morgens erwachte, wurde Camille mehrmals von Mike angerufen, mitunter sogar per R-Gespräch.

„Ich habe Heimweh, großes Heimweh. Ich vermisse dich, und ich vermisse es, bei dir zu sein“, sagte er der Frau, die ihm zur zweiten Mutter geworden war. Und die alte kluge Frau, die ihn wie ihren eigenen Sohn liebte und für ihn sorgte, erklärte ihm dann, er solle sich entspannen und gut auf sich achten.

„Es ist eine Phase, durch die Mike hindurch muß“, sagte sie mir. „Ich bin absolut sicher, daß er da eines Tages rauskommen wird.“

Holloway und Horne, für deren finanzielle Entschädigung in kluger Weise von King gesorgt worden war, waren die einzigen anderen, die Zugang zu Tyson hatten.

„Ein Kampf zwischen der alten Familie und Don King nebst neuer Familie um die Geschicke Tysons wäre sehr einseitig“, sagte der ehemalige Schwergewichtsmeister Larry Holmes. „Ich setze mein ganzes Geld auf Don und werde mit Sicherheit gewinnen.“

Holmes hat jahrelang behauptet, von dem umstrittenen Promoter benutzt worden zu sein. „Er behandelte mich wie einen Trottel“, wurde Holmes in der New Yorker *Daily News* zitiert, „aber ich respektiere ihn, weil er damit durchkommt. Er ist nämlich der Beste. Er handelt als Schwarzer. Don King ist der schwarze Ku-Klux-Klan, ein Befürworter der schwarzen Vorherrschaft."

Michael Dokes, von Kings Sohn Carl gemanagt und ein Schützling Kings, mußte sehr unsanft erkennen, daß seine Beziehung zu dem schillernden Promoter beendet war. Die Offenbarung kam am 23. September 1983 in einer Boxarena in Richfield, Ohio. Der Fighter betrat den Ring als WBA-Schwergewichtsmeister zur Verteidigung seines Titels gegen den Südafrikaner Gerrie Coetzee. In der zehnten Runde landete Coetzee eine seiner Kombinationen linker Haken – rechter Cross. Dokes wurde ausgezählt, war damit nicht mehr das gekrönte Haupt.

„Woran ich mich im Zusammenhang mit diesem Abend immer erinnern werde", erklärte Dokes später dem Sportjournalisten Jerry Izenberg, „ist, daß ich halb bewußtlos am Boden lag, aufschaute und Don King über mich steigen und auf Gerrie Coetzee zugehen sah."

Am 7. Oktober 1988 verkündete der Anwalt Marvin Mitchelson in Los Angeles, daß sich Robin Givens auf Grund „unversöhnlicher Gegensätze" nach acht Monaten von ihrem Mann scheiden ließe. Die Klage wurde am Obersten County-Gericht von Los Angeles anhängig gemacht, da das Ehescheidungsrecht in Kalifornien – im Gegensatz zu Tysons offiziellen Wohnsitzen in New York und New Jersey – eine Aufteilung der Vermögenswerte, die zwischen Eheschließung und Zeitpunkt der Trennung eingebracht wurden, zu gleichen Teilen vorsieht.

„Mein Ehemann ist gewalttätig, hat mich tätlich beleidigt und neigt zu unprovozierten Wut- und Zerstörungsanfällen", behauptete Robin in einer dem Scheidungsantrag beigefügten Erklärung. Die Unterlagen enthielten auch Behauptungen, daß Tyson seine Frau, seine Schwiegermutter, seine Schwägerin und Ruth Ropers Sekretärin Olga Rosario geschlagen und ihnen gedroht habe, sie umzubringen. Erwähnt wurden ebenfalls seine Wütereien in Rußland und der jüngste Wutanfall in Bernardsville.

„Ich wurde aus dem Schlaf gerissen durch Michaels Schläge mit geballter Faust und offener Hand auf meinen Körper und auf meinen Kopf", behauptete Robin weiter in ihrem Scheidungsantrag.

„Michael schien unter Alkoholeinfluß zu stehen, und ich stellte fest, daß er schon frühmorgens Champagner getrunken hatte. Ich war völlig verschreckt und bangte um mein Leben."

Mitchelson sprach vom Recht seiner Klientin auf finanziellen Ausgleich. „Sollte einer anders behandelt werden, weil er nur kurze Zeit verheiratet war?“ fragte er auf einer Pressekonferenz. „Wenn es sich da um zwei Dollar handelte, sollten beide auf jeweils einen Dollar Anspruch haben.“
Mitchelson erwirkte eine einstweilige Verfügung, daß Tyson einen Abstand von mindestens tausend Yards (knapp 915 Meter) zu seiner Frau und zu seiner Schwiegermutter zu halten habe. Bald darauf rief Robin, die an dem Bruch zwischen Tyson und seiner alten Boxerfamilie nicht unwesentlich beteiligt war, Cayton an.
„Sie rief an, um sich zu entschuldigen“, sagte mir Cayton. „Sie habe sich in ihrem Urteil über mich geirrt, weil sie all die Lügen geglaubt habe, die ihr von Don King zugespielt worden seien. Sie rief mich sogar zweimal an; beide Male, um ihren Fehler zu bedauern.“
Die Anrufe bewirkten, daß viele glaubten, der Scheidungsantrag sei lediglich ein Mittel gewesen, um Tyson zu zwingen, King zu verlassen und zu Cayton, Rooney und Lott zurückzukehren, daß also Robin und ihre Mutter zu dem Schluß gekommen wären, King und seine Truppe seien zu gefährlich, zu gewieft und zu raffiniert.
Trotzdem war Cayton von Robins Entschuldigungen gerührt und erklärte mir, daß er sich für die Damen entscheiden würde, wenn er zwischen Robin und ihrer Mutter einerseits und Don King andererseits wählen müßte.
Ich war da nicht so sicher. „Ein Champion, der durch Hunger, Armut und Betrug so gelitten hat, kann dennoch im Ring in Bestform sein“, sagte ich. „Aber ein Champion mit gebrochenem Herzen kann kaum denken oder seine Arme heben. Mit den Frauen und deren Problemen kann Tyson vielleicht einige Monate durchstehen. Mit King hingegen können wir vielleicht noch fünf oder sechs Jahre aufregender Leistungen erleben.“
Daß Tyson am Ende pleite sein könnte und dann für drei- oder vierhundert Dollar pro Woche als Kings Chauffeur arbeiten müßte, das stand auf einem anderen Blatt.
Zwei Tage nach der Verkündung des Scheidungsurteils ließ Robin den Anwalt Mitchelson zugunsten des New Yorker Ehescheidungsspezialisten Raoul Felder fallen. Aber mit zunehmender Publizität verstärkte sich die öffentliche Unterstützung für den Champion. Moderatoren von Talkshows hatten viel Spaß mit der „Seifenoper“ Tyson – Givens, und bei Umfragen und Abstimmungen sprachen sich alle für Tyson aus. Er blieb der Held, Robin die Schurkin.

„Ich war keinesfalls überrascht“, erklärte mir Camille, als sie von der Scheidungsklage gehört hatte. „Von Anfang an wußte ich, daß die Ehe nicht klappen würde. Robin schämte sich ihres Mannes. Sie mochte die Art nicht, in der er ging, in der er aß und wie er Fleisch schnitt, und schon gar nicht, wie er sich ausdrückte. Und das ist keine Liebe.“

Jay Bright war da noch offener. „Wenn du von Robin geschieden würdest, wärst du dann nicht glücklich?“ fragte er. „Eigentlich wird Mike von allen beiden geschieden.“

Nunmehr öffentlich als Goldgräber hingestellt, setzten Robin und ihre Mutter eine energische, letztlich jedoch anfechtbare Verteidigung ins Werk. Nach Aussagen von Freunden sagte Robin in Los Angeles, daß sie niemals behauptet hätte, vor der Ehe schwanger gewesen zu sein. Sie behauptete, erst nach der Hochzeit schwanger geworden zu sein, bevor sie kurz vor Tysons Kampf mit Spinks im Juni eine Fehlgeburt hatte. Von Sonogrammen sprach sie, die ihre Schwangerschaft zu Beginn des Frühjahrs beweisen würden, auch daß Tyson sie zu der Praxis von Dr. Sheldon Cherrys in der Park Avenue begleitet hätte, der ihnen erklärt habe, daß das ungeborene Kind gefährdet sei, und daß Michael die Aufnahmen Dr. Cherrys auch gesehen habe.

22. Kapitel

Am 20. Oktober 1988 nahm ich an der Tagung der World Boxing Association auf der Margarita-Insel in Venezuela teil. Der wichtigste Tagesordnungspunkt war die Wahl eines Präsidenten. Ich war hingefahren, um die Kampagne gegen den amtierenden Gilberto Mendoza zu unterstützen, einen Kumpel von Don King, der mit Sicherheit dem Promoter behilflich sein würde, den Boxsport weiterhin im Würgegriff zu halten. Um seine Aura bei den Vertretern von mehr als siebzig Mitgliedsländern zu erhöhen, hatte King seinen berühmten Boxer Mike Gerard Tyson mitgebracht.
Mike, Don und ihr Anhang wurden von keinem Geringeren als Gilberto Mendoza jun., dem Sohn des WBA-Präsidenten, vom Flughafen abgeholt. Im Ballsaal des Concorde-Hotels in Porlamar verkündete King später mit dröhnender Stimme die Gegenwart des Fighters „Nummer eins“ in der Welt. Der theatralische Auftritt Kings führte dazu, daß die Tagung unterbrochen wurde, während King und Tyson ihre Unterstützung für Mendoza bekanntgaben. Ich hörte Kings Stimme, sah aber weder ihn noch Tyson.
Am nächsten Tag kauften Tyson, King, Horne und Holloway in einem Bekleidungsgeschäft vor dem Hotel Margarita Plaza ein, in dem ich mit meiner Frau wohnte. Es war das erste Mal seit Monaten, daß ich Tyson wiedersah. Er hatte infolge einer erneuten Verletzung noch einen Gipsverband an seiner rechten Hand.
„Was liegt an?“ fragte er mich.
„Nicht viel“, erwiderte ich und schüttelte seine verletzte Hand. „Wie fühlst du dich?“
„Ich fühl’ mich wohl.“
„Was macht deine Hand?“
„Die macht sich. Die wird schon in ein paar Tagen wieder in Ordnung sein.“
Dann schüttelte ich King die Hand und wollte gerade das Geschäft verlassen, als meine Frau hereinkam. „Mike ist hier“, sagte ich ihr und zeigte in seine Richtung.

„*Ramona!*“ rief er laut und eilte auf uns zu. Er legte seine Arme um meine Frau, ging mit ihr in den hinteren Teil des Geschäfts und ließ mich und King stehen. Und während ich das Geschäft verließ, küßte und umarmte er sie mit sichtlich ehrlicher Freude.

Später wurde meine Frau, deren Intuition ich bewundere, nachdenklich.

„Der arme Junge ist völlig zerrissen“, sagte sie. „Er macht einen verlorenen Eindruck. Seine Augen waren wäßrig. Er brachte mich sogar zum Weinen. Er traut niemandem außer Camille... Er fragte nach den Kindern und sagte, ich solle mich nicht sorgen, es würde alles in Ordnung kommen.“

Seine letzten Worte gegenüber Ramona waren, daß er mich anrufen würde, sobald wir zurück seien. „Offensichtlich“, sagte meine Frau, „hatte er Angst, im Beisein Kings mit dir zu reden.“

Fast zur gleichen Zeit verlas Raoul Felder in New York eine Erklärung der Dreiundzwanzigjährigen Robin Givens: „Ich erkläre hiermit eindeutig und unwiderruflich: Erstens, Michael kann sich scheiden lassen. Zweitens, ich werde für mich weder Geld verlangen noch annehmen.“ Die junge Schauspielerin, die außer bei Fans von Situationskomödien weitgehend unbekannt war, bevor sie Mike kennenlernte, war zu einer der unbeliebtesten Frauen der Welt geworden. Ein Leben fast im Himmel war zum Alptraum geworden.

„Ich habe Michael nicht des Geldes wegen geheiratet“, erklärte sie. „Deshalb bedeutet dies für mich keinen anderen Verlust als den, meinen Ehemann zu verlieren sowie die Auswirkungen, die diese ganze Situation auf unser beider Leben gehabt hat... ich wünsche ihm alles Gute.“

Auf der Insel Margarita wurde Mendoza wiedergewählt. Tyson feierte mit. Ich weiß nicht, ob er dort schon vom jüngsten Schritt seiner Frau informiert war. Er hat mich danach nie mehr angerufen.

Statt dessen meldete sich Don King bei mir. Es war die Zeit, als Tyson sich auf die Titelverteidigung gegen Frank Bruno in Las Vegas vorzubereiten begann. „Ich habe schon eine Weile versucht, dich zu erreichen“, gab der Promoter aus Vegas vor. „Ich wollte dich einladen, herzukommen und Chavez kämpfen zu sehen.“ Das mexikanische Leichtgewichtswunder war für einen Kampf gegen seinen Landsmann José Luis Ramirez am 29. Oktober 1988 gebucht.

„Eigentlich“, sagte ich, „wollte ich schon ein paar Tage vor dem Kampf da sein.“

„Warum denn nicht heute oder morgen?“ fragte er.

„Es geht nicht", erklärte ich ihm. Ich muß mein Buch beenden." Zufälligerweise stand ein Termin kurz bevor, bei dem Bill Cayton und Don King sowie dessen Anwälte den Promoter-Boxer-Vertrag besprechen wollten, zu dessen Unterzeichnung King Tyson überredet hatte. Es war der Vertrag, von dem ich Tyson Monate zuvor abgeraten hatte. Kurz darauf erfuhr ich von einem Freund in Las Vegas, daß Tyson und King miteinander gestritten und sich angeschrien hätten. Vier Tage später war ich in Las Vegas.

Dort rief mich Cayton an. „Heute treffe ich mich mit King und Konsorten", erklärte er mir. „Ich muß entscheiden, was ich mit dem Promoter-Boxer-Vertrag anfangen soll, den er mir anbietet."

„Wenn du als der schlechteste Manager in die Geschichte des Boxsports eingehen willst, dann unterzeichne den Vertrag, sagte ich ihm. „Anderenfalls lehne ihn lieber ab. Du mußt zeigen, daß du im besten Interesse deines Schützlings handelst."

Loraine Jacobs eröffnete die Besprechung: „Bevor wir anfangen, möchte ich Mike begrüßen." Sie blickte den Mann an, dem ihr verstorbener Mann dazu verholfen hatte, sich aus einem gefährlichen Rowdy zum reichsten Sportler der Welt zu entwickeln. Der Champion saß mit gebeugtem Kopf. Nicht ein Wort kam aus seinem Munde. Ich wußte, was er dachte: „Es ist mir peinlich, mit ihr zu reden."

Diese Zusammenkunft endete, ohne das etwas entschieden worden wäre. King und seine Leute waren zu einer Vereinbarung mit Cayton und dessen Leuten gelangt, aber Tyson hatte gegen ihre Vereinbarung sein Veto eingelegt.

„Nein", sagte der Champion. Er wollte keinerlei Kompromisse, es sollte ausschließlich nach Don King gehen, sonst würde es zu *keinem* Geschäft kommen.

An dem Abend wurde Gene Kilroy vom Golden Nugget von Tyson angerufen, er käme gleich zum Hotel „mit ein paar Mädchen". Überraschenderweise ohne Rory Holloway und ohne John Horne. Zur gleichen Zeit erhielt Steve Wynn, der Vorsitzende des Golden Nugget, einen Anruf von King.

„Hören Sie, Mann", schrie der Promoter ins Telefon, „ich schicke Ihnen gleich Mike Tyson hin. Passen Sie gut auf ihn auf."

Später erfuhr ich, daß es Tyson im Hilton-Hotel zu langweilig geworden war und er zwei Frauen überredet hatte, ihn in das Golden Nugget zu begleiten. Er hatte sich an Horne und Holloway gewandt und gesagt: „Ich gehe zu Gene ins Nugget – allein", und sich entfernt.

Horne und Holloway beeilten sich pflichtgemäß, ihren Boß Don King davon zu unterrichten. Das hatte zu dem Anruf bei Wynn geführt.
Im Golden Nugget sah ich Tyson und die beiden Frauen mit Kolroy zu einem der hinteren Tische gehen. Dann gesellten sich Wynn und seine Frau Elaine zu ihnen. In Anbetracht des Druckes, unter dem Tyson stand, entschloß sich Wynn, ihn etwas zu trösten:
„Als mein Vater starb und ich im Krankenhaus davon erfuhr, glaubte ich, die Welt geht für mich unter", erklärte er Mike. „Ich hatte niemanden, an den ich mich wenden konnte. Er ließ mich ganz allein zurück. Mein Vater und ich waren Kumpel. Er glaubte an mich, und ich glaubte an ihn. Ich wußte auch, was er von mir jetzt erwartete: daß ich mich dem Leben auch weiter stelle. Ich sehe jeden Tag sein Bild an und frage ihn: ‚Was meinst du, Mike?' Mein Vater hieß nämlich auch Mike."
Tyson schaute nach unten; seine Gedanken wanderten wer weiß wohin. Er nickte nur.
„Mike", sagte Wynn, „du mußt weitermachen. Du mußt stark sein. Du bist erst zweiundzwanzig, und du wirst ein paar Fehler machen. Aber du mußt dich den richtigen Leuten anvertrauen."

Unmittelbar nach dem Bruch vermied es Tyson, Robin oder ihre Mutter öffentlich zu kritisieren. Aber nach einigen Monaten mit King tat er es mit Genuß.
„Robin und Ruth", äußerte er am 7. November 1988, „sind der Schleim vom Schleim, und jeder, der mit ihnen verkehrt, ist Schleim. Beide Frauen sind von Natur aus gemein und rachsüchtig."
Robin konterte mit einer Beleidigungs- und Verleumdungsklage und forderte 125 Millionen Dollar. Sie bezichtigte Tyson ferner, sie zu zwingen, ihre Telefonnummer wegen ständiger Anrufe zu ändern. Stadtgespräch war, daß der Champion sie immer noch liebt und daß seine harte öffentliche Haltung ihr gegenüber allein Kings Werk ist. Die Gerüchte machten Sinn. Wenn man die Art und Weise richtig auslegte, in der King vorging, konnte man sich auch vorstellen, wie der Promoter – nachdem er es verstanden hatte, von Tyson für seinen besten Freund und einzigen Verbündeten gehalten zu werden – dauernd manövrieren mußte, um den Champion unter Kontrolle zu halten. Nichts, aber auch nichts ließ er unversucht, ihm ein Gefühl von „sie gegen uns" einzuflößen.
King hatte gegenüber dem Vorsitzenden des Stadtrats von Cleve-

land, George Forbes, erwähnt, daß Tyson getauft werden wolle. Forbes setzte sich mit Henry Payden, Reverend der Baptistischen Kirche der Heiligen Dreifaltigkeit, in Verbindung, und am 27. November 1988 verließ Tyson die Kirche als Christ.
Kurz danach nahm Tyson Andeutungen von Kevin Rooney im Fernsehen, daß mit Robin leichter auszukommen sei als mit King, zum Anlaß, seinen langjährigen Trainer zu feuern.
„Er rief mich Anfang Dezember an", erzählte mir Rooney, der die Unterhaltung wie folgt wiedergab:
Tyson: „Warum hast du gesagt, die Frauen seien nett?"
Rooney: „Ich habe nicht gesagt, daß sie nett sind."
Tyson: »Doch, hast du. Das hast du gesagt. Ich habe dich doch gehört."
Rooney: „Was habe ich denn gesagt? Daß du dich mit deiner Frau verabreden könntest... ich sagte, daß ich nicht überrascht wäre, wenn du dich wieder mit deiner Frau verabreden würdest."
Tyson: „Na gut, Kev, schon gut... schon gut."
Am nächsten Tag war der Zeitung zu entnehmen, daß Tyson das letzte echte verbliebene Bindeglied zu Cus D'Amato gelöst hätte. Ebenso wie D'Amato, der in geschäftlichen Dingen erschreckend laienhaft war, hatte auch Kevin Rooney niemals einen schriftlichen Vertrag mit Tyson.
„Seit dieser Unterhaltung an jenem Vormittag habe ich mit Tyson nicht mehr gesprochen", erklärte mir Kevin. „Ich habe ein paarmal versucht, mich mit ihm in Verbindung zu setzen, aber er ruft nie zurück. Ich weiß, die Entscheidung, mich zu feuern, hat Don King getroffen, nicht Mike. Ich kenne Mike. Er ist *mein* wahrer Freund."
Ironischerweise wurden die Tysons auf den Tag genau ein Jahr nach der Soiree Ruth Ropers im Helmsley Palace am Valentinstag 1988 in der Dominikanischen Republik offiziell geschieden. Einzelheiten über die Scheidungsregelung wurden nicht publik gemacht. Aber die Sache hat Tyson Millionen gekostet, und was auch geschehen wird, seine Welt ist seitdem eine andere.

23. Kapitel

Am Boxring des Caesars Palace Sports Complex in Las Vegas sah ich Tyson wieder. Er lachte und gestikulierte wild, als er Mark Breland anfeuerte, der gerade gegen den südkoreanischen Weltergewichtsmeister Seung-Soon Lee in den Ring stieg.

„Was liegt an?“ fragte er mich. Er sah fit aus, und seine hervorstehenden Backenknochen erinnerten mich an die Zeit vor einigen Jahren, als trainieren für ihn noch Religion war. Wann immer er abgezehrt und angespannt wirkte, stand es gut um seine Kondition.

„Hast du das gesehen?“ fragte Tyson und wies auf den Boxpromoter Bob Arum. „King und Arum hatten Streit. Sie beleidigten sich gegenseitig, und fast wäre es zu einer Schlägerei gekommen.“ Danach war King zum technischen Bereich rübergegangen, wo er sich mit einigen Leuten der Boxsportszene anlegte. Arum befand sich in der ersten Sitzreihe am Ring, nahe bei Tyson, der direkt am Ring stand. Ich wandte mich Arum zu: „Mike sagte, du hast Streit mit Don...“

„Es ist an der Zeit, daß jemand gegen den Bastard vorgeht“, erwiderte Arum. Er grinste. „Dieser Mann denkt wirklich, er sei Gott.“

Tyson war unvermindert guter Laune. „Ach, Scheiße“, sagte er und kicherte immer noch. „Sie hätten sich fast geprügelt.“

„Nun“, nahm ich das Gespräch wieder auf, „du siehst glücklich aus und gutgelaunt. Du bist in blendend guter Form.“ Seiner Gewohnheit entsprechend, tasteten seine Augen die Umgebung ab, wenn er sich in der Öffentlichkeit unterhält.

„Geh mal etwas zur Seite“, sagte er, und schob mich etwas nach rechts. Eine wohlgeformte junge Frau hatte die Aufmerksamkeit des Meisters auf sich gelenkt. Erst langsam wandte sich Mike mir wieder zu.

„Ich möchte gern mit dir reden“, sagte ich.

„Warum nicht?“ meinte er.

„Hier?“

“Hm, hm.“

Als ich mich zu meinem Sitz begab, stieß ich auf King. Ich sagte ihm,

wie gut Tyson aussähe. „Er steckt voller Temperament“, erklärte ich, „ist entspannt und gelassen.“
„Das ist gar nichts, José“, erwiderte King. „Seine Gemütsverfassung ist fabelhaft... wie nie zuvor. Er ist reifer geworden. Ich weiß, daß du anders darüber denkst, aber dieser Cayton war dabei, die Karriere des Jungen zu ruinieren. Er hat ihn in eine geistige Verfassung manövriert, die ihn als Fighter und als Mann kaputtgemacht hätte.“ King ergötzt sich immer an dem, was er sagt, egal, wie lächerlich es sich auch anhört.
„Du bist ein ehrlicher Mann, bist Cayton und seinen Leuten gegenüber loyal. Aber, José, laß dir sagen, sie waren nicht gut für Mike. Er ist jetzt im Himmel. Der Junge ist in Ordnung. Er hat sich endgültig gefangen. Um seinen Verstand steht es bestens.“ Und dann offenbarte sich King ungewollt – er gab sein wahres Gesicht preis.
„Glaubst du denn, daß ein Bill Cayton für diesen Kleinen ein Babysitter sein könnte, wie ich es bin?“
„*Ich* hätte es auch nicht sein können“, erwiderte ich. „Zuviel Scherereien.“ King lächelte, und ich ging zu meinem Sitz. Ich beobachtete Tyson und versuchte, aus ihm *nicht* schlau zu werden. Er saß unweit von Brelands Ecke und sprach gelegentlich mit einigen, die den technischen Bereich betraten. Mit wem er auch sprach, seine Augen tasteten sich prüfend durch die Menge. Erst der Gong zur ersten Runde lenkte Tysons Aufmerksamkeit auf den Kampf.
Im Ring marschierte Breland gleich richtig los; er dominierte von der ersten Sekunde an. Vierundfünfzig Sekunden später beendeten ein vernichtender linker Haken, ein rechter Cross und eine Schlagkombination den Kampf, das zweitschnellste K.o. in der Geschichte der Weltergewichts-Meisterschaften (66,7 Kilo). Tyson sprang in den Ring, um seinem Kumpel zu gratulieren.
Am nächsten Morgen, ich war auf dem Weg in den Frühstücksraum des Golden Nugget, eilte eine Hosteß auf mich zu. „Gehören Sie zu Tysons Begleitung?“ fragte sie, „Mr. Tyson hat Mr. Kilroy vor ein paar Minuten angerufen und gesagt, daß er auf dem Wege hierher sei.“ In diesem Augenblick kam Mike herein, allein, und gleich danach tauchte Gene Kilroy auf.
Tyson, im Jogginganzug und mit weißen Laufschuhen, bemerkte mich erst, als ich auf seinen Tisch zuging. Mich hatte er wohl am wenigsten erwartet.
„Ich bin auf dem Weg nach Kalifornien“, sagte ich, indem ich versuchte, einen freundlichen Ton anzuschlagen, um ihn nicht zu er-

schrecken. „Könnte ich dich zehn oder fünfzehn Minuten sprechen, jetzt *gleich*?"
„Nein", sagte er, „ich kann jetzt nicht, ich habe zu tun. Komm doch morgen in die Sporthalle."
„Ich würde gern nach dem Sparring mit dir einen Spaziergang machen", sagte ich, „wie wir es immer getan haben, um über alte Zeiten und über Mädchen zu sprechen."
„Mädchen können mir gestohlen bleiben", zischte er verbissen. Kilroy warf mir einen Blick zu.
„Also gut", sagte ich, „bis morgen", und ging an meinen Tisch zurück. Später ging ich nochmal zu Tyson, um zu fragen, wann genau er trainieren würde.
„Weißt du", sagte er, „mir ist gerade eingefallen, daß ich morgen ein paar Fernseh- und Rundfunkauftritte für den Kampf habe. Komm doch lieber am Dienstag."
„Eigentlich wollte ich morgen nach New York zurückkehren; aber gut, dann bleibe ich noch einen Tag länger."
Dann stand er auf, erwiderte ein paar Zurufe, gab einige Autogramme und posierte für einige Aufnahmen.
„Können wir ein Foto von uns beiden machen lassen?" fragte ich. Er legte mir seinen schweren linken Arm um die Schultern, und Kilroy machte eine Aufnahme. „Also dann bis Dienstag", verabschiedete ich mich.
King postierte in der Sporthalle einige Sicherheitsleute, die „Unerwünschte" fernhalten sollten. Eines Tages brachte Bruce Handelman, der Arzt, dessen Haus Tyson immer als Residenz diente, wenn der Champion in Las Vegas kämpfte, auf Tysons Einladung hin ein paar Kinder mit zur Sporthalle. Hinein kam er nicht, auch keines der Kinder. Handelman wurde als „unerwünschte Person" behandelt. Er verlangte zwar nach Tyson, aber das scherte keinen.
An dem besagten Dienstag traf ich dreißig Minuten vor Trainingsbeginn mit Gene Kilroy in Johnny Toccos Ringside-Sporthalle ein. Wir benutzten den Parkplatzeingang an der Hinterseite und gingen durch zwei kleine Umkleideräume, wo sich die Kämpfer umzogen. So kamen wir zum großen Ring, der den meisten Platz im Raum einnahm. Ich dachte an die vielen Träume und Phantasien, die Jugendliche mit solch einem Ring verbinden. Zwei Stühle standen da, ein paar Bänke und ein Münztelefon. Aus dem angrenzenden Raum drang das typische Geräusch des Plattformballs und der dumpfen Schläge gegen den Sandsack.

Ich hatte auf einer der Holzbänke Platz genommen, als ein großer Mann namens Dale Edwards an mich herantrat. „Mr. Torres", sagte er liebenswürdig, „das heutige Sparring ist nicht öffentlich, und ich bin gehalten, niemanden hereinzulassen."
„Ich bin von Tyson eingeladen worden", erklärte ich ihm.
„Tut mir leid", sagte er, „ich habe meine Anordnungen und...«
„Ich gehe nicht raus", sagte ich bestimmt. „Ich bin vom Champion selbst eingeladen worden, und nur *er* hat das Recht, mich hinauszuweisen." Der große kräftige Mann entfernte sich, telefonierte kurz und kam zurück.
„José", sagte er respektvoll, „wenn Sie bleiben, bekomme ich Schwierigkeiten. Ich weiß, wer Sie sind und was Sie darstellen. Aber ich habe meine Pflicht zu tun."
Er wurde heftig von einem gleichfalls recht großen Mann namens Lenny Worthington unterbrochen, der so trotzig dreinschaute wie ein Junge, der schon immer Polizist werden wollte.
„Du! Raus!" schrie Worthington, und ein Finger zeigte drohend auf mich. Sobald er das gesagt hatte, machte der tapfere Mann schnell kehrt und ging davon. Edwards war peinlich berührt und entschuldigte sich. Um Edwards willen beschlossen Kilroy und ich, draußen zu warten.
Als wir hinausgingen, kam Tyson mit gesenktem Kopf herein. Er murmelte: „Arschloch. Scheiße. Verdammter Mist!"
„He, Mike!" schrie ich. Der Champ hob den Kopf und grüßte mich mit erhobenem Daumen und einem „Hallo", und damit entschwand er in die Sporthalle. Ich sah Rory Holloway und Kilroy neben Tysons *Lincoln Continental* auf dem Parkplatz miteinander sprechen. Holloway hatte Tysons Boxausrüstung bei sich.
„Ich bin hier", erklärte ich Rory, „weil Mike mich eingeladen hat. Sonst wäre ich jetzt bei meinen Kindern zu Hause in New York."
Rory schüttelte den Kopf. „Mike hat ausdrücklich gesagt: ‚Kein José und kein Kilroy.'"

Dann und wann gehen mir unwillkürlich Bilder von Tyson und seinem Leben durch den Kopf. Die wilde Kindheit, das schlimme Knabenalter, die verwöhnte Jugendzeit, das verrückte Erwachsenenleben. Der Tod seiner Mutter, seines Mentors und seines Managers, seine Ehe. Er hatte keine faire Chance.
Als Cus D'Amato ihn erstmals in Aktion sah, schlug sein Herz geradezu euphorisch. Er sah in ihm den reinen Zorn, die Entschlossen-

heit, Schmerz zuzufügen, den Siegeswillen, den Mangel an Barmherzigkeit und Toleranz, die Bösartigkeit und den Killerinstinkt. Kein wahrer Freund des Boxsports hätte mehr verlangen können. Cus griff die Ghetto-Instinkte dieses Jungen auf, schliff sie allmählich zurecht. Er trennte Tyson nicht von seinem engen Familienkreis, aber er nahm ihn von der Straße und aus der Besserungsanstalt und bewahrte ihn so vor einem möglichen frühzeitigen Tod.

Als Cus und Jimmy Jacobs starben, wurde Tyson zum Waisenkind; ihr kultivierender Einfluß verlor sich mehr und mehr. Menschen, die auf der Straße überleben wollen, sagen oft, sie hätten keine Freunde, nur Bekannte. Wäre Tyson nicht der unbestrittene, auf zig Millionen geschätzte Weltmeister im Schwergewicht, hätte man dann Don King 1989 ständig an seiner Seite gesehen?

Tysons letzter Kampf vor der ersten Drucklegung dieser Biographie war eine Zwölf-Runden-Begegnung mit Frank Bruno aus Großbritannien am 25. Februar 1989. Dafür standen dem Champion Aaron Snowell als Trainer, Jay Bright als Sekundant und ein unbekannter Preisboxer als Sparringspartner zur Verfügung. Obwohl er schon in der ersten halben Minute des Kampfes zu Boden ging, versuchte Bruno in der ersten Runde, einen guten Kampf zu bieten. Er traf Tyson mit zwei linken Haken. Tyson gab später zu, daß sie die härtesten waren, die er im Ring je einstecken mußte. Ich kommentierte den Kampf für den spanischen Kanal von HBO. Ich sah Tyson schwanken und machte mir Sorgen. Aber in der zweiten Runde war Brunos Entmutigung unübersehbar, obwohl Tyson merkwürdigerweise mit wilden, schlecht getimeten Schlägen danebenschlug. Zwischen den Runden schrien Snowell und Bright Tyson Anweisungen zu, die der Champion brillant ignorierte. Es war, als ob *niemand* in seiner Ecke wäre. Matt Baransky war in Albany, Kevin Rooney war in einem HBO-Studio, und Steve Lott hatte nur in der *fünfzigsten(!)* Reihe Platz gefunden.

In der fünften Runde deckte Tyson seinen Gegner mit einem Sperrfeuer unkoordinierter Schläge ein, das den Kampf für ihn entschied. Jim Jacobs' Witwe, Loraine, beobachtete von der vierten Ringreihe aus, wie Tyson seine Mängel durch urwüchsige Kraft und Schnelligkeit überspielte. An diesem Abend erwies sich Tyson als großartiger Boxer, aber nicht als *der* Fighter, der er sein konnte; er kam dem nicht annähernd nahe. All das meisterliche Können, das ihm Cus D'Amato beigebracht hatte, das Timing, die Geduld, die blitzschnellen Kombinationen, die Sidesteps und selbst der elementare linke

Jab, alles fehlte an diesem Abend. Und vor allem fehlten Tysons *wahre* Betreuer in der Ecke, Mikes letzte Verbindung zum großen Mann des Boxens.

Ein Mann aus Queens erklärte mir einmal, man solle Mike Tyson in Ruhe lassen, ihn vergessen. „Ich war im Konzentrationslager, und ich weiß, was überleben heißt", sagte mir der Mann. „Wenn Sie wüßten, was ich alles tun mußte, um durchzukommen. Ich log, ich betrog und ich stahl; ich wurde ein Meister der Täuschung, ich verletzte und tötete Menschen. Ich hatte sechs Geschwister, sie alle gingen in die Öfen. Ich war der einzige Überlebende, aber ich habe mich nie davon erholt." Der Mann sagte von sich, er habe Tyson begriffen. Bedford-Stuyvesand und Brownsville, das waren Tysons Konzentrationslager, betonte er nachdrücklich. „Nur sehr wenige erholen sich jemals davon, aber Tyson gehöre nicht zu jenen, die das fertigbrächten.

Der Realist in mir vermutet, daß er recht hat. Aber der junge Fighter aus einem puertoricanischen Ghetto, der immer noch ein Teil meines Wesens ist – und zwar der Teil, der sich immer noch nach den „besonderen Augenblicken" im Ring sehnt –, will das nicht wahrhaben...

Epilog

„Mein Körper ist hier.
Meine Seele nicht.
So kann ich überleben.
Aber wahrscheinlich nie mehr boxen."
MIKE TYSON, HÄFTLINGSNUMMER 922335

1.

Fünfzehn Runden hat ein Kampf. Atem bohrt sich in die Lunge. Heiß strömt das Blut unter die Kopfhaut.Schal schmeckt die Anstrengung. Der Augapfel pumpt Tränen über die geschundene Wange. Der salzige Schweiß brennt auf der Stirn. Aber es genügt nicht, listig zu sein gegen die Zeit, die jene beiden Männer im Ring gnadenlos umklammert. Nicht, wer eine Tortur schlechthin übersteht, ist deren Held gewesen. Sondern nur der, der siegt. Und es siegt, wer eine Mission in sich empfindet – die stark und vermessen genug ist, unabwendbare Aktion zu werden. Die wirksamsten, glaubwürdigsten Botschaften passen in einen einzigen Satz und in sehr einfache Worte. Mike Tyson 1987 über einen seiner Gegner: „Ich will ihm das Nasenbein ins Gehirn treiben."

2.

Auch Boxen ist sowohl ein Teil als auch treibendes Symbol eines inzwischen allgegenwärtigen Okay-Spiels. Es ist dies keine friedliche Angelegenheit, sondern eine Kultur des Unbarmherzigen. Jene, die im Kult der Stärke vereint sind, zehren von der Ohnmacht der Schwachen. In einer entseelten Rivalitäts-Arena, in der Siege und Macht alles gelten, erklimmt die Perversion ihren Höhepunkt dadurch, daß die Gewinner in ihrem fiktiven Glück ausgerechnet auch noch vom unablässigen Beifall der Abgehängten bestätigt werden. Es sind die träumenden Verlierer, die sich um die Boxringe scharen. Längst zum Gesetz ist es geworden, daß die Starken ihre Sicherheit und ihren Selbstwert mit dem ungläubigen Staunen der Schwachen absichern. Der Jubel über jeden effektvollen Schlag im Boxring ist Jubel über einen Schlag, der einen selber nicht traf. Die geile Sehnsucht nach dem K.o. dort vorn im Lichtkegel – es ist die Freude an einer Auslöschung, der man, für diesen einen Kampf jedenfalls, selber noch einmal entgangen ist.

3.
Der Jäger, so heißt es in einer indianischen Fabel, sagt zum zitternden Tier: „Ach, es ist nichts Böses. Indem wir dich töten, feiern wir doch das Leben."

4.
Hemmungsloser Individualismus! Der Sport ist Ergebnis und Vorreiter zugleich. Aber entsteht auch mehr Individualität oder gar Kreativität? Nein, nur der Egoismus ist unbefangener, ja unbeschwerter geworden. Was immer sich als Zuwachs an Freiheit darstellt, ist eine Absage an Werte der Verbindlichkeit: Man bindet sich weniger fest an Menschen und sinnvolle Überzeugungen. Dafür unterwirft man sich den Normen einer marktgerechten Gefälligkeit, übt sich in faust-starker Flexibilität. Denn, wie der britische Philosoph Thomas Hobbes sagt, „das Leben ist scheußlich, brutal und kurz". Was vielleicht hilft, ist ebenfalls scheußlich, brutal und vor allem kurz: der Haken zum Knockout.

5.
Vielleicht lehrt jeder Niederschlag auch diese fatale Philosophie: Wer keine Demütigungen kennengelernt hat, weiß nicht, was es heißt, auf der untersten Stufe seiner selbst anzukommen.

6.
Letzter Rest von Idealismus, der einem Boxer möglicherweise noch bleiben kann: Man kommt sich gut vor für das, was man anderen nicht angetan hat.

7.
Die Kernfrage jedes raketenhaften Aufstiegs: Wie gelingt die Rückkehr? Ins Menschliche.

8.
„Dem Zuschauer wird nicht einfach ein angenehmes Gefühl vermittelt durch den Anblick eines Mannes, der einen anderen bewußtlos schlägt, und dieses Gefühl, das ein zivilisierter Mensch unterdrücken sollte, wird gehegt und gepflegt von jenen, die diese Kämpfe inszenieren. Die Roheit des Menschen ist kein Geheimnis mehr. Wir müs-

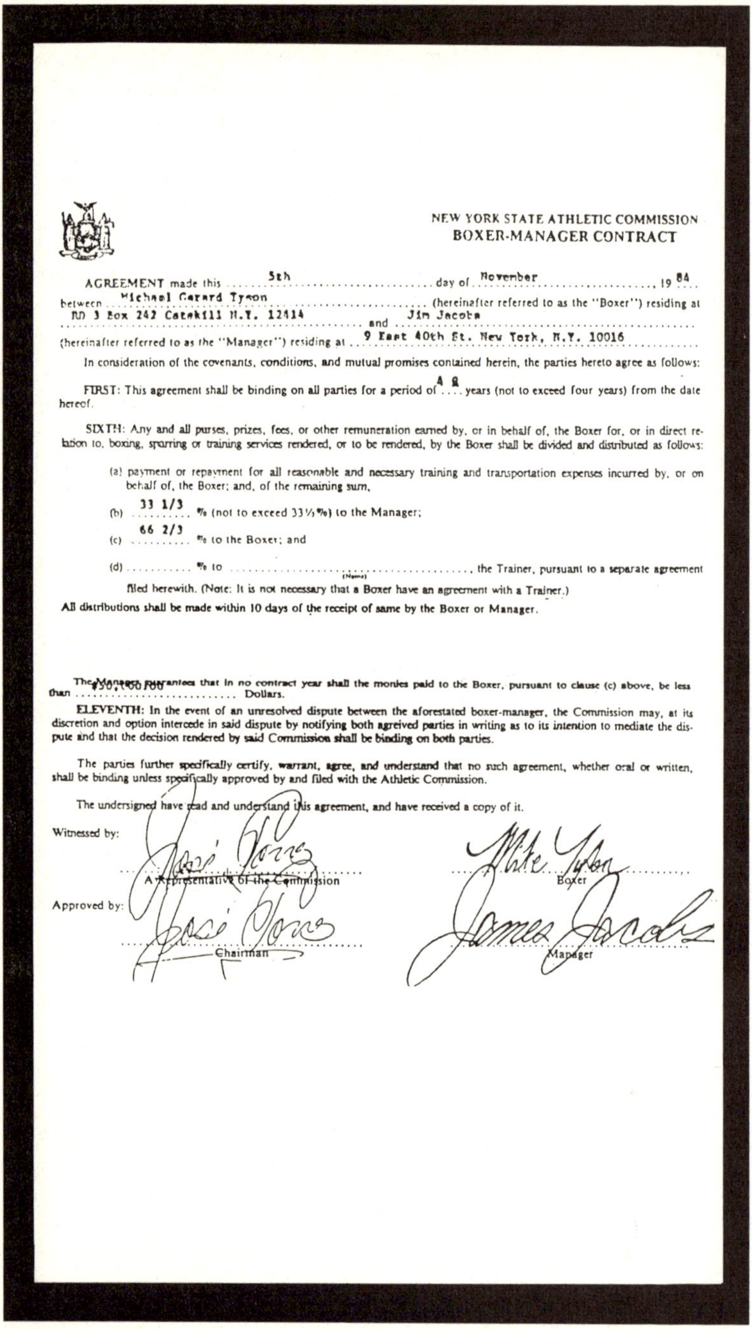

NEW YORK STATE ATHLETIC COMMISSION
BOXER-MANAGER CONTRACT

AGREEMENT made this 5th day of November 19 84 between Michael Gerard Tyson (hereinafter referred to as the "Boxer") residing at RD 3 Box 242 Catskill N.Y. 12414 and Jim Jacobs (hereinafter referred to as the "Manager") residing at 9 East 40th St. New York, N.Y. 10016

In consideration of the covenants, conditions, and mutual promises contained herein, the parties hereto agree as follows:

FIRST: This agreement shall be binding on all parties for a period of 4 years (not to exceed four years) from the date hereof.

SIXTH: Any and all purses, prizes, fees, or other remuneration earned by, or in behalf of, the Boxer for, or in direct relation to, boxing, sparring or training services rendered, or to be rendered, by the Boxer shall be divided and distributed as follows:

(a) payment or repayment for all reasonable and necessary training and transportation expenses incurred by, or on behalf of, the Boxer; and, of the remaining sum,

(b) 33 1/3 % (not to exceed 33 1/3 %) to the Manager;

(c) 66 2/3 % to the Boxer; and

(d) .... % to .... (Name) the Trainer, pursuant to a separate agreement filed herewith. (Note: It is not necessary that a Boxer have an agreement with a Trainer.)

All distributions shall be made within 10 days of the receipt of same by the Boxer or Manager.

The Manager guarantees that in no contract year shall the monies paid to the Boxer, pursuant to clause (c) above, be less than $50,000.00 Dollars.

ELEVENTH: In the event of an unresolved dispute between the aforestated boxer-manager, the Commission may, at its discretion and option intercede in said dispute by notifying both agreived parties in writing as to its intention to mediate the dispute and that the decision rendered by said Commission shall be binding on both parties.

The parties further specifically certify, warrant, agree, and understand that no such agreement, whether oral or written, shall be binding unless specifically approved by and filed with the Athletic Commission.

The undersigned have read and understand this agreement, and have received a copy of it.

Witnessed by: A Representative of the Commission — Boxer: Mike Tyson

Approved by: Chairman — Manager: James Jacobs

Der erste Manager-Vertrag zwischen Mike Tyson und Jim Jacobs vom 5. November 1984. Vier Monate später wird der 18jährige Jung-Profi seinen ersten Fight im Ring haben und seinen Gegner Hector Mercedes bereits in der ersten Runde vernichten

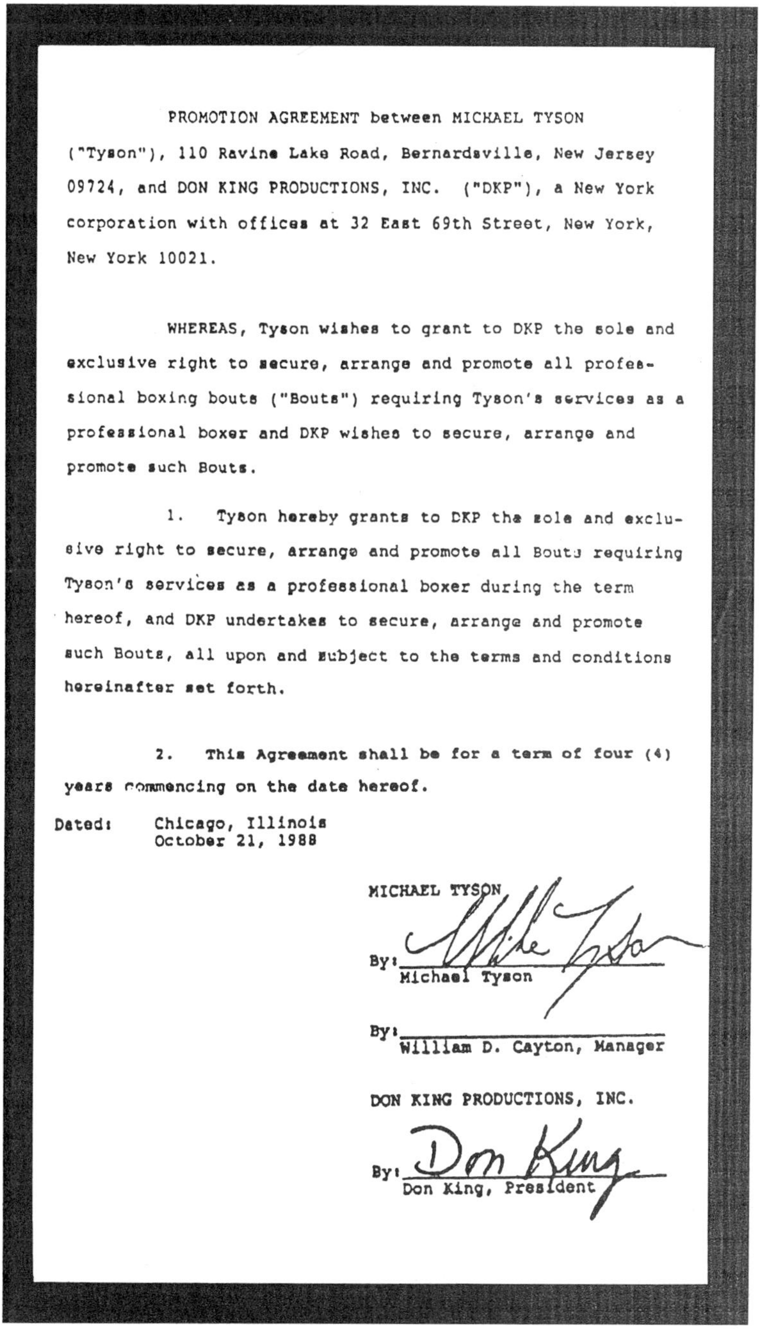

PROMOTION AGREEMENT between MICHAEL TYSON ("Tyson"), 110 Ravine Lake Road, Bernardsville, New Jersey 09724, and DON KING PRODUCTIONS, INC. ("DKP"), a New York corporation with offices at 32 East 69th Street, New York, New York 10021.

WHEREAS, Tyson wishes to grant to DKP the sole and exclusive right to secure, arrange and promote all professional boxing bouts ("Bouts") requiring Tyson's services as a professional boxer and DKP wishes to secure, arrange and promote such Bouts.

1. Tyson hereby grants to DKP the sole and exclusive right to secure, arrange and promote all Bouts requiring Tyson's services as a professional boxer during the term hereof, and DKP undertakes to secure, arrange and promote such Bouts, all upon and subject to the terms and conditions hereinafter set forth.

2. This Agreement shall be for a term of four (4) years commencing on the date hereof.

Dated: Chicago, Illinois
October 21, 1988

MICHAEL TYSON

By: Mike Tyson
Michael Tyson

By: ________
William D. Cayton, Manager

DON KING PRODUCTIONS, INC.

By: Don King
Don King, President

Am 21. Oktober 1988 ist der Zar der Box-Promoters, Don King, am Ziel seiner Wünsche: Mike Tyson hat einen vierjährigen Exklusiv-Vertrag unterschrieben

sen uns wohl erst zu einer höheren Gesellschaft entwickeln." (Edith Summerskill)

9.
Einer, der gut war, stieg Jahre danach noch einmal in den Ring. Er wollte es wissen. Als er verschwollen von den Schlägen erzählte, die er bekommen hatte, war er heiter und weise. Er hätte sich selbst, so sagte er, immer nur zugesehen, wie er dem Drohenden einfach nicht auswich. Er war immer, so erzählte er, zwischen Lachen und Staunen. Weil das, was er einst konnte, einfach dahin war. Er sah die Faust des anderen kommen, spürte sie landen auf seinem Gesicht und fragte sich verwundert: Daß es das gibt!?

10.
„Boxen ähnelt einem Autounfall. Es ist ein tragischer erschreckender Anblick, aber da es sich um echtes Blut handelt, fällt es schwer, den Blick abzuwenden." (Die Zeit)

11.
American way of life, weltweit: Nur was der Mensch GEGEN das Leben gelernt hat, hat er wirklich FÜR das Leben gelernt.

12.
Die Angst davor, eine Karriere zu beenden, ist wie eine Angst vor dem Tod: Man hat Angst davor, nicht mehr gebraucht zu werden; Angst, ausgedient zu haben, zusammen mit seinen Erfolgen auch sich selbst erledigt zu sehen.

13.
„Die Weißen sind eine Minderheit auf dieser Welt. Ihre Macht ist der Schlüssel zu unserer Erniedrigung, und unsere fortwährende Erniedrigung wiederum ist der Schlüssel dafür, daß diese Macht einfach nicht an ihr Ende kommen kann." Sagt Mike Tyson, der einen Weg gefunden hatte, Ende abzuschieben auf andere. Auf den Gegner im Ring. Auf eine kurze Ewigkeit, die allerdings jedesmal höchstens fünfzehn Runden dauert.

14.
Werden wir ewigen Sieger uns jemals von dem tödlichen Schlag erholen, den wir mit eben diesen Siegen dem Leben versetzt haben?

15.
Ich bin stark, weiß Tyson, ich werfe Schatten auf andere. Aber manchmal möchte ich selber nur ein Schatten sein. Schatten haben keine Schmerzen.

Der Autor

„Torres besitzt einen entscheidenden Vorteil – er hat das Recht, über einen anderen Mann im Ring zu sprechen“, so die Chicago Tribune Books World über den Autor der Mike-Tyson-Story. Und tatsächlich – der Insider José Torres (Jahrgang 1936) war nicht nur selbst einst Profi-Boxweltmeister (1965), sondern der olympische Silber-Medaillen-Gewinner von 1956 hat den scheinbar unaufhaltsamen Aufstieg von Mike Tyson, der „Kampfmaschine mit Kinderseele“, von dessen dreizehntem Lebensjahr an beobachtet, „wie er wie besessen boxend eine Spur von taumelnden Gegnern hinter sich ließ ...“.
„Aber die auffälligste Grausamkeit, die uns verband, war die Tatsache, daß wir beide von Cus D'Amato, einem außerordentlichen Mann und Lehrer, geschult wurden. Wenn Boxsport eine Religion war, die eine Erlösung für so viele arme Jugendliche wie Tyson und mich bot, dann war Cus der Papst. Er lehrte einen nicht nur, wie man sich abduckt und die Schläge des Gegners auspendelt oder einen Haken und eine linke Gerade ansatzlos ausführte – Cus war zugleich ein geistiger Lehrer. Er lehrte seine Zöglinge das Leben. Wenn es Cus nicht gegeben hätte, wäre Mike Tyson heute wahrscheinlich tot ...“
Das waren genau jene Gedanken, die José Torres am 30. März 1988 im Ballsaal des Plaza-Hotels von Atlantic City während der Pressekonferenz zum bevorstehenden Weltmeisterschaftskampf Tyson–Spinks bewegte, als er sich spontan entschloß, dieses Buch zu schreiben. Detailliert, mit anekdotischer Bitterkeit und anteilnehmender Emotion, schildert er das Leben eines jungen Schwarzen, der für seinen Versuch der Unabhängigkeit wohl von der Schande auf immer zerrieben worden ist. So wurde dieses Buch zur Chronik eines KNOCKOUT, der unbarmherzig, und zwar an der Herzspitze, einen Sieger traf, der nie einer war. Als Bestseller-Autor hat sich José Torres in den USA vor allem mit seinem Buch „Stung Like A Bee: The Muhammad Ali Story“, das viele Experten für die beste Boxer-Biographie aller Zeiten halten, einen exzellenten Namen gemacht.

Anhang

Alle Profikämpfe von Michael Gerard Tyson

1985

1	6. März	Albany	Hector Mercedes	K.o. 1
2	10. April	Albany	Trent Singleton	K.o. 1
3	23. Mai	Albany	Don Halpin	K.o. 4
4	20. Juni	Atlantic City	Rick Spain	K.o. 1
5	11. Juli	Atlantic City	John Alderson	K.o. 3
6	19. Juli	Poughkeepsie	Larry Sims	K.o. 3
7	15. August	Atlantic City	Lorenzo Canaday	K.o. 1
8	5. September	Atlantic City	Michael Jack Johnson	K.o. 1
9	9. Oktober	Atlantic City	Donnie Long	K.o. 1
10	25. Oktober	Atlantic City	Robert Colay	K.o. 1
11	1. November	Latham	Sterling Benjamin	K.o. 1
12	13. November	Texas	Eddi Richardson	K.o. 1
13	22. November	Latham	Conroy Nelson	K.o. 2
14	6. Dezember	New York	Sammy Scaff	K.o. 1
15	27. Dezember	Latham	Mark Young	K.o. 1

1986

16	11. Januar	Albany	David Jaco	K.o. 1
17	24. Januar	Atlantic City	Mike Jameson	K.o. 5
18	16. Februar	Troy	Jesse Ferguson	K.o. 6
19	10. März	Uniondale	Steve Zouski	K.o. 3
20	3. Mai	Glens Falls	James „Quick“ Tillis	n. P. 10
21	20. Mai	New York	Mitch „Blood“ Green	n. P. 10
22	13. Juni	New York	Reggie Gross	K.o. 1
23	28. Juni	Troy	William Hosea	K.o. 1
24	11. Juli	Swan Lake	Lorenzo Boyd	K.o. 2
25	26. Juli	Troy	Marvis Frazer	K.o. 1
26	17. August	Atlantic City	Jose Ribalta	K.o. 10

27	6. September	Las Vegas	Alfonzo Ratliff	K.o. 2
28	**22. November**	**Las Vegas WM-Kampf**	**Trevor Berbick (Gewinn des WM-Titels)**	**K.o. 2**

1987

29	7. März	Las Vegas	James „Bonecrusher“ Smith	n. P. 12
30	30. Mai	Las Vegas	Pinklon Thomas	K.o. 6
31	1. August	Las Vegas	Tony Tucker	n. P. 12
32	16. Oktober	Atlantic City	Tyrell Biggs	K.o. 7

1988

33	22. Januar	Atlantic City	Larry Holmes	K.o. 4
34	21. März	Tokio	Tony Tubbs	K.o. 2
35	27. Juni	Atlantic City	Michael Spinks	K.o. 1

1989

36	25. Februar	Las Vegas	Frank Bruno	K.o. 5
37	21. Juli	Atlantic City	Carl Williams	K.o. 1

1990

38	**10. Februar**	**Tokio**	**James „Buster“ Douglas**	**Niederlage durch K.o. in Runde 10 (Verlust des WM-Titels)**
39	16. Juni	Las Vegas	Henry Tillman	K.o. 1
40	8. Dezember	Atlantic City	Alex Stewart	K.o. 1

1991

41	18. März	Las Vegas	Donovan Ruddock	K.o. 7
42	28. Juni	Las Vegas	Donovan Ruddock	n. P. 15

Gesamtbilanz

Kämpfe	Siege	K.o.	Niederlagen
42	41	36	1

Als Amateur bestritt Mike Tyson 26 Kämpfe, von denen er nur zweimal gegen Henry Tillman verlor, ansonsten aber ungeschlagen blieb.

24. 11. 00